KB060311

사랑의 내막

라캉의 눈으로 김기덕을 보다

하이브리드 총서

사랑의 내막
라캉의 눈으로 김기덕을 보다

© 김소연, 2017

초판 1쇄 인쇄일. 2017년 7월 13일
초판 1쇄 발행일. 2017년 7월 20일

지은이. 김소연
펴낸이. 정은영
책임 편집. 임채혁

펴낸곳. (주)자음과모음
출판등록. 2001년 11월 28일 제2001-000259호
주소. 04083 서울시 마포구 성지길 54
전화. 편집부 02. 324. 2347 / 경영지원부 02. 325. 6047
팩스. 편집부 02. 324. 2348 / 경영지원부 02. 2648. 1311
커뮤니티. cafe.naver.com/cafejamo
이메일. inmun@jamobook.com limchyuh@jamobook.com

ISBN 978-89-544-3778-3 (03100)

하이브리드 총서

사랑의 내막

라캉의 눈으로 김기덕을 보다

김소연

자음과모음

사랑의 내막

프롤로그: 포스트 시대의 미궁에서 사랑의 편지를 받다 **9**

I. 김기덕 영화를 보기 전, 영화 이론의 훈수 **15**

1 작가주의 영화 이론의 새로운 가능성 **17**
- 작가(주의)의 죽음? 그런데도……
- 영화 작가주의의 간추린 역사
- 라캉주의 예술론, 혹은 새로운 영화 작가주의의 이론적 전제
- 작가주의 영화, 혹은 개별성과 정치성의 결합

2 왜상의 논리와 영화의 존재론 **35**
- 원근법적 시각 모델과 왜상의 논리
- 왜상과 영화 이미지 간의 최소차이
- 〈영화는 영화다〉: 영화의 존재론에서 스크린의 존재론으로
- 디지털 시대, 왜상의 논리는 어디로 향하는가

3 퍼즐 맞추기: '김기덕 시스템'의 도상(해석)학적 구성 **58**
- 도상(해석)학적 영상 분석의 목표와 절차
- '김기덕 시스템'의 의미론적 지도 (1): 푸른색, 붉은색, 흰색, 검은색
- '김기덕 시스템'의 의미론적 지도 (2): 흙, 쇠, 물, 공기
- '김기덕 시스템'의 의미론적 지도 (3): 거북이, 뱀, 물고기, 새, 나비, 사람

II. 김기덕 영화를 정신분석하는 즐거움, 혹은 괴로움 **105**

1 〈파란 대문〉: 네 이웃을 네 몸같이 사랑하라 **107**
· 이웃, 그리고 (불)가능한 동일시의 윤리
· 이웃 사랑의 정언명령에 대처하는 여자들의 자세
· 도착倒錯의 궁지를 빠져나가며

2 〈악어〉와 〈나쁜 남자〉: 욕망의 반복에서 사랑의 기적으로 **139**
· 혼자 하는 남자의 사랑, 셋이 하는 여자의 사랑
· 사랑의 현혹과 사랑의 기적
· 〈악어〉: 욕망, 혹은 불가능한 사랑의 한 경우
· 〈나쁜 남자〉: 사랑, 혹은 가능한 연합의 한 경우

3 〈사마리아〉: 도착증적 세계에서 윤리적 인간으로 살아남기 **167**
· '바수밀다': 도착증적 욕망의 구조
· '사마리아': 도착증과의 (불)가능한 연결의 방식들
· '소나타': 칸트와 사드 사이, 그리고 그 너머
· 도착적 부르주아에서 히스테리적 시민으로

4 〈빈집〉: 거울놀이와 유령 연습이 여자를 자유케 하리라 **200**
· 불가능한 거울상의 가능한 진실
· 두 개의 거울 사이: 유령적 시각성과 인터페이스-스크린
· 거울 밖으로: 원근법적 세계의 분열과 촉각적 시각성
· 2000년대 한국 영화의 남성성과 반사의 악무한을 넘어

5 〈시간〉: 가면 대신 공백을 사랑하기 **246**
· 사랑의 불가역성과 가면으로서의 얼굴
· 욕망의 악무한과 가면의 증식
· 여자의 가장과 가면 너머의 공백
· 가면 대신 공백을 달라!

에필로그: '피에타'(자비를 베푸소서)라고 기도할 자격 **269**

주 **275**
참고문헌 **302**
저자의 말 **310**

**포스트 시대의 미궁에서
사랑의 편지를 받다**

십 년이면 강산도 변한다고 했다. 〈악어〉(1996) 이후 〈그물〉까지 이십여
년, 김기덕은 과연 어떻게 변했을까? 그를 둘러싼, 우리를 에워싼 세상은
참 급하게도 바뀌어왔다. 1980년대가 느닷없이 1990년대가 되었다. 김기
덕이 나타났다. 그리고 1990년대는 천연덕스레 2000년대가 되었다. 십 년
이 채 못 걸려 모던의 행진곡은 포스트모던의 랩에 주도권을 넘겼다. 허덕
허덕 시류를 뒤쫓는 것만으로도 숨찬 시간이었다. 시류를 곁눈질하는 동
시에 시류에 연연하지 않는 법을 익힌 분열의 시간이었다. 그리 수상한 시
절, 김기덕의 영화는 스물네 편이라는 어마어마한 숫자에 이르도록 무엇을
생각했을까? 어쩌면 세월의 파장은 그 생각의 결을 몇 번쯤 흔들어놓았을
지도 모른다. 정말, 흔들렸을까?
 아니, 흔들리지 않았다. 그간 김기덕의 영화는 일관되게 '(불)가능한
사랑'을 설파했다. 상식과 통념으로는 불가능하지만 결여와 결여의 만남
이라는 차원에서는 가능한 사랑, 그러니까 적대를 사랑으로 돌파할 가능
성을 말이다. 매춘, 강간, 원조 교제 같은 그악스러운 소재들은 그러므로
가장 참혹한 적대와 가장 단호한 사랑을 등장시키기 위한 배경막이었던
셈이다. 그래서 김기덕의 영화는 독하다. 선혈이 낭자하고 교성이 끈끈하
며 근육이 팽팽해지고 미간은 당겨진다. 결국 누군가는 죽고 누군가는 떠
나니 아리고 슬프다. 김기덕 스스로 '비몽悲夢'이라 했던가. 기어이 우리의
마음과 몸을 뒤척이게 할 그의 꿈들은 가히 독몽毒夢이다.
 김기덕의 첫 영화는 어떤 의미에서 적절하고 어떤 의미에서 이상했
다. 1996년은 장선우의 〈꽃잎〉이 나온 해, 코리안 뉴웨이브 영화의 잔향이
가득하고 사회적 리얼리즘 영화에 대한 비평적 편애가 여전한 때였다. 룸

펜 프롤레타리아를 주인공으로 삼아 한국 사회의 그늘진 자리를 헤집는 〈악어〉의 등장은 그 무렵 그래서 적절해 보였다. 하지만 사회악의 희생자라 하기에는 기꺼이 스스로 사회악이 되어버린 '악어'(조재현 분)는 한국식 리얼리즘 비평의 고무줄 같은 융통성으로 품어주기에도 좀 난감한 인물이었다. 그 어떤 건설적 희망도 기대할 수 없게 하는, 정녕 무법천지를 구현할 뿐인 이 영화는 어쩔 수 없이 이상했다. 그러므로 이 데뷔작에 대한 대체적 호평은 어쩌면 오해의 결과였다. 그 후 이어진 김기덕의 영화들을 통과한 뒤 돌이켜보니 〈악어〉는 결코 '사회파'라서 좋은 영화가 아니었다. 오히려 이 영화의 가치는 그 이상함에 있었다. 궁극의 지평을 향해야만 경험되는 이상함, 밑바닥까지 무겁게 내려가 종내 근본을 흔들어놓을 저 급진적 이상함 말이다.

그러한 이상함은 종종 극단적이기를 서슴지 않으며 김기덕의 영화 세계를 관류해왔다. 확실히 폭력성과 선정성은 김기덕의 영화를 정의하는 어떤 것이었다. 여대생과 여고생이 창녀가 되고 동물 같은 남자들은 주먹다짐과 칼부림으로 피칠갑하기가 다반사였다. 그래서일까. 세계 유수 영화제에서의 수상 실적[1]에도 불구하고 안타깝게도 그의 영화들 중 각별히 대중적 사랑을 받았다 할 만한 작품은 없었다. 오히려 이미지나 이야기가 보여주는 잔혹함과 관능성으로 인해 찬반 격론이 벌어지곤 했다.[2] "페니스 파시즘"으로 낙인찍히거나[3] 피학적 주변부에 대한 오리엔탈리즘적 신비화에 빠져 있다고 비판당하기도 했으며,[4] 지지를 철회하는 평론가가 나오기도 했다.[5] 뉴욕, 마드리드, 서울에서 동시에 출간된 김기덕 전기의 한국어판 제목은 그러한 맥락에서 생각해볼 여지를 남긴다. 원제인 "Kim Ki-duk on Movies: The Visual Language"(영화들 위의 김기덕: 시각 언어)를 『나쁜 감독: 김기덕 바이오그래피 1996~2009』라는 제목으로 바꾼 것은 짐작컨대 〈나쁜 남자〉를 연상시키기 위해서였을 것이다. 하지만 이 새로운 제목에서는 김기덕이라는 작가명에 따라붙곤 했던 선정적 관심을 소환하려는 의도 또한 느껴진다.[6]

그렇다. 김기덕의 영화에는 피 냄새가 만연하다. 하지만 그 피는 무의식의 뿌리까지 캐고 들어가 자기비판을 시도하고 그 통렬한 깨달음을 문자 그대로 뼈와 살에 새기는 이들의 것이다. 1990년대 이후의 한국(영화)에서 이보다 더 급진적으로 윤리적 심문에 응한 이들은 아마 없었으리라. 여기서 윤리란 사회적·정치적 위치 설정의 차원으로 환원될 수 없는, 존재의 좀 더 근원적인 가치를 인식하고 증명하는 것과 결부된다. 김기덕 영화가 한국 영화사의 오랜 강박인 (소재주의적) 리얼리즘으로부터 비교적 자유로워 보이는 것도 그 때문이다. 분단이라는 역사적 조건을 배경으로 삼는 〈야생동물보호구역〉〈수취인불명〉〈해안선〉 등의 초기 작품에서도 사실상 더욱 전경화된 것은 인물들 간의 내밀하고 복잡한 갈등 관계였다. 〈사마리아〉(2004) 이후의 영화들이 밑바닥 인생들보다는 중산층(중상층) 인물들의 이야기를 더 많이 다루었던 것도 같은 맥락에서 이해할 수 있다.[7] 심지어 〈봄 여름 가을 겨울 그리고 봄〉 이후의 영화들에서는 이전 시기의 잔혹 미학을 거의 벗어난 듯 충격과 돌출의 수위가 현저히 낮아진 것도 사실이다. 김기덕의 영화가 폭력성과 선정성을 배제하자 오히려 "논쟁과 더불어 관심도 식어갔다"는 진단마저 나왔다.[8] 그러나 그 차이를 어떤 결절의 증거로 읽을 필요가 있을까? 그것은 다만 텍스처의 거칢과 부드러움의 차이일 뿐, 김기덕의 영화 세계 깊숙이 똬리를 틀고 있던 윤리에 대한 질문은 모든 영화에서 유지되었기 때문이다.

　　모든 질문은 늘 대답을 안고 있다. 김기덕 영화의 윤리적 자문자답, 그 화두는 한마디로 '사랑'이었다. 그가 이 화두를 공그르는 방식은 한편으로는 익숙하고 다른 한편으로는 낯설었다. 익숙함은 그 화두가 남녀상열지사의 상투성 혹은 통속성을 경유하여 던져진 탓이고 낯섦은 그것이 하필이면 1990년대 중후반의 한국 사회라는 미궁 속으로 던져진 탓이었다. 그랬다. 이른바 포스트모던 담론이 한국 사회에 임재하던 바로 그때에, '우리'가 '나'와 '너'로 흩어지고 내가 너의 이름을 부르는 일도, 네가 나의 꽃이 되는 일도 이제는 불가능하리라던 그때에, 그 불가능성이 허황된 연대보다 참된 욕망의 진실이며 이를 산뜻하게 수긍하는 것만이 견자見者의 마땅한 태도라 여겨지던 그때에, 김기덕의 영화는 도리어 정색을 하고 묻기 시작했다. 남자와 여자는, 인간과 인간은 어떻게 만날 수 있는가. 어떻게 만나야만 하는가. 요컨대 사랑이란 무엇인가?

물론 김기덕의 영화를 선뜻 사랑에 관한 영화로 떠올리기는 쉽지 않은 일이다. 도대체 거기 어디에 사랑이 있다는 말인가. 등장인물들에게 부여된 참혹한 설정과 참담한 묘사는 주류 영화가 의존해온 낭만적 사랑의 환영으로부터 관객을 폭력적이라 할 만큼 단호하게 떼어낸다. 그의 영화에서는 따뜻하고 푸근한 연대의 순간 같은 것은 좀처럼 도래하지 않으며 사랑은 종종 적대 혹은 학대의 가장假裝이다. 용패(조재현 분)가 현정(박영신 분)을 호시탐탐 엿보며 섹스의 기회를 노리는 것이 과연 사랑일까?(〈악어〉) 로라(장륜 분)가 에밀(드니 라방 분)을 위해 마약 심부름을 하고 청해(조재현 분)가 코린느(샤샤 뤼카비나 분)를 위해 국보급 조각상을 쪼아내 가져다주는 것이 사랑일까?(〈야생동물보호구역〉) 현식(김유석 분)을 곁에 두기 위해서라면 살해도 자해도 불사하는 희진(서정 분)의 사랑은 왜 그다지도 가학피학적인 것일까?(〈섬〉) 첫눈에 반한 여자 선화(서원 분)를 데려다 창녀로 만들어 자기 곁에 두는 한기(조재현 분)의 사랑(〈나쁜 남자〉), 바람을 피웠다고 아내를 죽여버린 파계승(김영민 분)의 사랑(〈봄 여름 가을 겨울 그리고 봄〉), 아내 선화(이승연 분)에게 사랑을 요구하면서 폭행을 일삼는 남편 민규(권혁호 분)의 사랑(〈빈집〉), 심지어 여섯 살에 주워온 여자아이(한여름 분)를 키워 신붓감으로 삼는 영감(전성환 분)의 사랑은(〈활〉) 또 어떤가? 과연 그런 것을 사랑이라 말해도 좋을까? 이게 끝이 아니다. 이 년간 사귄 애인 지우(하정우 분)가 지루해할까 봐 얼굴 전체에 성형수술을 하고 재탄생을 시도하는 세희(성현아 분)의 사랑은?(〈시간〉) 떠난 애인(박지아 분)을 향한 그리움에 꿈과 현실을 뒤바꾸어버리는 진(오다기리 조 분)의 사랑은?(〈비몽〉) 이쯤 되면 김기덕이 그려내는 사랑의 길에는 어떠한 한계도 없어 보인다. 김기덕의 영화에서는 이 모질고 끔찍하고 집요한 모든 일들이 다 사랑의 이름으로 자행된다.

게다가 애석하게도 그 사랑은 늘 불가능성으로 채색되며 끝나기 일쑤다. 여대생이 아픈 창녀를 대신해서 손님을 받은 한여름 밤에는 흰 눈이

내리고(〈파란 대문〉), 낚시터에 찾아든 범죄자와 낚시터 매춘녀의 사랑은
그녀의 자궁 속으로의 환영적 귀환으로 마무리된다(〈섬〉). 또 자기를 창녀
로 만든 깡패와 동행하는 여대생의 삶은 죽어가는 깡패의 환상처럼 펼쳐
지며(〈나쁜 남자〉), 가출 끝에 돌아온 아내는 유령이 된 연인과 남편의 어
깨 너머로 키스한다(〈빈집〉). 소녀와 노인의 첫날밤은 오직 신비체험의 형
태로만 이루어진다(〈활〉).

　　이러한 결말은 우연이 아니다. 김기덕의 전작全作을 일련의 사랑 이야
기로 이해하고 들여다보면 사랑-관계의 시작부터 종말까지를 이끄는 어
떤 도식이 발견된다. 우연한 만남 → 매혹 → 폭력적 전유 → 집착 → 동
일화 → 실재적 혹은 상징적 죽음으로 진행하는 도식이 그것이다. 〈악어〉
〈야생동물보호구역〉〈섬〉〈나쁜 남자〉가 도식의 전형이라면, 〈빈집〉〈활〉
〈시간〉〈숨〉〈비몽〉은 도식의 변주다. 한 인터뷰에서 김기덕은 이렇게 말
한다. "나의 지적인 수준과 도덕성, 사회적 위치와 계급 같은 것들이 모두
소멸하는 지점에서 사랑은 시작한다."⁹ 그가 그리는 사랑이 왜 죽음의 길
로 나아갈 수밖에 없는지를 알 수 있는 대목이다. 사랑-사건을 통과한다
는 것은 서로의 결여로서의 '증상'을 끌어안는 행위이며 이를 위해서는 상
상적 자아의 파괴를 불사해야 한다는 자크 라캉의 다짐을 여기서 떠올리
지 않을 길이란 없다.

　　사랑이 성적 욕망을 합법적으로 교화한 형식일 때에만 승인될 수 있
는 오늘날, 많은 이들이 욕망으로서의 사랑 혹은 욕망을 뺀 사랑만을 다루
고 있다. 그러니 사랑의 서사는 자칫 방종의 포장술이거나 관념적 허구로
여겨지기 십상이다. 하지만 김기덕의 영화는 욕망의 가능성이 어떻게 사회
적·역사적 악조건에 의해 가로막히는지, 그런데도 어떻게 그 욕망 속에서
여전히 사랑이 발생하고 또 성사되는지에 한결같이 집중해왔다. 욕망으로
환원되는 사랑도, 욕망을 추상화시키는 사랑도 아닌, 욕망을 통과하여, 욕
망의 내속적 차이로서 비로소 세워지는 사랑, 그리하여 궁극에는 왜 흑백
이 동색同色인지를 입증하는 그런 사랑 말이다. 그렇기에 그가 보여준 사랑
의 데카당décadent한 외피는 기실 래디컬radical한 속살의 알리바이와도 같았

다. 데카당과 래디컬이 서로를 보충하니, '너의 모든 욕망을 동원하여 사랑하라!'는 정언명령이 담긴 편지, 즉 라캉이 말하는 문자lettre를 받은 몸이 어찌 뒤척이지 않을 수 있을까. 지금부터의 기록은 기어이 도착한 그 편지에 대한 기나긴 답신이다.

I   **김기덕 영화를 보기 전,**
                             영화 이론의 훈수

1 작가주의 영화 이론의 새로운 가능성

작가(주의)의 죽음? 그런데도……

작가주의의 시대는 끝났는가. 기억하건대 '신의 죽음'의 선언(니체) 이후 급기야 '인간의 죽음'마저 선언(푸코)되기에 이르자 작가주의의 역사는 뿌리에서부터 뒤흔들려버렸다. '천재' 작가를 찬미해 마지않던 저 18세기적인 낭만주의적 태도는 진즉 폐기 처분되었다. 또 '구조의 작인agency'이라는 명목으로라도 작가 혹은 작가성의 영역을 잔류시키고 싶어 했던 저 1970년대적인 과학적 비평의 태도마저도 언젠가부터 진부한 것으로 여겨지고 있다. 이제 영화학의 장에서 작가주의 이론은 사실상 멸종 진단을 받는다 해도 놀랍지 않은 상황이 되어 있는 것 같다.

그렇다면 작가(주의)는 의지할 만한 하나의 비평적 준거로서의 지위를 완전히 상실한 것일까. 여기서 즉각 의구심이 떠오른다. 작가주의의 급격한 퇴장은 오직 이론의 무대에서만 벌어진 사태가 아니었을까 하는 것이다. 당장 대중잡지는 말할 것도 없고 학술지에서도 이를테면 '작가 아무개의 스타일 연구'라든가 '아무개의 영화에서 ○○○의 문제' 등과 같이 작가성의 존재에 명백히 의존하는 글들을 어렵지 않게 접할 수 있지 않은가. 요컨대 영화 비평의 무대에서 작가주의는, 혹은 데이너 폴란이 "작가 욕망"이라고 불렀던 작가주의에의 매혹은 다양한 이론적 변형을 거치면서도 예나 지금이나 여전히 위력적인 "비평적 욕망"으로서 건재하다.[1]

이처럼 이론과 현실이 따로 노는 현상을 어떻게 이해해야 할까? 이론이란 본래 그토록 공허하기 짝이 없다는 식의 대응은 비생산적이다. 무논리를 자유주의의 색채로 포장하여 정당화하는 태도는 이론의 교조화 못지않게 경계해야 마땅하다. 그것은 최악의 경우 현실에 대한 완전한 방임과 무책임으로 나타나고, 최선의 경우라 해도 '보이지 않는 손'이 현실 속에서 지혜롭게 작동하리라고 가정하는 맹목성을 넘어서지 못하기 때문이다. 이론은 곧 특정한 관점의 표명이고, 관점의 표명은 언제나 그 설득력 여부에 따라 다른 관점에 입각한 비판을 받을 수밖에 없다. 그러므로 오늘날 영화학의 현실 속에서 다시 작가주의를 이론의 무대에 재등장시키려는 이유는 작가주의를 퇴장시켰던 바로 그 이유와 같다. 즉, 작가주의적 접근이 만연한 비평적 현실을 이해하고 그렇게 이해된 현실에 개입하려면 관점의 정립을 회피해서는 안 된다는 판단 때문이다. 이 글은 작가성 혹은 작가주의를 대하는 '다른' 관점을 정립하기 위한 시도다.

영화 작가주의의 간추린 역사

작가주의 이론의 기본 전제는 간단하다. 어떤 작품의 창조(혹은 생산)가 전적으로든 부분적으로든, 직접적으로든 간접적으로든 작가(성)의 존재에 의존한다는 것이다. 작가 혹은 작가성은 고유명을 갖는 창작 주체로서의 개인(혹은 집단)에게로 수렴될 수밖에 없는 어떤 자질이라고 가정되어왔다. 따라서 작가주의 이론은 근본적으로 '주체'의 위상을 어떻게 이해할 것인가 하는 문제와 직결되어 있었다. 주체에 관한 철학적 이해의 지평이 뒤집힐 때마다 새로운 영화 작가주의 이론이 출현했던 것은 지극히 당연한 일이었다.

작가주의는 어느 예술학에서보다도 영화학에서 더 특별한 쟁점이 되었다. 작가의 존재를 작품 생산의 유일한 원천으로서 명명백백하게 드러내는 문학이나 미술과는 달리 영화의 생산은 기본적으로 다수의 협업에 의존한다. 따라서 감독 한 명이 특정 영화의 작가로서 호명되는 것, 즉 의미의 유일무이한 생산자로 간주되는 것이 과연 정당한가의 문제는 영화 작가주의 이론의 성립을 지속적으로 침탈해왔다.

영화 작가주의는 이상과 같은 두 가지 이론적 조건, 즉 주체(성)에 관한 철학적 입장과 영화 제작의 특수성이라는 문제를 씨실과 날실로 삼아 다양한 방식으로 직조되어왔다. 시간적으로는 특히 1950년대부터 1970년대 초반에 걸쳐, 공간적으로는 주로 프랑스, 영국, 미국에 걸쳐 본격적으로 형성되었던 그 변천의 역사[2]를 일단 간추리는 것은 새로운 작가주의 이론의 정립을 위한 출발점이 될 수 있다. 영화 작가주의 이론의 역사는 크게 세 시기, 즉 고전적 작가주의, 작가-구조주의, (후기)구조주의적 작가주의의 시기로 분절 가능하다. 고전적 작가주의는 프랑스 68혁명 이전에, 다른 두 유형의 작가주의는 그 이후에 출현했다. 이러한 역사는 작가주의가 예술가적 자질을 가진 자율적 개인인 작가라는 개념으로부터 점점 더 거리를 두는 경향을 보여주었다.

고전적 작가주의는 프랑스에서 영화 잡지『카이에 뒤 시네마』의 '작가 정책la politique des auteurs'을 통해 시작되었다.[3] 여기에 알렉상드르 아스트뤽의 '카메라 만년필la caméra stylo'론이 덧붙여지고[4] 장면연출자metteur-en-scène라는 용어를 대체하기 위해 프랑수아 트뤼포가 '작가auteur'라는 용어를 채택하면서 작가주의는 그 온전한 형태를 갖게 되었다.[5] 에릭 로메르, 클로드 샤브롤 등 이후 누벨바그nouvelle vague[6]를 형성한 일련의 작가들을 치켜세웠던 '작가 정책'은 즉각 프랑스의 경계를 넘어갔다. 미국에서는 가장 먼저 앤드루 새리스가 이를 '작가 이론'으로 수정했다. 그 결과, 이전까지는 영화의 산업적 속성으로 인해 전혀 예술비평의 대상으로 간주되지 않던 할리우드의 감독들도 "위대한 예술가들"의 반열에 오를 수 있게 되었다.[7] 영국에서는 로빈 우드, 이안 캐머런, 빅터 퍼킨스 같은 비평가들이『카이에 뒤 시네마』로부터 영감을 받았다. 이들이 주로 기고하던『무비』[8]는 할리우드 영화들에 대한 작가주의 비평 및 영화감독들과의 인터뷰를 싣는 데 주력했다. 그 비평들에서의 세밀한 미장센mise-en-scène 분석은『카이에 뒤 시네마』나 앤드루 새리스가 이미 드러냈던, 영화적인 것의 본질로서의 '형식'에 대한 관심을 당대에 가장 진지하게 표명한 것이었다.

고전적 작가주의의 역사적 의의는 영화를 예술의 한 장르로 격상시키면서 영화감독에게 예술가의 지위를 부여한 것, 그리고 영화예술의 본령을 '무엇이'보다는 '어떻게'에서 찾게끔 한 것에 있었다. 그러한 변화는 영화가 예술이 되기 위한 필요충분조건으로서 문학의 지원사격을 필수 요건으로 삼았던 시대로부터의 해방을 의미했다. 그러나 산업적 제약에도 불구하고 감독 개인의 탁월한 창조적 역량이 발휘되는 데 작가성의 원천이 있다고 보았던, 그리하여 비평을 "가치에 대한 인상주의적 선언들"[9]로 환치시킨 낭만주의적 관점은 고전적 작가주의를 성립시킨 동시에 몰락시킨 요인이 되었다. 68혁명 이후 만연해진 구조주의와 마르크시즘의 영향은 초월적(자율적) 주체성을 부인하게 했고, 비평의 관심 역시 주체성을 (무)의식적으로 결정하는 구조의 역학을 어떻게 분석할 것인지로 넘어갔기 때문이다.

여기서 기억해야 할 것이 있다. 그러한 이행이 본격화되기 직전, 1960년대 말부터 1970년대 초까지 잠시 나타났다가 사라진 '작가-구조주의'라는 과도기적 이론이 그것이다. 소쉬르의 언어학과 레비스트로스의 구조인류학을 비평 방법론의 근거로서 도입한 작가-구조주의는 한 작가의 전작을 관통하면서 작용하는 구조적 요소들을 찾아내고 그 요소들의 의미론적 위치가 전작의 구조 속에서 변화하는 방식을 추적하고자 했다.[10] 예컨대 피터 월른은 "작가 이론은 감독을 영화의 주된 작가라고 주장하는 데 한정되지 말아야 한다. 그것은 해독decipherment 작용을 의미한다"[11]고 주장했다. 그는 대부분의 할리우드 영화들에서 식별되며 관객의 독해 행위를 통해 구성되는 구조로서의 (따옴표 친) '존 포드'를 경험적 작가로서의 존 포드와 구별했다. '존 포드'의 영화는 정원/야생, 정착민/유목민, 책/총, 쟁기/칼, 동부/서부, 문명/야만, 유럽인/인디언 간의 이항 대립적 구조를 띠었으며 '존 포드'의 영화 세계는 시기별로 이러한 이항 대립 안에서 조합의 변화를 보여주었다는 것이다.[12] 작가-구조주의는 이처럼 한 작가의 작품 전체를 '전작'의 구조라는 개념 속에서 일원화할 것을 요청한다는 점[13]에서 고전적 작가주의의 태도를 이어갔다. 하지만 분석의 초점을 고전적 작가주의의 관심사인 미장센이나 주제적 모티프로부터 옮겨가 구조화된 의미론적 요소들의 해독에 둔다는 점에서는 (후기)구조주의적 작가주의가 취하게 될 비평의 방향을 예견하고 있었다.

(후기)구조주의적 작가주의의 본격화는 『카이에 뒤 시네마』의 정치화와 함께 이루어졌다. 장-루이 코몰리, 장 나르보니, 장-피에르 우다르 등의 편집자가 주축이 되어 일으킨 이러한 변화는 루이 알튀세르의 마르크시즘과 자크 라캉의 정신분석의 기묘한 조합에 의존하고 있었다. 이제 영화는 "어떤 특정 국면을 이루는 결정들의 배열 전체가 내는 효과"[14]로 받아들여졌고, 작가 역시 고유한 스타일을 통해 (영화적) 가치를 창조하는 주체, 의미의 구조를 생산하는 주체일 수가 없게 되었다. 작가란 다만 영화 언어의 기존 관습과 제도적 틀 속에서 작업하면서 텍스트의 무의식적인 이데올로기적 효과를 매개하는 기능적 작인agency일 뿐이었다. 이 새로운 작가 개념은, 작가를 창작자가 아니라 스크립터scriptor라고 간주하면서 텍스트의 개념에 수용의 차원을 개입시킴으로써 글쓰기를 독자가 참여하는 열린 과정으로 만들었던 롤랑 바르트,[15] 글 쓰는 자를 고유명사가 아니라 "언설[담론]의 복잡하고 가변적인 함수"로, 작가의 기원적 창조성을 '작가-기능'이라는 역사적 현상으로 치부했던 미셸 푸코,[16] 문자 언어에 대한 에크리튀르écriture의 우위를 주장하며 '편지는 도착하지 않는다'고, 즉 메시지는 송신자가 통제할 수 없는 생산적 유희와 의미의 과잉을 동반한다고 단언했던 자크 데리다[17]의 포괄적인 영향 아래 형성된 것이었다.

이처럼 작가의 죽음과 독자의 (재)탄생을 교차시키는 가운데서 '카이에 그룹'의 대표적 비평인 「존 포드의 〈젊은 날의 링컨〉」이 나온다. 영화들을 구획하는 흥미로운 도식을 제시했던 이 비평에 따르면 〈젊은 날의 링컨〉은 '범주 e', 즉 이데올로기와 단절할 수는 없지만 이데올로기에 관한 성찰로 인해 "더욱 교란적인disruptive" 영화들[18]에 해당한다. 여기서 주목할 점은 코몰리와 나르보니가 다른 범주들의 사례로는 특정한 영화들을 제시한 반면, 범주 e의 사례로는 유독 "포드, 드레이어, 로셀리니 등"을 거명한다는 사실이다. 이 얼마나 의미심장한 역설인가. 이들은 부지불식간에 텍스트 내적 균열의 원천을 작가(성)에게서 찾고 있는 것이다. 「존 포드의 〈젊은 날의 링컨〉」은 이 영화가 기본적으로는 링컨 영웅 만들기 기획의 소산임에 동의한다. 하지만 이 기획은 포드 영화에서 으레 등장하는, 무도회 시퀀스에서 노출되는 '거세된 링컨'의 모습과 충돌한다는 것이 이 글의 핵심 논점이다. 요컨대 이 영화의 이데올로기적 기획이 포드의 스타일, 포드의 이야기의 유연하지 못한 논리로 인해 길을 잃어버린다는 것이다. 결국 영화의 이러한 내적 모순은 관객들을 이 영화에 대한 능동적 독해로 이끌리게 만든다고 저자들은 주장한다.

〈젊은 날의 링컨〉의 의미작용의 내적 균열을 이야기하면서 그 균열을 만들어놓은 포드의 작가성을 동시에 강조하게 된다는 점은 작가주의 논의와 관련해서 특히 흥미롭다. 이를 이론적 엄밀성이 부족하다며 공격해야 할까, 혹은 전통적 작가주의와 후기구조주의적 텍스트성 개념 사이의 긴장을 보여주는 "전이적 텍스트"[19]라며 엄호해야 할까? 사실 이 글뿐만 아니라 1970년대 대이론Theory의 시대를 풍미했던 대표적인 영화 비평들은 대부분 텍스트(성)를 둘러싼 '해석학 대 역사'의 대결[20] 속에서 이론적으로는 역사를 지지하면서도 비평적으로는 해석학적 태도를 피하지 못하는 유사한 논리적 동요 아래 있었다.[21] 이 시기의 논자들은 아방가르드적 용어들로 해석될 수 있는 영화제작자들filmmaker을 선호했으며 이는 "예술적 평판과 작가주의적 취향을 생생하게 유지하는 간접적 효과"를 갖고 있었다.[22] 이처럼 은밀한 해석학적 태도에 대한 반작용이었을까? 대이론의 시대가 접히고 영화 비평과 이론이 안토니오 그람시, 미셸 드 세르토, 피에르 부르디외와 영국의 문화 연구 그룹의 영향 아래 다변화되기 시작한 뒤, 영화나 작가를 구체적이고 실증적인 역사적·사회적 맥락과 결부시켜 탐구하고자 하는 역사적 연구와 문화 연구의 경향이 득세하게 된다.

1980년대 이후, 역사적 운동으로서의 작가주의는 확실히 쇠퇴했다. 이제 '창조'와 '작가' 대신 '수용'과 '관객' 개념이 영화 담론의 중심으로 진입했고, 그에 따라 할리우드라는 산업적 환경과 장르들에 관한 연구가 더욱 주요한 관심사가 되었다. 물론 국제 영화제를 매개로 한 작가 마케팅의 기세는 여전히 등등하며, 그 속에서 국제적으로 유명세를 얻는 작가들도 꾸준히 부상하고 있다. 학계 안에서도 작가주의 이론의 퇴락과는 대조적으로 작가 연구의 맥은 여전히 생생해서, 특정 감독의 작품 세계를 들여다

보는 저술들이 속속 등장하고 있다. 그렇다면 '작가의 죽음'을 둘러싼 논쟁은 '작가의 생존'을 확인하면서 완전히 종료된 것인가?

1970년대 작가주의가 제기한 질문의 핵심은 특정 작가의 고유한 양식과 주제 의식으로 나타나는 작가의 정체성이 과연 통합적이고 고정된 것일 수 있는지, 그러한 정체성이 과연 구조와 역사와 체계로부터 자유로울 수 있는지를 묻는 데 있었다. 실제 비평이 애초의 문제의식을 잘 담아내지 못했다고 해서 문제의식 자체를 폐기하는 것이 정당화되지는 않는다. 하지만 오늘날 다시금 번성하고 있는 작가 연구는 작가주의가 보유했던 정신분석적·정치적 차원을 빼버린 채 경험적 작가성의 차원에만 집중하는 듯 보인다. 데이비드 보드웰이 주도하는 인지주의 그룹의 작가 스타일 연구는 아마도 그에 대해 가장 적극적인 경우일 것이다.

2000년대에 작가주의 연구를 재소환했던 네어모어의 결론은 이러하다. "작가주의는 개인적인 것이 정치적인 것임을 은연중에 드러냈"으며 오늘날의 영화 비평은 '작가 정책' 시절의 "성상 파괴iconoclasm의 감각과 미적 감수성"을 회복할 필요가 있다.[23] 이러한 마무리는 우리의 이론적 갈증을 해소시켜주기에 충분한가? 아쉽게도 네어모어의 결론은 여전히 남아 있는 많은 논점들을 서둘러 봉합하는 것으로 보인다. 그는 시스템에 대한 개인의 저항 의지를 지지하면서도 개인성의 개념 자체에 관해서는 경험적 접근의 경계를 넘어서지 않기 때문이다.

네어모어의 바람대로 개인성이 정녕 정치적일 수 있음을 설득하려면 1970년대 문제의식의 뿌리로 되돌아갈 필요가 있다. 다시 말해, 개인성의 차원을 안정된 자아 정체성으로 환원하기보다는 영원히 통합 불가능한 분열적 주체성으로 파악하면서 이러한 주체성이 어떻게 자유를 획득할 수 있는지를 설명해낼 필요가 있다. 1970년대 작가주의가 이론적 난국에 처한 이유는 작가-주체를 기원이 아닌 효과로 개념화하는 데 주력한 나머지, '누가 어떻게 새로운 의미를 생산할 수 있는가?' 하는 애초의 문제의식을 비껴나 버린 데 있었다. 이는 이들의 주체 개념이 라캉의 분열된 주체보다는 알튀세르의 호명된 주체 쪽으로 기울었기 때문이었다. 이제는 주체 개념의 무게중심을 알튀세르로부터 라캉에게로 옮겨 작가성의 문제를 타진해볼 필요가 있다. 작가주의 본연의 정치적 지평을 고수하고자 한다면 말이다.

라캉주의 예술론, 혹은 새로운 영화 작가주의의 이론적 전제

먼저 질문해보자. 새로운 영화 작가주의를 제안하겠다면서 왜 하고많은 이름들을 제치고 자크 라캉인가. '(철학적) 담론으로서의 작가주의'에 대한 거스트너의 요약은 이 질문과 관련하여 의미 있는 시사점을 제공한다. 그는 먼로 비어즐리, 바흐친, 벤야민, 푸코와 바르트에 이르는 작가성 논의를 정리하는 가운데, '작가의 죽음'을 선언했던 푸코, 바르트와 유사한 맥락에서 고려할 만한 인물들로 부르디외, 미셸 드 세르토, 들뢰즈, 데리다, 스피박 등을 열거한다.[24] 그런데 이 이름들을 듣노라면 어쩐지 이들을 아우르는 어떤 윤곽선이 그려진다. 이른바 '후기근대'적 조명의 윤곽선 말이다. 문화적 생산을 가능하게 하는 사회적·산업적 조건들이나(부르디외, 세르토) 매체 자체의 생성 능력(들뢰즈), 수용의 맥락(데리다, 스피박)에 초점을 맞춤에 따라 이들은 자연히 창작 주체로서의 작가라는 또 하나의 전통적인 '원인'을 어둠 속에 묻어두었던 학자들이었다.

이들과 비교해서 라캉의 위치를 정하자면 아마도 그 윤곽선을 넘나드는 경계선 위가 아닐까 한다. 구조주의적 사유가 개척한 길을 따랐기에 라캉은 창작 주체의 위치를 언어 이전 혹은 너머에 두지 않았다. 이는 작가의 초월성을 부인한다는 점에서 라캉을 앞서 언급한 이론가들과 같은 지평에서 보게 해준다. 하지만 프로이트를 따랐기에 라캉은 "작가 개인의 체험, 충동, 욕망, 병리적 성격, 요컨대 무의식적 향유-jouissance[25]를 예술의 본질을 구성하는 핵심적 요소로 복권"[26]했다. 이는 끝까지 주체의 차원을 폐기하지 않았던 라캉의 차별적 입각점을 드러내준다. 물론 그의 관점은 주체를 구조 내에 할당된 위치로 환원하려는 시도와도 명백히 달랐다.[27] 따라서 라캉이 프로이트를 따르면서도 동시에 벗어나는 방식에 주목할 필요가 있다. 프로이트의 병리적 전기론Pathographie[28]은 작가의 병리적 개인사를 작품 해석의 완전한 근거로 환원하는 경향이 있었다. 하지만 라캉은 이를 예술과 예술 작품의 본질에 대한 정신분석학적 해명으로 발전시켜 보편적인 미학 이론을 확립하고자 했다. 이처럼 다양한 경계들에 접해 있으면서 이를 횡단하는 만큼 라캉의 사유는 복잡하고 어렵다. 그의 예술론이 포진해 있는 1960년대 중반 이후의 '후기 라캉'이 1990년대에 와서야 비로소 정당한 주목을 받게 된 이유도 그 난해함 때문이라 아니할 수 없다. 지금부터 그 실마리들을 하나하나 풀어나가 보자.

우선 밝혀둘 필요가 있는 사실 하나. 이 글에서 문제 삼고 있는 작가주의가 '영화 작가주의'인 한, 애석하게도 라캉에게서 그와 관련한 '직접적인' 언급을 기대할 수는 없다는 점이다. 라캉의 예술론은 주로 문학과 미술에 바쳐진 것이었다. 따라서 그의 저술과 강의에서 소포클레스, 셰익스피어, 위고, 포, 조이스, 벨라스케스, 홀바인, 달리 등의 이름과 그들의 작품에 대한 분석을 접할 수는 있으나 저 이름난 영화감독들이나 그들의 작품명을 접할 길은 거의 없다. 그런데도 라캉을 디딤돌로 삼아 영화 작가주의 이론을 재구성하려는 이유는 그의 주체(성) 이론과 예술론에서 의미심장한 영감을 받을 수 있기 때문이다.

라캉 정신분석의 미로 같은 이론 지형은 사실상 주체 범주의 해명에 도달하기 위한 것이라 해도 과언이 아니다. 물론 애초에 정신분석이라는 새로운 과학의 출현이 무의식적 주체라는 독특한 분석 대상의 발견과 더불어 이루어졌음을 생각하면 이러한 지적은 무의미하게 들릴 수도 있다. 하지만 라캉의 주체 개념은 의식과 무의식 사이에서 분열된 주체라는 프로이트적 개념의 반反데카르트적 성격을 더욱 급진화한 것이었다. 이는 무엇보다도 라캉이 구조주의가 성취했던 사유라는 기반 위에서 프로이트를 재해석할 수 있었기 때문에 가능했다.

"나는 내가 존재하지 않는 곳에서 생각하며 그러므로 나는 내가 생각하지 않는 곳에서 존재한다."[29] 라캉의 유명한 언명이다. 이는 주체의 자리가 자신이 통제 불가능한 무의식 속에 있음을 뜻한다. 라캉은 주체의 억압된 욕망의 장소인 무의식의 내밀한 속성과 무의식이 주체의 통제 바깥에 존재한다는 의미에서의 외부성을 결합하여 '외밀성extimité'이라는 개념어를 만들어냈다. 이는 무의식이 완전히 자율적인 영역이 아님을 가리킨다. "무의식은 언어에 의해 구조화되어 있다"[30] "무의식은 타자의 담화다"[31]라는 또 다른 언명들이 드러내듯, 프로이트의 개인적 무의식이나 융의 집단 무의식과 변별되는 라캉적 무의식의 초개인적trans-individual 성격은 무의식이 법과 언어를 기반으로 한 사회적 질서인 상징계the Symbolic와 긴밀하게 연관되어 있음을 가리킨다. 다시 말해, 의식과 무의식 사이에서 분열되어 있는 한, 모든 주체는 상징계에 각인되어 있는 타자가 욕망하는 방식을 따라 욕망하도록 유인될 수밖에 없다. 요컨대 정신분석적 주체는 항구적으로 구조에 종속된 상태에 놓이게 된다.

물론 그러한 상태로부터 "빠져나오는"[32] 길이 없는 것은 아니다. 아니, 진정한 주체화란 바로 그러한 필연으로부터의 자유와 해방을 의미한다. '정신분석'이란 바로 그것을 가능하게 하는 과정에 붙여진 이름이다. 그리고 이 지점에서 다시금 라캉의 정신분석은 주체의 문제를 다루는 자아심리학적 경향들과 갈라진다. 라캉에게 '분석'이란 주체의 분열을 더욱 굳건하게 통합된 자아의 회복으로 대체하는 '아묾healing'의 과정이 아니기 때문이다.

자아는 거울 이미지 같은 것, 기본적으로 상상적·환영적인 것이다. 반면, 말하는 존재이자 무의식적 주체의 위치는 상징계뿐만 아니라 실재the Real와의 연관 속에서만 설명 가능하다. 라캉에 따르면 주체의 환상으로서의 상징적 현실은 상징계의 총체화하는 힘의 실패를 함축하는 실재라는 공백을 둘러싸고 구성되는 것이다. 정신분석은 분석주체analysand가 '분석의 끝'에 이르렀을 때 바로 이 주체의 위치에 나타나게 될 어떤 변화를 목적으로 삼는다. 그 변화란 타자의 욕망을 욕망하던 '소외'된 상태를 벗어나 타자의 욕망으로부터의 '분리'를 성취하게 됨을 가리킨다. 즉, 자신의 단독적singular 욕망의 진실을 확실하게 표명하고 충동을 만족시킴으로써 고유한 향유를 되찾는, 자유와 해방의 주체로의 변화를 가리킨다. '환상의 횡단'이나

'증환sinthome과의 동일시'[33]는 모두 후기 라캉이 '분석의 끝'을 묘사하기 위해 도입한 표현이었다. 이 과정과 관련해서 전기 라캉이 상상계the Imaginary 와의 단절에 치중했다면, 후기 라캉은 실재와의 동일시를 강조했다.

여기서 주의할 점이 있다. 증환의 실재적 위상이 분명하다 하더라도, 분석의 끝이란 결코 "상징계의 정신증[정신병]적 몰기능"[34]이나 주체의 "자폐적 향유"[35]를 가리키는 것이 아니라는 점이다. 분석 이후에도 주체는 어떻든 상징계 안에서 살아가야 하지 않겠는가? 어쩌면 상징계 안에서 (더욱 잘) 살아가기 위해 분석이 필요한 것 아니겠는가? 따라서 분석의 끝을 주체와 상징계의 연관의 해체 또는 청산이라고 가정하는 것은 치명적인 오해다.[36] 분석이 끝난 뒤 주체는 상징계에 재기입되며, 나아가 상징계를 재상징화하게 될 것이다. 즉, 주체는 여전히 분열되어 있지만 그 분열을 긍정하게 될 것이고, 욕망의 보증자로서의 타자가 없음을 받아들이면서 단독적 욕망의 차원과 결합하게 될 것이며, 자신의 향유가 의미화될 수 없는 것임을 깨달았으면서도 그 무의미 자체를 거리를 두고 즐기게 될 것이다. 이것이 아버지의 유산을 받아들이지 않으면서 스스로 미래 자손들의 '아버지의 이름' 또는 '이름으로서의 아버지'가 되어 '상징적 명명nomination'을 수행하는 진정한 주체의 모습이다. 즉, "스스로를 명명하는 자기원인적 존재"로서, "나르시시즘적인 상상적 존재가 아니라 스스로를 탈존적으로 만드는, 즉 구멍을 가진 존재로 만드는 심급"이 되는 주체, 언표énoncé의 주체가 아니라 언표행위énonciation의 주체가 되는 모습이다.[37]

라캉의 주체 이론은 고스란히 작가-주체라는 범주에도 대입 가능하다. 양자를 잇는 핵심 고리는 '명명'이다. '창조'가 신적인 것이라면, '명명'은 창조에 버금가는 인간의 행위를 가리키기 위해 도입된 개념이다. 그렇다면 라캉이 "구멍을 만드는 것"[38]이라고 설명했던 상징적 명명과 예술적 대상을 만드는 창안 사이에는 어떤 연관성이 있는가? 라캉은 도공을 예술가의 모델로 비유한 적이 있다.[39] 구멍을 둘러싸고 단지를 만들어내는 것, 이는 결여를 보전하는 행위다. 상징적 명명도 이와 같다. 그것은 상징계 내에서의 의사소통을 위해서라기보다는 상징계를 실재, 즉 상징계의 완결성을 훼방하는 결여의 구멍과 결합하는 행위다. 이러한 도공의 행위를 문학에 대입하면 문자[40]에 대한 새로운 실천을 가리킬 것이고, 미술에 대입한다면 이미지[41]에 대한 새로운 실천을 가리킬 것이다. 물론 여기서 문자와 이미지는 모두 기표와 향유가 결합되어 있는 상태, 즉 의미를-향유하는jouis-sense[42] 상태를 가리킨다.

　도공의 비유는 라캉주의적 인간학의 지향점을 드러낸다. 인간을 이성적 동물인 호모 사피엔스Homo Sapiens가 아니라 호모 파베르Homo Faber, 즉 공작인으로 보자는 것이다. 인간은 무언가 새로운 차원을 만들어내는 장인artisan과 같다. 그리고 기존 의미작용의 어떤 습관화된 코드나 스테레오타입의 연장선상에 있지 않은 단독적 기예artistry를 이용하여 장인이 만들어내는 것은 (실재적으로) 쓸모가 있다.[43] 이러한 생각은 집이나 전등이 예술의 대상이 되듯 삶 자체를 예술화할 수 있다고 주장하면서 존재의 미학을 자아의 윤리학과 연결시켰던 말년의 푸코를 얼핏 떠올리게 한다.

　푸코와 달리 라캉에게 존재의 미학은 윤리적 정언명령일 뿐만 아니라 구체적인 예술론의 토대이기도 했다. 따라서 그는 문자와 이미지, 즉 기호를 어떻게 표현할 것인가의 문제, 다시 말해 무의식적 향유의 표현인 스타일의 문제에도 관심을 기울였다. 라캉이 언급하는 주목할 만한 사례로는 뭉크, 엔서, 쿠빈 등의 표현주의 회화와 제임스 조이스의 문학이 있다.[44] 라캉은 표현주의 회화를 원근법적 시선의 논리를 일그러뜨리는 '왜상ana-morphosis'의 사례로서 다루었다. 또 조이스의 문학을 "수수께끼 같을 수 있는 의미", 결과적으로 분석가가 읽어야 하는 말실수처럼 "읽히기 어렵거나 삐딱하게 읽히거나 전혀 읽히지 않는" 의미의 사례로서 다루었다.[45] 이처럼 의미를 고정해서 이해하는 것의 불가능성은 예술 작품의 위치를 분석 대상이 아니라 분석가의 위치에 놓게 해준다. 그렇게 되면 결국 분석 대상이 되는 것은 작품 자체라기보다는 작품의 말실수를 특정한 의미로 귀결시키려는(그렇기 때문에 '편지/문자는 항상 도착한다') 작품 감상자의 (무의식적) 욕망이 된다.

　물론 라캉이 이들의 스타일을 지지했다고 해서 라캉주의 미학의 형식주의적 정식화를 의도한 것은 아니었다. 예술은 미적 향유의 효과를 낳는 모든 종류의 창안(승화)에 열려 있기 때문이다. 원칙적으로 라캉주의 미학은 예술가를 '이단heresie'으로 규정한다. 이단이라는 단어의 프랑스어 발음 '에흐지'는 R. S. I, 즉 실재, 상징계, 상상계 삼항조의 프랑스어 발음과 유사하다. 이는 또 "불쌍한 놈"이라는 의미를 지닌 프랑스어 에흐hère의 말장난으로서 조이스의 습작인 〈스티븐 히어로〉라는 제목과도 연결된다. 이러한 말의 유희는 '이단'의 자리가 R. S. I. 삼항조의 정신병적 순환을 중지시키는 네 번째 매듭의 자리임을 가리킨다. 그 자리는 증환의 매듭으로서의 '아버지의 이름'이 되기를, 즉 기존의 상징적 질서와 불화하는 '불쌍한 영웅'이 되기를 스스로 선택한다는 뜻이다.[46]

작가주의 영화, 혹은 개별성과 정치성의 결합

지금까지 우리는 영화 작가주의의 새로운 이론적 토대를 마련하기 위해 라캉의 예술론을 가로질러왔다. 그렇다면 어떻게 영화 매체의 특수성을 고려하면서 라캉의 문학론과 미술론을 견인할 것인가. 지금부터는 영화 작가주의를 재구성하는 것의 의의와 관련하여 영화학 안팎에서 제기할 만한 질문들에 대해 라캉의 관점을 취했을 때 가능한 대답들을 생각해보자.

애초에 새로운 영화 작가주의의 가능성을 염두에 둔 우리의 의문은 '누가 어떻게 새로운 의미를 생산할 수 있는가'라는 논점을 향해 있었다. 그러나 이러한 논점을 다루기 이전에 생각해야 할 것은 '영화 매체의 산업적 특성이 과연 특권적 지위를 갖는 작가의 옹립을 허락하는가'라는 질문이다. 애초에 영화 작가주의는 서구 개인주의 문화에 기초한 역사적 현상이었다.[47] 셀러스의 비판적 논의는 이처럼 개인으로 한정되는 작가 범주의 외연을 넓히려는 시도로서 경청할 만하다. 그는 영화의 특수성으로서 첫째, 해석과 소통에 열려 있으며, 둘째, 제도 같은 외적 틀에 의해 필연적으로 영향을 받으며, 셋째, 종종 집단적으로 만들어진다는 점을 꼽는다.[48] 그리고 이에 근거하여 "한 편의 영화 속에 의미들의 잠재적으로 복잡한 구조를 구축하는 데 책임이 있는 사람을 배치하기" 위해 "감독들에게 자동적으로 의존하는 것은 (……) 날림의 학식"이라고 비판한다. 작가에 관한 관습적 통념에 의존하는 이러한 관점은 "작가성을 감독에게로 귀속시킴으로써 영화 제작을 신화화"[49]한다는 것이다. 사실 '디렉터스 컷'이나 '감독과의 대화'에 대한 열망과 의존은, 제작과 감상에 가담하는 다양한 주체들 사이에서 부유하는 의미를 영화제작자의 '의도'라는 알리바이에 정박시키려는 욕망의 소산이다. 셀러스의 목적은 선택과 결정의 최종 심급으로서 영화감독이 갖고 있다고 간주되어온 특권적 지위를 그 결정에 참여하는 폭넓은 인적 네트워크 속에 분산시키는 데 있다. 이는 가히 '작가주의의 민주화'라 불려 마땅한 관점이다.

그런데 이 문제에 관해서는 라캉의 관점도 크게 다르지 않았다. 〈도둑맞은 편지〉를 분석하면서 라캉은 저 편지/문자가 상징계에 저항하면서 주체들 사이를 순환하는 실재적 잉여임을, 저 편지/문자의 수신자는 "'소유자'가 아니라 '보관자'"[50]가 될 뿐임을 강조했다. 이는 확정된 의미의 배타적 보증자가 있을 수 없으며 따라서 작가-주체라 해서 특히 유력한 의미의 보증자일 수 없음을 의미한다. 이러한 맥락에서, 작가 구조주의자들이 자연인 존 포드를 구조로서의 '존 포드'와 구분하고자 했던 것은 여전히 경청할 만한 주장이다. 다만 오늘날 저 따옴표는 개별자의 역량과 의지를 초과하는 모든 종류의 대리보충supplement[51]을 가리키는 것으로 그 기능이 확장되어 있음을 감안할 필요가 있다. 라캉 식으로 표현하자면 '존 포드' 안에는 '존 포드 이상의 것'이 있는 것이다. 여전히 비평적으로나 산업적으로 건재한 영화 작가주의적 접근은 개별성의 이와 같은 초과를 암묵적으로 전제한다. 그러한 전제를 일종의 문화적 '공모'라 할 때, 굳이 그 초과분을 따옴표로 표시하는 번거로움 없이 오늘날 존 포드는 곧장 '존 포드'로 의미화되고 있는 셈이다.

그러나 초과는 개별성을 구조가 대리보충하는 방식으로만 발생하지는 않는다. 초과는 그 반대 방향으로도 발생할 수 있다. 영화 작가주의의 문제를 다루면서 굳이 라캉을 참조하는 이유도 바로 이러한 종류의 초과에 주목하기 때문이다. 즉, 주체를 분열의 통합 가능성을 전제하는 경험적 존재로서의 개인으로서가 아니라 분열 자체에 내속하는 논리적 계기로서 다룰 수 있기 때문이다. 헤겔에 힘입어 라캉은 이러한 주체성을 단독적 보편성이라 규정한다.[52] 이 단독적 보편자 혹은 보편적 단독자는 보편성에 속해 있으면서도 오히려 "특수성 자체를 보편화시킬 정도로까지 특수성과 보편성의 종합을 성취"[53]할 수 있다. 다시 말해, 이미 확립된 어떠한 연쇄와도 대립하면서 보편성을 단독성의 색채로 물들일 수 있다. 이것이 바로 단독적 보편자가 보편성의 '호명'에 따라 구성되는 대상이 아니라 새로운 보편성을 '창안'하는 주체일 수 있는 이유다.[54]

그렇다면, 이러한 주체의 차원은 어떻게 주체의 분열과 연결되는가. 지젝의 친절한 설명을 들어보자. 주체는 "신체적 상관물로서의 '전체적 인격체'"와는 구분되며, 부분 대상의 상관물인 '순수 주체'의 차원과 연결되는 존재다.[55] 진리는 바로 이 비주체적 나moi가 말하는 것이다. 즉, 신체 전체에 편입되기를 거부하는, 혹은 신체 전체를 '초과'하는 이 부분 대상이 직접 말하는 것이다. 라캉이 개념화한 '충동'의 작용 속에서 말이다. 이러한 설명에 입각하여 지젝은 주체-대상과 인격체-사물thing이라는 두 쌍이 형성하는 그레마스적인 기호학적 사각형을 그려나간다.[56] 이 사각형에서 핵심은 주체의 상대항은 대상이고 주체의 모순항은 인격체라는 데 있다. 즉, 주체는 부분 대상(대상 a)의 상관항이며 신체 속에 거주하는 인격체와는 동일하지 않다. 물론 그러한 비동일성은 두 쌍이 별개로 존재한다는 뜻은 아니다. 두 쌍은 뫼비우스의 띠처럼 꼬여 있다. 주체-대상의 쌍을 길들인 버전이 인격체(사람)-사물의 쌍이므로, 길들임이 실패하는 순간 뫼비우스의 띠는 꺾인다. 이러한 이율배반적 관계는 라캉의 예술론에 포진해 있는 또 다른 이율배반적 관계들, 즉 응시와 시선, 문자와 기표, 왜상과 볼거리, 텍스트적 지식과 앎connaissance으로서의 지식, 봉합suture과 꼬아잇기 épissure, 남근적 향유와 잉여 향유의 관계를 반복하는 것이기도 하다.

주체에 대한 이러한 이론화는 오늘날 우리가 영화 작가주의를 말하면서 어떻게 분열적 존재로서의 작가와 그 내적 초과를 개념화할 수 있을

지를 보여준다. 요컨대 한 인격체로서의 작가는 언제나 그 모순항으로서의 작가-주체와 분열되어 있다는 것, 아무개라는 이름을 '아무개'라는 작가로 만드는 것은 인격적 총체로서의 그녀의 개별적 실존이 아니라 그 총체에 통합되지 않으면서 실재의 구멍(혹은 얼룩)과 관계하는 그녀의 순수 주체라는 것이다. 이때 발휘되는 그녀의 기예가 바로 그 구멍을 보전하는 행위인 한에서 작가-주체는 정치적일 수 있게 된다.

　그런데 라캉이 말년에 진행했던 세미나가 제임스 조이스를 주된 분석 대상으로 삼은 데서도 드러나듯, 라캉이 생각했던 예술의 정치성은 확실히 모더니즘적 실천의 방향을 가리키고 있었다. 여기서 우리는 영화 매체의 또 다른 고유성을 생각하지 않을 수 없다. 즉, 영화는 (고급)예술로서보다는 (대중)문화로서 성장해왔다는 사실 말이다. 과연 라캉 안에서 예술론과 문화론의 지형을 호환 가능한 것으로 가정해도 좋을까. 성급하게나마 대답을 내놓자면, 라캉 정신분석의 지평 안에서 예술론과 문화론의 경계를 구분할 필요는 없다는 것이다. 이미 지젝의 문화/영화 비평 작업들,[57] 이를테면 당대의 가장 대표적인 상업영화 작가였을 히치콕의 영화들에서 출몰했던 향유의 계기들을 추적하는 작업은 라캉이 모더니즘 예술가들을 편애했던 것이 이론적 한계와 연동하는 선택이 아니었음을 훌륭하게 입증한 바 있다.

　그렇지만 라캉주의 예술론이 '마이너리티 작가성'[58]과 밀접한 연관성이 있음 또한 부인하기 어렵다. 마리 루티가 "라캉은 세계에 대한 시적 접근을 취하고자 하는 주체의 역량과 관련해서 창조성을 그려내고 있다"[59]고 주장했을 때 그는 정확히 라캉 예술론의 그러한 측면을 보고 있다. 문제는 영화계 내에서 이러한 마이너리티 작가성을 옹호해온 것은 이른바 '예술영화' 담론이었다는 점이다. 알다시피 오늘날 예술영화 혹은 예술영화 담론은 그렇게 순수하게 정치적이지 않다. 그것은 때때로 마케팅의 더욱 정교한 범주화 전략으로 활용되며, 국제 영화제를 통해 유통되면서 서구의 시선에 부응할 상상적 '네이션'을 확립하는 매개가 되기도 한다.[60] 어쩌면 더욱 큰 문제는 '예술'의 위상을 둘러싼 이러한 역설이 단지 영화만의 것이 아니라는 데 있다. 이제 우리는 근현대 예술이 "두려움을 원천으로 삼아 공동체 안에서 다시 살아갈 의지를 주체에게 제공하는"[61] '숭고'를 유일무이한 자원으로 삼아 배태되었음을, 그렇기에 숭고는 주체가 소멸되는 곳에서 자아를 고양시킬 뿐임을, 아울러 근현대 예술가는 이런 식으로 상상적 공동체를 생성하고 유지하는 역할을 담당해왔음을 고민해보아야 한다.[62] 그렇다면 도대체 저 마이너리티 작가성을 어떻게 라캉주의 예술론이 표방하는 자유의 주체와 연결할 수 있을까.

이러한 난점을 해결하고 영화 작가주의를 통해 개인성과 정치성을 결합시킬 가능성을 재확인하기 위해, 근대문학이 구현하는 개념적 정치성과 현실적 정치성을 구분할 필요가 있다는 이성민의 지적에서 힌트를 찾아보자. 그에 따르면 근대문학이 (상상적) 공동체를 떠받치고 있는 한 근대문학은 기본적으로 개념적 정치성에 의해 규정될 수밖에 없는 것이다. 하지만 현실적 정치성은 특정 작품이 얼마나 구체적으로 정치적 문제를 다루고 있는가와 결부되어 결정된다. 따라서 특정 작가가 현실 정치에 (문학적으로) 개입하려는 의지는 문학 자체의 정치성과 문학작품의 정치성 사이에서 발휘된다. 이러한 논리를 영화 매체에 적용하여 이렇게 바꾸어 써보면 어떨까. 마이너리티 작가성은 비록 개념적 정치성의 차원에서는 영화를 예술의 반열로 높이려는 숭고의 미학에 여전히 종속되어 있지만, 현실적 정치성의 차원에서는 실재의 차원과 관련된 아름다움의 경험 속에서 주체가 "잠시 동안 세계로부터 절단되어 풀려나올 수 있"[63]게 해주는 동력이 될 수 있다고 말이다.

지금까지 나는 영화 작가주의가 개인성과 정치성의 결합의 양상이라는 측면에서 결코 포기되어서는 안 된다는 네어모어의 선언을 선언적 수준 이상으로 끌어올리기 위해 노력했다. 그리고 이를 가능하게 할 이론적 토대로서 라캉주의 예술론에 의지하면서 작가-주체의 단독성을 정신분석적 주체의 문제로서 다루었다. 그 논지를 요약하자면 영화 작가주의는 작가-주체가 관계하게 되는 저 문자와 이미지의 독특한 지위로 인해 개인성 (단독성)과 정치성을 결합시킬 수 있게 된다는 것이다. 상징계의 구멍을

메우면서 동시에 그 구멍의 위치를 드러내는 일, 나아가 새로운 구멍을 뚫
는 일, 모두가 다 할 수는 있지만 다 하지는 않는 일. '작가' 범주를 폐기할
수 없는 이유는 바로 이러한 임무 때문이다.

2 왜상의 논리와 영화의 존재론

원근법적 시각 모델과 왜상의 논리

회화가 수행하던 현실 기록의 기능이 사진으로 넘어가고 사진적 발명이 다시 영화의 탄생으로 이어지면서, 적어도 실사實寫 매체로서의 경쟁력이라는 측면에서 영화는 단연코 우위를 점해왔다. 그리하여 형성된, 영화에 관한 가장 오래된 통념 중 하나는 영화 이미지가 존재론적으로 '리얼'하다는 것이었다. 물론 현실과 이미지 간의 거리를 제로로 수렴시키는 이러한 통념은 영화학의 "석기시대" 때부터 이미 영화 이론가들에 의해 논박되기 시작했으며,[1] 모든 피사체가 디지털 테크놀로지의 보이지 않는 손 앞에서 공평해진 오늘날에 이르러서는 일상의 수준에서도 거의 무력해져가고 있다. 그렇다면 이제 우리는 손바닥 뒤집듯이 '영화 이미지는 리얼하지 않다'고만 말하면 되는 것일까? 애석하게도 사태는 그렇게 단순하지 않다. 후기근대적 현실의 도래와 함께 '리얼하다'는 것의 의미가 한층 복잡다단해져버렸기 때문이다. 오늘날 '리얼하다'는 수사는 저기 객관적으로 존재하는 현실과 그것의 충실한 모방 간의 최소차이에 수여되는 훈장 같은 것이 아니다. 리얼은 하이퍼리얼과 함께, 재현(혹은 표상)은 시뮬라크르simulacre와 함께, 현실은 실재와 함께 고려되지 않으면 안 되는 시대가 된 것이다.

이 글은 이처럼 확장된 문제의식 속에서 '영화 이미지는 리얼한가?'라는 질문에 대답하려는 시도다. 여기서 핵심은 '리얼'하다는 것의 의미를 규명하는 작업이다. 이와 관련하여 라캉주의 정신분석이 제출한 '실재the Real' 개념은 기존의 '현실reality' 개념을 재고할 수 있게 해주었다는 점에서 특히 주목을 요한다. 실재 개념을 이미지 이론에 도입할 때 우선적으로 검토해야 하는 논리적 매개가 바로 '왜상anamorphosis'이라는 용어다. 얼핏 들

그림 1. 도메니코 피올라가 페테르 파울 루벤스의 〈십자가에서 내리심〉을
모방한 왜상(83×68cm, 캔버스에 유화, 17세기경, 보자르 미술관). 원통형
표면에는 바닥의 왜상을 뒤집은 원근법적 이미지로서 십자가에 달린 예수의
모습이 반영되어 있다.

기에 왜상은 왜곡과 연결된다는 점에서 '리얼하다'는 규정의 정반대 방향에 있어야 맞을 것 같다. 하지만 라캉은 왜상의 논리를 통해 실재로 나아간다. 지금부터 그 연결 지점을 찬찬히 살펴보자.

　라캉에게 이미지 이론이 있다면 그것은 바로 왜상 개념에서 출발하는 회화론일 것이다. 라캉이 따로 영화론을 전개한 적이 없음을 감안할 때 그의 회화론은 시각 매체로서의 영화를 라캉의 관점에서 파악하게 해줄 중요한 징검다리다. 라캉에 따르면 왜상이란 "광학적 전위transposition를 수단으로 해서, 처음에는 보이지 않던 어떤 형태가 독해 가능한 이미지로 변형되는 방식으로 만들어지는 모든 종류의 구성"을 가리킨다.[2] 좀 더 쉽게 말하자면, 똑바로 볼 때에는 무정형의 얼룩처럼 보이던 어떤 것이 원통형 거울 같은 장치를 활용하거나 시선 방향을 변화시키는 등의 매개 과정을 거치게 되면 분명한 형상을 드러내게 되는 그러한 이미지를 가리킨다. 라캉은 원통형 거울에 비친 루벤스의 십자가 그림[3]과 한스 홀바인Hans Holbein의 〈대사들〉을 그 예로 제시한다(그림 1, 2).[4]

　라캉이 왜상에 주목한 이유는 왜상이 시각의 객관적(이라고 가정된) 장과 응시의 이율배반적 관계를 가시화하기 때문이다. 라캉 시각 이론의 핵심은 시각의 장(혹은 시야)과 응시를 분리해서 취급하는 데 있으며, 이때 시각의 장과 응시의 관계는 현실(상징계)과 실재의 관계와 같다. 다시 말해, 현실이 타자의 욕망에 따라 욕망하는 주체의 환상에 의해 구성된 것이듯, 시각의 장 역시 전시적omnivoyant이라고 가정되는 타자의 시선에 따라 보는 (눈먼) 주체의 주관적 환영에 의해 구성된 것이다. 또한 일관되고 자기완결적인 듯 보이는 현실이 실은 그러한 일관성과 자기완결성을 가장하기 위해 현실로부터 배제된 실재의 중핵을 둘러싸고 구성된 것이듯, 시선(눈)의 주체가 중립적으로 관찰한 절대적 장면으로 보이는 시각의 장 역시 시선으로부터 향유를 거세할 것을 전제하는 것이다.

　그러나 실상 타자는 편재적이지도 전능하지도 않으며 결여된 것이기 때문에 실재는 언제든 현실 속으로 침입하여 상징계의 질서를 교란할 수 있다. 마찬가지로 주체가 볼 수 없게 된 타자의 시선인 '응시'는 언제든 '얼

그림 2. 한스 홀바인, 〈대사들〉, 207×209.5cm, 오크 패널에 유화, 1533년, 영국 런던 내셔널 갤러리.

록'으로 남아 시각의 장을 어지럽힐 수 있다.[5] 왜상이란 바로 그러한 얼룩
의 또 다른 이름이다. 실재가 궁극적으로 상징적 질서 속으로 통합 불가능
한 영역이며 따라서 실정적 실체로서 기표화될 수 없듯이, 왜상으로서의 얼
룩 또한 "오로지 부정태로만 존재"[6]할 수 있다. 일그러진 얼룩의 형상을 정
확하게 펴볼 수 있으려면 주체가 고유하게 구성한 시각의 장이 역으로 무
정형의 일그러진 얼룩이 되어야 한다. 〈대사들〉에서 일그러진 해골을 똑바
로 보는 관점을 취하게 되면 대사들이 일그러져 보이듯이 말이다. 이는 '보
는 나'가 '보여지는 광경'으로 바뀌는 순간이다. 시각의 장과 응시의 이율배
반적 관계란 바로 주관적 시선과 타자의 응시 간의, "공간의 환영"과 "[실재
의] 공백의 창조"[7] 간의 이처럼 환원 불가능한 관계를 가리킨다. 이러한 왜
상의 기입은 자명한 듯 보였던 시각의 장이 "시각의 규약"에 따른 "허구적
유희의 결과"[8]일 뿐이며 따라서 언제든 와해될 수 있는 것임을 폭로한다.

그런 의미에서 라캉이 16세기 말과 17세기 초에 이루어진 왜상의 등
장에 주목하는 것은 특히 의미심장하다. 이는 왜상의 존재가 근본적으로
르네상스기에 이루어진 원근법적 시각의 확립과 연동하는 것임을 알려주
기 때문이다. 여기서 '연동'이 의미하는 바를 정확히 이해할 필요가 있다.
라캉은 "시각의 기하광학적 차원은 시각의 장 자체에 의해 제시되는 주체
화의 본원적 관계를 완전히 규명해주기에는 한참 부족하다"고 전제하고,
원근법을 "거꾸로"[9] 사용하는 왜상의 구조로 인해 나타나는 뒤틀림에 대한
매혹은 "원근법에 대한 기하광학적 탐구가 시각에서 놓친 것을 보완"[10]해
준다고 설명한다. 이는 왜상이 존재하기 위해서는 원근법적 시각 모델의
발명이 필수적이고도 선차적임을 의미한다.

이러한 주장은 단순히 원근법적 힘의 반대 방향으로 나아가는 탈원
근법 내지 반反원근법을 추구하기 위한 것이 아니라 원근법적 시각 모델의
필연적인 내적 균열을 겨냥하기 위한 것이다. 라캉은 이 균열을 설명하기
위해 르네상스 원근법의 형식이 유클리드 기하학이 아니라 사영projection 기
하학에 의존했다는 사실에서 출발한다.[11] 재현 대상을 평면적 공간으로 가
정하고 그것을 일대일로 화폭 위에 재현할 수 있다고 본 고전(유클리드)

기하학과 달리 사영(비유클리드) 기하학은 기본적으로 지구가 둥글기 때문에 그러한 재현은 불가능하다고 전제한다. 사영 기하학적 원근법의 관심과 목표는 대상의 시각적 유사성을 보존하는 것이 아니라 사영 과정에서 일어나는 대상의 변형에 유의하면서 대상의 일관성을 보존하는 것이다. 따라서 사영 기하학은 그림 내부에 경험되거나 표상될 수는 없지만 존재하는 것으로 증명되는 무한점을 정립하고 그 점을 중심으로 그림의 영역을 조직하는 원리에 입각해 있다. 무한점은 화가가 대상을 재현하기 위해 자신을 관념적으로 위치시켰던, 무한히 연장되기 때문에 측정 불가능한 지점을 가리킨다(그림 3).

이 지점을 라캉은 응시의 지점이라고 규정한다. 사영 기하학은 그림의 공간을 위상학적으로 원환체torus나 봉투처럼 가정하므로 관찰자의 눈은 외부의 초월자로서 존재하지 않고 결국 시각장 속으로 되접혀 들어가거나 투영될 수밖에 없다(그림 4). 하나의 그림 안에는 소실점뿐만 아니라 바라보는 자를 다시 바라보는 이러한 응시의 지점이 존재한다. 정확한 위

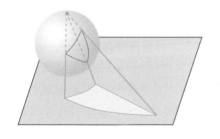

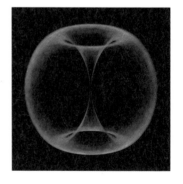

그림 3. 재현물과 재현대상 간의 일대일 유사성에 입각한 고전 기하학적 재현의 원리와 달리 사영 기하학의 원리는 재현물과 재현 대상의 일관성을 보존하게 된다. 이를 위해 사영 기하학은 소실점과는 구분되는 무한점을 상정하게 된다.

그림 4. 사영 기하학에 따르면 그림의 공간은 위상학적으로 원환체로 가정되며 관찰자의 눈은 시각장 속으로 되접혀 들어간다.

치를 확정할 수 있는 소실점과 달리 이 응시의 지점은 지각 가능한 하나의 점으로 환원될 수 없다. 일반적인 원근법적 그림에서 소실점과 응시점 간의 간격은 최소차이로만 구분되지만, 바로 그 차이가 그림을 그림 그 자체로부터 분열시키는 요인이 된다. 결국 무한점과 최소차이로 겹쳐져 있는 소실점과 지평선은 지각의 환영이 아니라 시관 충동scopic drive의 주체의 눈이 시각의 장에 되접혀 투영되는 지점인 셈이다.

콥젝은 사영 기하학이 고안된 것은 "재현에서 빠져나간 것을, 즉 정량화된 재현된 세계에서 더 이상 자리를 갖지 못하는 것을 찾아내"고 "재현 불가능한 것의 존재를 그 절차들을 통해 입증"하기 위해서라고 요약한다.[12] 사영 기하학의 논리를 통해 원근법에 내속하는 탈구를 해명한 라캉의 시각 이론에 콥젝이 관심을 기울이는 이유는 조나단 크래리[13]의 이론적 맹점을 비판하기 위해서다. 콥젝에 따르면 크래리는 "추상적 의식을 전적으로 옹호한 나머지 신체를 무시하는" 기하학적 모델로부터 "신체를 그 경험적 정의로 환원시키는" 생리학적 모델로의 이행,[14] 추상적 관찰자로부터 육화된 관찰자로의 이행을 시도했다. 하지만 그러한 시도는 르네상스 원근법이 유클리드 기하학에 입각한 것이었다는 철저한 오해에서 비롯된 것이었다.[15]

데카르트의 추상적 관찰자와 르네상스 회화의 관찰자가 결코 같지 않음을 라캉이 명백하게 논파했음에도 불구하고 '시각장 외부의 관찰자'라는 가정은 크래리뿐만 아니라 68혁명 이후 영화 이론의 제국주의 시대를 열었던, 라캉-알튀세르-브레히트를 연결하는 좌파 형식주의 그룹 전체를 관통하는 것이기도 했다. 크래리의 시각 이론 또한 라캉의 오독에 기초한 이 이론에 맞서 제출되어온 다양한 대안들 중 하나였다.[16] 그러므로 영화 이미지의 리얼함이라는 이 글의 문제의식과 관련해서 일차적으로 필요한 작업은 라캉의 충실한 재독해다. 요컨대 왜상-실재가 어째서 소실점과 무한점 간의 최소차이의 표상인지, 또 어떻게 원근법적 공간 안에 언제나 이미 왜상의 자리가 포함되어 있는지를 살펴볼 필요가 있다.

왜상과 영화 이미지 간의 최소차이

일단 소박한 질문에서 시작해보자. 왜상은 홀바인의 〈대사들〉이 드러내는 것처럼 반드시 원근법적 이미지를 배경으로 해서만 등장할 수 있는 것일까? 이 질문은 영화 이미지 속에서 왜상이 어떻게 표상될 수 있는가를 이해하기 위한 사전 작업으로서 특히 유효하다. 카메라의 발명에 기반을 둔 영화 매체의 탄생 자체가 사영 기하학에 기초한 원근법적 이미지의 전면적 채용을 개시하는 것이었다고 전제할 때,[17] 영화 이미지 속에서 왜상의 자리는 논리적으로는 보장되어 있다. 하지만 무엇이든 그려 넣기만 하면 되는 회화와는 달리, 이를테면 〈대사들〉에서의 해골 형상과 같은 일그러진 형상이 어떻게 원근법적 영화 이미지 속에 '찍힐' 수 있는지를 설득할 필요가 있다.

이 문제를 파고들기 위해서는 다시금 라캉의 회화론을 경유해야 한다. 기본적으로 라캉의 예술(미술)관은 모방을 지향하지 않으며 따라서 왜상의 존재는 그에게 회화 작품의 비평적 가치를 좌우하는 요소라 해도 과언이 아니다. 그는 『세미나 7』에서 "예술(미술)작품의 목적은 그 대상을 재현하는 것이 아니"라면서, 그 예로 세잔의 사과 그림의 경우 "그 대상[사과]이 모방 속에서 제시되면 될수록 그것은 환영이 파괴되고 다른 어떤 것을 겨냥하는 차원을 더 크게 열어젖힌다"고 주장한다.[18] 『세미나 11』에 따르면 저 다른 어떤 것은 바로 대상 a로서 "이 대상 a를 중심으로 눈속임을 제 영혼으로 하는 어떤 전투가 펼쳐"[19]지게 된다. 대상 a는 근본적으로 "거세 현상에서 표현되는 중심적인 결여를 상징화"하는 것이다. 그것은 시각의 장에서는 "본성상 소멸되는 점 형태의 기능으로 환원"되어 "주체를 현상 너머에 있는 것에 대해 무지한 자로 남게" 만든다.[20] 왜상은 "대상 a의 자리가 가늠되는 신호"[21]로서 화면 안에 출현한다. 회화의 핵심이 사실적 재현에 있지 않음을 직접적으로 보여주는 이 무정형의 '얼룩'의 진정한 윤곽을 보기 위해서는 응시의 관점을 취해야만 한다. 〈대사들〉의 해골을 제대로 보기 위해서는 고개를 삐딱하게 돌려야 하듯이 말이다. 그러한 응시의 관점이란 "정오의 그림자"[22]와 같이 찰나적이고 지각 불가능한 것이다.

라캉에게 회화적 가치의 문제는 어떻게 이 '다른 어떤 것'으로서의 응시와 관계할 것인가에 있다. "바로크가 형식들의 유희로, 왜상을 포함하여 장치들의 모든 방식으로 돌아간 것은 예술적 요청의 진정한 의미를 회복하려는 노력"[23]이라는 주장은 이러한 맥락에서 나온 것이다. 이처럼 『세미나 7』에서 세잔의 사과 그림과 바로크 회화를 지목하던 라캉의 관심이 『세미나 11』에 오면 한스 홀바인의 〈대사들〉에 이어 에드바르 뭉크Edvard Munch, 제임스 앙소르James Ensor, 알프레드 쿠빈Alfred Kubin 등의 표현주의 회화들[24]로 이동한다. 왜상의 전형적인 사례로서 곧잘 지목되는 〈대사들〉의 해골 형상이 응시의 지점을 시각장 속에서 부분적으로 가시화한 사례라면, 표현주의 회화는 아예 응시를 길들이는 시각장으로부터 완전히 떨어져 나와 "응시에 노골적으로 호소"[25]하면서 충동을 만족시키는 방향으로 작용하는 사례로서 제시된다. 라캉의 이러한 노정은 어쩐지 저 '다른 어떤 것'의 진화 양상을 반영하는 것으로 읽히지 않는가?

물론 〈대사들〉이나 표현주의 회화와는 반대 방향으로 나아갈/물러날 가능성도 논리적으로 분명히 존재한다. 왜상의 지점이 완전히 감추어지고 원근법적 시각장이 전면화되어 하나의 그림이 "응시-길들이기"[26]에 온전히 참여할 가능성, "사악한 눈"[27]의 욕심을 충족시키는 가운데 "아폴로적 진정 효과"[28]에만 부응할 가능성, 그저 눈을 겨냥한 '매혹'이나 '속임수'의 도구가 될 가능성 말이다. 그렇다면 새를 불러들일 정도로 포도송이를 감쪽같이 그려낸 제욱시스가 아니라 화가인 제욱시스를 속여 넘길 정도로 베일을 감쪽같이 그려낸 파라시오스의 손을 들어주면서 "중요한 것은 바로 눈을 속이는 것 (……) 눈에 대한 응시의 승리"[29]라고 역설했던 것은 라캉 또한 이러한 가능성을 경계했기 때문이 아니겠는가.

그림과 응시의 사이에 놓이는 파라시오스의 베일과 같은 것, 라캉의 시각 이론에서 그것은 '스크린'이라는 용어를 얻었다. 눈과 응시 간의 경합과 관련하여 그림의 기능이 이중적일 수 있는 까닭은 그림(이미지)이 자리잡는 공간인 스크린의 기능이 이중적이기 때문이다. 스크린은 대개의 경우 이미지라는 볼거리를 주어서 주체를 상상적으로 포획하면서 타자의 응시를 가리는 곳으로서 기능한다. 그러나 주체가 이러한 스크린의 기능을 가지고 "유희"할 수 있다면, 스크린은 그 너머에 응시가 존재한다는 듯이 "가면놀이"가 벌어지는 "매개의 장소"가 되기도 한다.[30] 이것이 바로 스크린의 이중적 기능, 즉 보여주면서 감추고 감추면서 가리키는 기능이다.

라캉주의적 영화론의 구성을 도모하는 이에게 '스크린'이라는 용어의 등장은 반가운 일이다. 캔버스가 즉각 회화를 떠올리게 한다면, 스크린은 즉각 영화를 상기시키기 때문이다. 나아가 그림(이미지)이 자리 잡는 공간을 가리키기 위해 '투명한 창'이나 '반사하는 거울'[31] 같은 메타포에 매달려왔던 영화 이론의 입장에서도 라캉이 '불투명한 스크린'의 존재를 자신의 이론에 도입한다는 사실은 흥미로운 발견이다. 재현의 문제와 관련해서 스크린의 불투명성은 외양과 그 외양 너머 현실과의 지표적/환영적 등가성을 문제 삼는 '모방'의 문제설정을 벗어날 것을, 그리하여 외양인 동시에 외양의 눈속임이기를 자처함으로써 실재(이데아)와 직접 경쟁하는 '가장'의 문제설정에 착지할 것을 제시하기 때문이다.[32] 68혁명 이래로 정신분석적 영화 이론의 고민은 '영화가 어떻게 진리와 관계할 것인가'에 있었다. 그에 대한 대답의 하나였던 '재현의 정치학'은 1980년대로 접어들면서 폐기되었다. 하지만 라캉 본연의 이론으로 돌아가면 새로운 대답이 가능해 보인다. 요컨대 영화는 스크린-이미지를 통해 응시-실재를 직접 겨냥함으로써 진리와 관계할 수 있다는 것이다.

다시 물어보자. 왜상은 반드시 원근법적 이미지를 배경으로 해서만 출현할 수 있는가? 대답은 '아니오.'다. 왜상이 응시의 지점을 겨냥하고 있는 한, 그러한 기능을 만족시키는 이미지는 다양한 방식으로 나타날 수 있기 때문이다. 예컨대 〈대사들〉에서처럼 원근법적 시각장 내의 부분적이고 주변적인 이미지로 나타날 수도 있고 표현주의 그림들에서처럼 원근법적 시각장 전체를 응시의 관점에서 본 대상으로 채워 넣는 전면적이고 중심적인 이미지로도 등장할 수 있다. 물론 응시의 관점은 지각적 동일화가 불가능한 것이기에 이 대상은 실재를 겨냥하되 상상적인 것일 수밖에 없다.

이처럼 원근법적 이미지와 탈원근법적 이미지의 구분 속에서 후자만을 가리키던 왜상의 개념을 시각장 속에서 왜상이 맡는 '분리'의 기능에 초점을 맞추어 좀 더 비유적으로 혹은 위상학적으로 확장하게 되면 이러한 구분 자체가 사실상 유명무실해진다. 다시 말해, 원근법적 이미지와 왜상 간의 최소차이, 즉 "그것 자체를 그것 자체가 각인되는 자리와 변별하는 순수 차이"[33]를 연역해낼 수 있게 된다. 이것은 진정 왜상의 개념적 역설이다. 왜상에 대한 협의의 범주는 반드시 비틀림이나 일그러짐의 외양을 가리켜야 하겠지만 광의의 범주를 상정한다면 그러한 외양을 필요충분조건으로 한정하지 않을 수 있게 되는 것이다. 왜상이 왜상일 수도, 동시에 왜상이 아닐 수도 있는 이 논리적 가능성으로 인해 왜상은 시각장 내에서 부분집합으로서 포섭되는 것일 수도 있고, 시각장과 최소차이만을 견지한 채 완전히 포개지는 합집합을 이루는 것일 수도 있게 된다. 나아가 왜상의 논리는 형상, 즉 형식의 차원을 넘어 내용의 차원에까지 적용 가능해지며, 이로써 우리는 영화 이론사를 오랫동안 잠식해온 형식주의를 극복할 수 있는 출구를 얻게 된다. 라캉은 텍스트를 왜상적 원통에 비유하고 기존의 상징적 질서를 거부하는 인물형인 안티고네를 원통형 왜상이 둘러싸고 있는 중심의 공백과도 같은 존재라고 밝힘으로써 왜상 개념의 유비적 확장 가능성을 이미 시도한 바 있다.[34]

　라캉의 관점에서 영화론을 쓰기 위해 지금까지 회화를 중심으로 하는 그의 시각 이론을 길게 에둘러왔다. 그리하여 왜상-실재란 그림 내에 각인되는 시관적 주체의 자리와 **타자**의 응시 지점 간의 최소차이의 우발적 표상에 다름 아니며 반드시 일그러짐의 형상을 필요충분조건으로서 전제하지 않을 수 있음을 확인했다. 이러한 논리를 연장하면 인간의 시지각과 가장 유사한 방식으로 대상을 포착한다고 가정되는 원근법적인 영화 이미지와 왜상의 관계 또한 동일자의 내적 분열이 최소차이의 형태로 나타난 것이라고 파악할 수 있다. 물론 영화는 정지된 순간의 공간적 포착인 회화와는 달리 흐르는 시간 속에서 변화하는 공간을 포착하는 가운데 서사를 전개하는 매체다. 당연히 왜상이 등장하는 양식도 회화보다 훨씬 복잡하고 다층적일 수밖에 없다.

표현주의 회화가 응시에 직접 호소한다고 할 때, 그림의 프레임 내부를 현실 속에 뚫린 실재의 공백 혹은 얼룩 같은 것으로 보아도 무방할 것이다. 같은 맥락에서 영화가 상영되는 스크린 역시 그러한 공백으로 간주할 수 있지 않을까? 즉, 한 편의 영화가 그 자체로서 사회적 현실과의 관계 속에서 왜상으로서 기능할 수 있지 않을까? 사실 이러한 논리는 라캉의 미학 전체의 입각점이기도 하다. 그는 예술을 종교, 과학 담론과 함께 "사물의 공백과 관련되어 있는 것으로 드러나는 세 가지 다른 방법들"의 하나로 여기면서 "모든 예술은 이 공백을 둘러싸고 조직되는 특정한 양식mode으로 특징지어진다"고 규정하기 때문이다.[35]

여기서 관건은 예술을 조직하는 저 '양식'이라는 매개다. 영화는 어떠한 양식으로 왜상의 틈입을 드러내는가? 일단 사회적 현실 속에서 은폐된 '적대'의 실재를 주제나 인물형으로서 내용의 차원에서 포섭하는 경우를 논외로 두고 생각해보자. 영화에서 왜상-실재의 침입은 내러티브 현실의 순행을 훼방하면서 기능장애나 기능정지를 일으키는 순간들과 연관된다. 우리는 그러한 순간들을 시간적 왜상과 공간적 왜상, 청각적 왜상으로 대별할 수 있다. 다행스럽게도 영화에 관한 라캉의 묵언(어쩌면 그의 문화적 보수성이 대중문화로서의 영화에 무관심하도록 이끌었던 것은 아닐지 모르겠다)은 오늘날 지젝의 통역으로 상당 부분 채워질 수 있게 되었다. 지젝은 왜상적인 이미지 디테일, 오점을 향해 다가가거나 갑자기 오점으로부터 물러나는 트래킹, 오점의 갑작스러운 프레임 인, 숏/역 숏의 시선 교환에 포섭되지 않는 응시의 관점, 응시의 장으로서 기능하는 인터페이스 스크린, 반복적 서사와 서스펜스적 시간 등을 통해 현재 시제의 시간성에 구멍을 내며 타임 워프의 효과를 도입하는 다른Other 시간성의 활용, 목소리의 출처를 찾을 수 없는 비가시음성체acousmêtre의 존재, 서사상에서 봉합되지 못한 감정적 과잉이 배경음악이나 비명 등의 형태로 배출구를 찾는 경우 등을 그러한 용례로 제시한다.[36]

〈영화는 영화다〉: 영화의 존재론에서 스크린의 존재론으로
김기덕 감독이 각본을 쓴[37] 〈영화는 영화다〉는 왜상-실재가 출현하는 무대
로서의 영화라는 주제를 탐색하는 영화다. "최고의 액션 한 판을 위한 리얼
승부극"이라는 광고의 위장에 속지 마시라. 〈영화는 영화다〉는 '표지만으
로 책 전체를 판단하지 말라'는 서양의 금언을 고스란히 돌려주고픈 영화
다. 영화 제작 현장이라는 자기 반영적 소재를 통해 이미지 존재론의 역사,
즉 어떻게 현실과 (허구적) 이미지가 관계하는지, 어떻게 이미지가 진리와
관계하는지에 관한 물음의 역사를 차곡차곡 시연해나가는 과정은 이 영화
를 그저 그런 액션 영화로 치부할 수 없게 만든다.
    처음에 영화는 '진짜 건달' 이강패와 '건달 같은' 영화배우 장수타
를 각각 현실 편과 영화(혹은 허구) 편의 대표선수로 내세우고 누가 정녕
진리의 편에 있는가를 두고 겨루게 한다. 서두의 논리는 명쾌하다. 현실
은 진짜이고 영화는 가짜이며 현실은 "살 떨리게" 치열하고 영화는 "적당
히" 넘어가기라는 것이다. 지시reference의 위계는 현실에서 영화로 내려간
다. 그러니 카메라 앞에서 "폼" 잡고 현실을 흉내 내보았자 영화와 영화배
우는 실제 사건과 사건 당사자에 비하면 하수下手에 불과하다. 한때 배우
가 꿈이었던 이강패가 현직 배우 장수타를 무시할 수 있는 이유도 그것
이다. "어차피 연기는 다 가짜 아냐? 인생 잘 만나서 편하게 흉내만 내면서
사는 거지."
    장수타와 이강패는 서로를 비난하지만 사실상 두 사람이 생각하는
것의 기반은 동일하다. '진짜'는 '직접성'과 '영속성'에 근거해야 한다는 것
이다. 장수타가 서명을 받으러 파견된 강패 부하들의 대표성을 인정하지
않으며 심지어 조폭인 이강패는 물론이고 자신의 매니저조차도 "남의 인
생에 얹혀가는 주제"라고 생각하는 것, 이강패가 장수타를 '폼'은 제대로지
만 그래보았자 연기는 연기일 뿐이라며 비아냥거리는 것은 모두 직접성이
결여된 존재를 존재로서 인정할 수 없기 때문이다. 또 장수타가 이강패의
삶은 후세대에게 인정받을 수 없는 공허한 것이라고 힐난하거나 이강패의
부하들에게 충동적으로 주먹을 날린 장수타를 이강패가 "쓰레기"라며 일

축하는 것은 모두 상대방의 선택이 어떤 영속 불가능한 순간성 혹은 일시성에 지배당하고 있다고 여기기 때문이다. 그렇다면 아직까지 한 화면 속에 있지 못하고 1인 숏의 대칭적 교차를 통해서만 등장하는 검은 돌 이강패와 흰 돌 장수타 중 누구를 지지할 것인가. 영화는 '인생 잘 만난' 장수타보다는 '짧은 인생 그리고 사는' 이강패가 "역시 진짜 리얼하다"고 단언해버린다. 이것이 단지 갱스터 반영웅에 대한 장르적 애호 때문이었을까?

연기는 다 가짜가 아니냐던 이강패의 생각은 이미지로 모방된 것을 실물 세계의 하위 범주로 놓는 플라톤의 사고와 닮아 있다. 모방술은 "진실된 것에서 어쩌면 멀리 떨어져 있"[38]기에 "일종의 놀이"와 같이 "진지한 것이 못 된다는 것",[39] 그리하여 최선이 아닌 변변찮은 수준의 것들이 "아이들이나 생각 없는 사람들이 속아 넘어가게"[40] 하고 인간의 이성적인 부분을 파멸시키므로 공화국에서는 시인(화가)을 추방해야 한다고 본 그 플라톤 말이다. 하지만 영화는 이강패를 장수타의 영화에 출연하는 배우로 탈바꿈시킴으로써 원본에 값하는 이강패와 그 모방에 불과한 장수타라는 우열의 논리를 교란하기 시작한다. 여배우 강미나의 휴대전화 화면에 잡힌, 지젝 식으로 말하자면 실재가 침입하는 인터페이스 스크린에 포착된[41] 이강패의 풀 숏은 이야기의 반전을 알리는 신호탄과도 같다(그림 5). 현실에서는 억압되고 배척될 수밖에 없는 존재인 이강패가 결국 동일한 모방술의 틀 안에 들어오게 되리라는 의미에서 말이다.

그리하여 장수타가 대사 연습 중 "그러니까 쓰레기 소리 듣는 거 아냐"라고 소리칠 때, 이강패가 집에 돌아와 〈박하사탕〉을 보며 "왜 그러고 살아, 짧은 인생"이라고 읊조릴 때, 서로에게 들었던 말을 자신의 입으로 되뇌는 둘에게서 우리는 그들이 부정해 마지않던 상대방에게 조금씩 물들어감을 본다. 김기덕 영화의 변함없는 주제가 '피아彼我의 일치'임을 상기시키는 대목이다. 그러나 그 일치의 과정은 지난하기만 하다. 영화는 그렇게 실재와 모방의 관계라는 문제설정에서 재현과 창조의 관계라는 문제설정으로 이행한다.

상대 배우 두 명을 "진짜로" 때려 병원으로 보내버린 바람에 아무도

그림 5. 강미나의 휴대전화 화면에 잡힌 이강패의 풀 숏은 장차 강패가
영화라는 모방의 세계로 들어올 것임을 예고한다.

장수타의 상대역을 수락하지 않자 장수타는 이강패를 찾아간다. 이강패의
조건은 "나랑도 실제로 하면 [영화를] 하겠다"는 것. 하지만 장수타는 "영
화라는 게 그렇게 찍을 수가 없"다고 대답한다. 배우들은 연기를 할 뿐이고
관객들은 그걸 다 알면서도 모른 척할 뿐이다. 이것이 영화라는 게임의 규
칙이다. 영화 탄생 이후 백십여 년, 스크린을 찢어보려 달려들던 시골뜨기
관객에 관한 풍문은 이제 어디에서도 들려오지 않는다.[42] 그럼에도 이강패
가 고집했던 리얼 액션은 촬영 현장에 엄청난 긴장감을 몰고 온다. 장수타
를 향한 이강패의 조언. "카메라 신경 쓰지 말고 날 봐야지. 그러니까 한 템
포씩 늦는 거 아냐." 그러나 대본과 카메라의 눈을 의식하는 배우 장수타
에게 이는 불가능한 조언이다. 요컨대 영화가 아무리 현실과 유사하더라도
결국 영화에는 영화의 길이 있다는 것이다.

　　장수타의 이런 생각도 우리에게는 낯설지 않다. 영화 매체의 고유성
은 현실을 기계적으로 재현하는 데 있다는 통념이 일반화될 무렵, '그렇지
않다'는 견해들이 속속 나타났으니 장수타의 생각은 이러한 견해들과 궤
를 같이하기 때문이다. 바로 이 '그렇지 않다'는 입장들의 집합으로서 구성

50

된 것이 더들리 앤드루가 "석기시대"라 부른 영화학의 발전사, 그중에서도 좀 더 앞쪽에 속하는 "고전적"[43] 영화 이론의 역사다. 몇몇 대표적 이론가들의 발언을 들어보자.

영화photoplay는 외부 세계의 형식들, 즉 공간, 시간, 인과율을 극복함으로써, 그리고 사건들을 내부 세계의 형식들, 즉 주목, 기억, 상상, 감정에 맞춤으로써 인간의 이야기를 우리에게 말해준다.[44] (출판 연도 1916)

가장 핵심적이고 본질적인 것은, 영화를 통해 세상을 감각으로 탐험하는 것이다. 따라서 우리는 공간을 채우고 있는 혼돈스러운 가시적 현상을 탐구하기 위해 인간의 눈보다 더 완전한 영화의 눈인 키노-아이로서 카메라를 사용할 것을 출발점으로 한다.[45] (발표 연도 1922)

모방 기술의 정교함은 결코 저 형상적 경향들을 만족시키는 것의 문제가 아니라 관객에게 미치는 최대한의 감정적 효과에 의존하는 것의 문제다.[46] (발표 연도 1924)

색채의 결여, 차원적 깊이의 결여, 영사막의 네 변에 의한 예리한 절단 등에 의하여 영화는 그 리얼리즘을 거의 남김없이 박탈당하게 된다.[47] (집필 연도 1933)

[훌륭한 영화감독은] 몽타주의 진행을 따라 관객의 눈을 디테일에서 디테일로 꼼짝 못 하게 유도한다. 그러한 순서를 통해 감독은 자신이 적절하다고 생각하는 것을 강조할 수 있으며 따라서 그림을 보여줄 뿐만 아니라 해석한다. 영화감독의 개인적인 창조성이 주로 드러나는 것은 바로 여기에 있다.[48] (집필 완료 1949, 출판 연도 1952)

이들은 왜 발을 모아 재현의 길로부터 창조의 길로 나아갔던 것일까? 그

이유는 그들이 평범한 눈이 아닌 영화의 눈을 통할 때 비로소 '진실'이 드
러날 수 있다고 믿었기 때문이다.[49] 그 진실은 "세계라는 혼돈스러운 재료
로 만들어낸 무언가 완전히 새롭고 완전히 비현실적이며 완벽한 통일성과
조화를 구현하고 있는 어떤 것"[50]일 수도 있고, "말로 설명해도 여전히 남
아 있을 비이성적인 감정, 그런 내적인 경험"[51]일 수도 있으며, "인공적이
고 예술적으로 응축되었다는 사실 때문에 훨씬 강렬하게 된 어떤 완전한
인상"[52]일 수도 있다. 혹은 저 혁명가들에게는 "건설 중에 있는 신생 사회
주의 국가에서 사유재산의 완전한 양여라는 도취적이고 강화된 느낌"[53]이
거나 "최후의 승리"[54]와 연결되는 어떤 것일 수도 있다. 각자가 그렸던 진
실의 모양새가 어떻든 영화는 거짓으로 가득한 현실 속에서도 진실을 길
어 올리게 해줄 매개로 간주되었다. 그리고 그것을 가능하게 하는, 즉 영화
'예술'의 존립을 가능하게 하는 것으로서 영화감독의 '창조적' 개입[55]이 적
극 요청되었다. 그 개입의 수준은 영화사의 전개 과정에서 점점 더 강렬해
져서 68혁명 이후 구조주의적 영화 이론의 시기로 가면 고전기 영화 이론
이 조화로운 유기체성과 통일성의 미를 추구한 것을 넘어 그 조화를 고의
로 깨뜨리는 형식적 파열을 추구하는 데까지 나아간다.

　　다시 〈영화는 영화다〉로 돌아오자. 장수타와 이강패 간의 상호 참조
의 혼란상은 이제 영화 제작 현장을 벗어나 그들의 삶의 영역으로까지 넘
쳐 들어오게 된다. 이강패는 반드시 죽였어야 할 박 사장을 놓아주면서 그
럴싸하게 장수타의 극중 대사를 인용하기도 하고 부하들과 슬로모션 액션
연기를 흉내 내며 놀기도 한다. 장수타는 협박 사건을 해결하기 위해 이강
패의 더러운 돈을 빌리기도 하고 눈을 부릅뜬 채 이강패의 부하가 가하는
구타를 견디기도 한다. 영화로부터의 중도 하차를 통보하면서 떠나는 이
강패가 자신의 부하에게 구타당하는 장수타를 향해 "영화하고 현실하고
구분 못 해?"라는 한마디를 던질 때, 오늘의 이강패에게서는 고스란히 어
제의 장수타가 보인다. 게다가 협박 사건을 부풀려 돈을 더 뜯어내려 했던
장수타의 매니저나, 박 사장에게 이강패의 목숨을 넘겨주려 했던 이강패의
부하들은 모두 그 배신의 드라마에서 최상의 '연기'를 보여주었으니, 도대

그림 6. 서사의 도입부에서 강패와 수타는 롱 숏의 거리감 속에서 흑과 백이
되어 서로에게 대적했다. 엔딩에 이르러 두 사람은 투명한 눈물과 붉은 핏물
속에서 서로를 바라보는 클로즈업 숏으로 찍힌다. 이 둘을 나란히 놓는 분할
화면은 강패와 수타가 서로에게 일종의 분신double임을 알려준다. 왜상—실재가
되어버린 강패는 수타의 실재적 버전이고 수타는 강패의 상징적 버전이다.

체 영화는 가짜이고 현실은 진짜라는 생각이 가당키나 한 것인가.

그래서일까. 박 사장에게서 풀려난 이강패는 영화판으로 되돌아가고 장수타는 그런 이강패와 "진짜로" 한번 붙어보자고 제안한다. 이어지는 최후의 라이브 액션 신. 카메라의 응시를 의식하지 않은 채 장수타는 온 힘을 다해 싸우고 둘은 동시에 뻘밭에 쓰러지며 장수타만이 일어나 걸어 나온다. 다행히 시나리오대로 승패가 갈린 것이다. 이강패는 '컷!' 소리가 나자 뻘밭에 뻗은 채로 픽 웃은 뒤 하늘을 본다. 어쩌면 이번에는 이강패가 시나리오를 벗어나지 못했던 건지도 모르겠다. 그렇다면 이는 배척의 대상이었던 것과의 동일시가 일어나는 순간이다. 내가 네가 되고 네가 내가 되는 이 반反플라톤적 반전의 불가항력 앞에 무릎 꿇는다는 것은 분명 성장의 징표다. 두 남자가 확실히 전과는 "다른 사람"이 되어 각자의 연인들과 한결 성숙한 사랑을 일구어가게 될 듯한 징조들은 그러한 성장의 결과임에 틀림없다.

그런데 영화는 이 아름다운 성장에서 멈추지 않고 '여전히 배고픈' 이강패를 위해 하나의 시퀀스를 더 마련한다. 현장에 엄연히 존재하는 카메라를 마치 없다는 듯 취급하면서 리얼 액션에 임하는, 특히 장수타를 위한 도약의 기회와는 반대로, 실은 어디에도 없는 카메라를 마치 사방 모든 곳에 존재한다는 듯 취급하면서 주어진 삶에 임하는, 특히 이강패를 위한 도약의 기회를 마련하는 것이다. 차를 타고 어디론가 가려는 이강패의 낌새가 이상하여 장수타는 이강패를 뒤쫓는다. 장수타가 재차 "어디 가냐?"고 묻자 이강패에게서 "영화 찍으러"라는 묘한 대답이 나온다. "카메라도 없이?" 의아한 장수타에게 들려준 대답. "니가 카메라야. 잘 찍어봐." 이강패는 박 사장의 골동품 가게를 찾아가 박 사장이 들고 있던 불상으로 그를 무자비하게 찍어내린 다음 머리가 떨어져나간 불상을 장수타에게 넘기고 체포된다. 자동차의 유리를 들이받아 깨버린 이강패가 장수타를 바라보면 분할 화면은 경악한 장수타의 얼굴과 피칠갑을 한 얼굴로 미소 짓는 이강패의 얼굴을 나란히 보여준다(그림 6).

참으로 예견치 못한 엔딩이다. 이로써 플라톤주의자 이강패는 죽고

그림 7. 〈영화는 영화다〉의 엔딩은 강패와 수타의 얼굴을 텅 빈 극장의 스크린
위에 배치한다. 이러한 엔딩은 이 영화 전체를 왜상-실재로 바꾸는 동시에
관객을 순식간에 내러티브 현실 속으로 끌어들인다. '영화는 영화다'의
동어반복이 왜 정신분석적 분열로 읽혀야 하는지를 잘 드러내는 엔딩이다.

장자의 나비 꿈을 인용하던 라캉주의자 이강패가 태어난다.[56] 진짜라 여
겼던 현실이 욕망에 따라 구성된 주관적 환상이자 허구라는 깨달음은 자
칫 허무주의를 장려하기 쉽다. 수다한 포스트모더니즘 논의가 궁극적으로
'윤리'라는 난점에 봉착한 사정도 그 때문이다. 하지만 이강패는 너도 옳
고 나도 옳았다는 식의, 흔한 말로 '좋은 게 좋은 것'이라는 식의 다원주의
적 종착점에서 안분자족하는 길을 택하지 않았다. 적어도 진짜배기가 되
고 싶었던 그가 원한 자리는 허구로서의 현실이 둘러싸고 있는 저 실재의
공백이다. 이제 피범벅의 왜상-실재가 된 이강패는 현실 속의 장수타를 똑
바로 응시한다. '머리'가 떨어져나간 불상이 장수타의 손에 쥐어짐과 동시
에, 기존의 '믿음'을 버리고 실재와 대면하는 것은 장수타에게로 넘어온 숙
제가 되었다. 장수타의 모든 행동(연기)은 카메라뿐만 아니라 세상 모든
사람들의 눈으로도 찍히고 있다. 그 눈을 타자라 불러도 좋고 '아버지의 이
름'이라 불러도 좋을 것이다. 그러나 진짜배기 이강패가 지금까지 성숙의
노정을 함께해온 장수타에게 원한 답은 분명 도처에 널린 저 감시와 규율
의 눈에 부응하라는 것은 아니었을 것이다. 차창을 깨면서까지 장수타를
눈을 부릅뜨고 바라보면서 이강패가 원한 것은 눈(시선)이 아니라 응시[57]
그 자체를 보라는 것이 아니었을까? 그것만이 "이제 쫌 배우 같은" 장수타
에게 남겨진 최후의 도약일 것이기 때문이다.

　이렇게 장수타와 이강패의 이야기는 끝난다. 하지만 그 순간, 갑자기
카메라가 뒤로 빠지더니 장수타와 이강패의 얼굴 클로즈업이 극장의 스
크린에 병치되어 있는 모습을 보여주고는 다시 텅 빈 객석을 보여준다(그
림 7). 역시나, '영화는 영화일 뿐, 너무 생각하지 말고 그냥 즐기라'는 뜻일
까? 그럴 법도 하다. 하지만 그것이 만약 스크린 속의 저 텅 빈 객석을 심
리적으로 채우고 있을 관객의 현실을 영화의 내러티브 현실로 인입시키는
전략이라면? 이제는 이강패라는 하나의 캐릭터뿐만 아니라 〈영화는 영화
다〉라는 영화 전체가 저 스크린을 점유한 왜상-실재의 지위를 획득하고
싶었던 것이라면? 그리하여 '영화는 영화다'라는 선문답을 '허구로서의 영
화는 왜상-실재로서의 영화다'로 풀 수 있다면? 이강패와 장수타 사이에

서 엎치락뒤치락 입장을 바꾸어가며 엮어온 이야기 끝에, 국외자이던 관객들에게까지 '응시' 자체가 된 이 영화의 부름에 응할지 말지를 묻고 싶었던 것이라면? 그렇다면 〈영화는 영화다〉라는 제목은 단순한 동어반복의 외피 안에 이미지 존재론의 오랜 역사와 함께 라캉을 통해 발견한 새로운 착지점을 감추어두었다 해도 좋지 않을까? '영화란 무엇인가'라는 자기정체성의 문제를, 모더니즘 영화들의 전유물이었던 이 고민거리를 예술영화의 특이성이 아니라 장르 관습의 반복적 구조와 뒤섞으면서 본격적으로 파고든 경우는 드물었다. 그런 점에서 〈영화는 영화다〉의 위치는 독특하다. 한국영화사가 언제고 또다시 반추하게 될 영화로 보인다.

디지털 시대, 왜상의 논리는 어디로 향하는가

지금까지 일견 단순해 보이는 왜상의 논리가 어떻게 회화 매체를 넘어 시청각적·시공간적 매체인 영화에 적용될 수 있는지를 구체적으로 짚어보았다. 지젝을 중심으로 하는 슬로베니아학파의 영화 논의에는 두 가지 근본적인 보충이 필요하다.

첫째, 카메라의 눈과 인간의 시지각의 차이에 대한 더욱 충분한 고려가 필요하다. 19세기 말 카메라 옵스큐라에서 출발한 사진/영화 테크놀로지는 망원에서부터 어안魚眼에 이르는 다양한 렌즈 법칙이나 인화 기술 등의 개발을 통해 "기계의 독자적인 방향에 이미지를 종속시킴으로써 인간중심적인 사실주의로부터 이탈"할 수 있게 해주었다.[58] 이와 같은 "보기의 미디어화"[59]는 원근법이라는 일차원적 시각으로부터 기계의 눈뿐만 아니라 인간의 눈까지도 해방시키는 효과가 있었다. 특히 최근 산업의 필요에 의해 다시 부각되고 있는 3D 영화의 경우, 인간의 정상적인 시지각으로 체감하는 것과는 무척 다른 종류의 원근감을 생산하는 것이 사실이다. 그러나 지금까지 지젝을 중심으로 한 일군의 학자들의 영화 연구는 영화의 디지털화가 고전적 영화 문법에 가져온 엄청난 변화를 충분히 반영하지 못했다. 예컨대 〈그래비티〉가 보여준, 고전적인 봉합의 원리를 이탈하면서

180도의 축을 자유자재로 넘나드는 우주 공간에서의 편집은 관객의 몰입
을 깨기는커녕 더욱 큰 흡인력으로 관객을 서사적 시공간에 결속시킨다.
이런 경우 관객의 시관 충동은 어떻게 텍스트 내부의 공간으로 접혀 들어
가 사라지게 되는가?

둘째, 왜상과 함께 작동하는 의미화의 경로를 영화 텍스트 내적인
요소에 주로 의지해서 설명하는 경향 역시 이론적으로 보충되어야 한다.
(극)영화가 의미작용하는 과정은 카메라의 눈에 대한 인간의 시지각적 동
일화인 1차 동일시에 의해 이루어질 뿐만 아니라 때로는 1차 동일시의 경
로를 고의적으로 이탈하기까지 하는, 특정 인물에 대한 2차 동일시에 의해
서도 이루어진다. 1차 동일시가 기계적인 강제력을 띠고 있다면 2차 동일
시는 관객 반응의 자율성과 좀 더 긴밀하게 연결되어 있다. 한마디로, 영화
텍스트의 보편적 의미작용 체계는 반드시 그 구성적 예외로서 작동하는
관람성과 함께 분석되어야 한다. 따라서 영화 비평은 텍스트가 보유하는
무의식적 증상들뿐만 아니라 이데올로기가 관객의 향유를 구조화하는 텍
스트 외적 역학도 함께 읽어내야 한다. 왜상의 논리가 궁극적으로 겨냥하
는 것이 보편적인 의미 효과가 실패하는 지점을 드러내려는 것이라 할 때,
비평은 기존의 의미망을 빠져나가는 관객성이 어떻게 텍스트와 상호텍스
트, 콘텍스트의 지평이 서로 엮이고 얽히는 가운데 형성되는지를 필히 분
석해야 한다.

처음의 질문으로 돌아가자. 영화는 리얼한가? 우리가 문제 삼는 것이
저기 객관적으로 존재하는 현실의 리얼한 모방이라면, 아니다, 영화는 리
얼하지 않다. 그러나 그 현실의 구성적 공백을 의미하는 실재의 차원이 문
제라면, 그렇다, 영화는 확실히 리얼한 매체다. 그리고 영화는 역설적이게
도 왜상의 틈입을 통해서 그러한 리얼함을 표상한다. 이것이 라캉과 콥젝
과 지젝과 기타 등등을 경유하여 도착한 곳에서 이 글이 찾아낸 대답이다.

3 퍼즐 맞추기

'김기덕 시스템'의 도상(해석)학적 구성

그 어떤 영화감독보다도 다작한 작가가 바로 김기덕이다. 그 영화들은 만들어지는 족족 해외 유수 영화제들의 초청을 받았으며 몇 편은 꽤 대단한 상들을 받기도 했다. 그럼에도 불구하고 그의 영화들은 국내 관객들에게 사실상 외면당했다. 비평적으로도 더 다양한 각도에서 더 광범위한 논자들의 관심을 불러일으키지는 못했다. 아마도 〈나쁜 남자〉가 페미니즘적 쟁점을 폭발시킨 것이 대중적으로나 비평적으로 그의 영화가 가장 많은 이들의 시야에 들어왔던 때일 것이다.[1] 하지만 당시의 논쟁은 김기덕의 영화가 보여주는 폭력성과 선정성을 어떠한 시각에서 바라볼 것인가, 요컨대 그것을 수용할 것인가 배척할 것인가의 문제로 쟁점을 단순화시킨 경향이 있었다. 따라서 김기덕의 영화가 일견 순해지기 시작한 〈봄 여름 가을 겨울 그리고 봄〉 이후에 그러한 쟁점의 발화점이 사그라들자 이전의 스포트라이트 효과도 함께 소실되었다.[2]

한편 김기덕 영화가 무엇보다도 '이미지' 자체를 가지고 승부하려 한다는 점은 그의 영화에 접근하는 또 다른 통로가 되었다. 김기덕 영화가 구사하는 이미지의 세계는 국내외를 막론하고 호평을 받았다. 감독 역시 이를 모르지 않았다. 〈빈집〉으로 베니스 영화제에서 감독상을 받았을 때 수상 소감에서 그는 자신의 영화가 해외에서 좋은 평가를 받는 이유는 스토리의 영화가 아니라 이미지의 영화이기 때문일 것이라고 밝혔다.[3] 물론 들뢰즈가 이미 두툼한 두 권의 책으로 알려주었듯이 '이미지'라는 용어를 통해 열리는 논의의 지평은 실로 광범위하다. 그러므로 김기덕 영화를 "이미지의 영화"로서 이해한다는 것이 정확히 이미지의 어떤 측면을 가리키는지 구체화할 필요가 있다. 이 글에서 특히 주목하는 것은 김기덕 영화의

'회화성'이다.

김기덕은 한때 '거리의 화가'였다.[4] 1990년부터 1993년까지 그는 프랑스 남부의 어느 해안 마을에서 20호 내외의 반추상 서양화 스무 점을 그린 다음 배낭과 함께 짊어지고 유럽 십여 개국을 돌며 도시의 광장에서 그 그림들을 전시했다고 한다. 그래서일까. 그는 "내 영화의 시작은 그림"[5]이고 "나는 회화의 방법을 빌려 회화적 또는 심리적 표현을 추가하여 영화를 만드는 것"이라고 설명했다. 또 자신의 영화를 "반추상"이라고 규정했다.[6] 이러한 감독의 진술은 그의 영화를 회화적 이미지와 연결시키는 중요한 전거가 되곤 했다. 물론 화가 김기덕에 관해 아는 바 없더라도, 일단 그의 영화를 보고 나면 뇌리에 남는 강렬한 회화적 이미지들이 김기덕 영화의 매혹의 원천임을 수긍하게 했다.

그러나 김기덕을 "스타일리스트"라고 부르고 그의 "비주얼적" 재능을 인정하면서도[7] 그의 영화들을 두루 관통하는 이미지 모티브들의 의미작용을 인상비평의 단서 이상으로 다루려는 시도는 여전히 부족해 보인다.[8] 이 글은 그 결여를 세세하게 메우면서 김기덕의 전작이 보유하는 회화성의 의미작용을 탐구하려는 기획의 소산이다. 이를 위해 먼저 도상(해석)학적 방법론을 영상 분석에 도입할 필요성을 다룰 것이다. 이어서 김기덕 영화의 다양한 시각적 모티브들이 어떻게 도상(해석)학적으로 계열화될 수 있는지를 탐색하고자 한다.

도상(해석)학적 영상 분석의 목표와 절차

김기덕 영화는 시네마토그래피(촬영술)와 편집에서는 고전적 영화문법을 크게 벗어나지 않는 편이다. 하지만 미장센mise-en-scéne, 화면구성만큼은 확실히 공들여 구사함으로써 그 회화성에 주목하게 만든다. 아울러 특정한 이미지 모티브들을 여러 영화에 걸쳐 반복해서 사용한다는 점도 김기덕 영화의 회화성과 관련한 대표적 특징이다. 그러한 반복은 분명 의도된 것으로 보인다. 자연히 우리의 궁금증은 어떠한 이미지 모티브들이 반복되는지, 각각의 모티브들이 가리키는 의미와 상징성은 무엇인지, 그 의미와 상징성은 김기덕의 전작 안에서 일관된 것인지, 또 어떠한 메시지를 전달하는지에 관한 질문으로 나아간다.

김기덕의 전작을 '반복'의 관점에서 조명하는 것이 새로운 시도는 아니다. 아드리엥 공보는 영화들이 연결되면서 이루어지는 나선형적 반복을 통해 유지되는 김기덕 영화의 다이내믹한 사이클에 주목한다.[9] 안드레아 벨라비타는 아예 그것을 "김기덕 시스템"이라고 부르면서, 함께 있지 않고 파편이 되어 떨어질 수 있다는 점이 그 시스템의 강점이라고 주장한다.[10] 김기덕 자신의 발언도 이를 뒷받침한다. 그는 자신의 영화의 서사들 하나하나는 서로를 위해 하나의 시퀀스처럼 기능하며 결국에는 하나의 거대한 세계를 이루게 되리라고, 그것이 바로 특정 요소들이 영화들 속에서 순환적으로 등장하는 이유라고 설명한다.

〈파란 대문〉의 진아가 거북이를 놓아주는 장면은 〈악어〉의 악어가 거북이 등에 파란 물감을 칠하던 그 장소에서 찍었다. 〈야생동물보호구역〉에 나오는 꽁꽁 언 고등어는 또 〈파란 대문〉에서 아버지의 욕심을 상징하는 흐물흐물한 고등어로 등장한다. 아마 내가 앞으로도 영화를 계속 만들 수 있다면 마치 〈펄프 픽션〉과 같은 구조를 한 편의 영화 속에서가 아니라 전체 영화 속에서 발견하게 될 것이다. 내가 만약 열 편의 영화를 만든다면 〈파란 대문〉이 하나의 시퀀스일 수 있고 〈섬〉도 하나의 시퀀스일 수 있다. 다음에 만들 〈나쁜 남자〉는 분명히 〈파란 대문〉의 전편이다. 〈파란 대문〉의 진아가 왜 창녀가 될 수밖에 없었는지를 알게 될 것이다. 이런 맥락에서 〈실제상황〉은 모든 시퀀스들에 대한 예고편일 수 있다. 이것은 내가 계획했다기보다는 저절로 되어가는 일이다.[11]

그러나 아쉽게도 기존의 논의들은 반복에 착목하기는 했으되 몇몇 눈에 띄는 반복적 디테일들에 대한 언급 이상으로 나아가지는 못했다. 그렇다

면 미장센을 중심축으로 삼는 김기덕 영화의 회화성을 반복적 모티브들에
대한 이해와 결합시킬 수 있는 방법은 무엇일까?

　가장 먼저 고려할 만한 것은 저 반복적 이미지 모티브들에 '도상·icon' 개
념을 적용하고 도상학iconography을 분석 방법론으로서 채택하는 것이다. 기
원적으로 도상학은 회화를 대상으로 출발한 학문이다. 도상학/도상해석
학의 대표적 개척자인 파노프스키도 도상학은 "작품의 의미나 모티프를
다루는 미술사의 분야"라고 규정한다.¹² 따라서 도상학을 영상 분석 방법
론으로 확장시키기 위해서는 설득력 있는 논리적 매개가 필요하다. 영화
를 소설과 구별하기 위해 '도상' 개념을 끌어들이는 그레고리 커리의 논의
는 이러한 매개가 되기에 충분해 보인다. 그에 따르면 "이미지들이 정보를
제공하는 방식은 회화적"¹³이며 "영화는 (……) 도상적인 기호로 수행되는
내레이션이다".¹⁴ 다시 말해, 영화는 관객들에게 무엇을 상상하는 것이 적
절할지를 지시하기 위해 언어적 기호들이 아니라 "회화적이거나 도상적인
기호들"¹⁵을 사용하며, 이 때문에 영화적 허구는 소설적 허구와 구분된다.
여기서 핵심은 회화와 영화가 회화성, 즉 '도상적 기호'로서의 성격을 공유
한다는 점이다. 이로부터, 회화성을 보유하는 영화를 도상학적으로 분석
할 가능성이 도출된다.

　도상학이란 "유형화된 도상들의 의미와 그들 사이의 관계[및 그것
에 부여된 관습적 의미]를 밝히는 학문"¹⁶이다. 지금까지 이 글에서 간단히
김기덕 영화의 반복적 이미지 모티브들이라고 불렀던 것은 달리 말하자면
"유형화된 도상들"이다. 그 도상들의 반복적 사용이 함축하는 바를 밝히
는 작업은 곧 도상들의 일관된 "관습적 의미", 그리고 특정한 도상이 특정
한 의미를 띠게 만드는 도상들 간의 "관계"에 착목하는 것이다. 그렇다면
이 모든 요소들을 놀라울 정도로 치밀하게 배치함으로써 강렬한 회화성을
성취하는 "김기덕 시스템"에 접근할 최적의 통로는 도상학이지 않겠는가.

　도상학자들의 기본 목표는 회화를 단지 바라보기 위한 것이 아니라
'읽어야 하는 것'으로 취급하는 것이다. 이는 피터 와그너가 명명한 대로,
이미지를 "말 그대로나 혹은 은유적 의미에서나 '읽을 수 있는 것'으로 탈

바꿈"한 '도상텍스트iconotext'로 취급한다는 뜻이다.[17] 도상텍스트를 '읽는다'는 것은 정확히 무슨 뜻인가? "의미론적 해석"이라고 요약되는 도상학적 독해 작업이란 구도나 색채 등의 관점에서만 그림을 대하는 형식 분석을 탈피하여 그 형식에 깃든 의미를 찾아내는 작업, 어떤 이미지가 상징하고 암시하는 것, 알레고리화하고 있는 것 등을 밝혀내는 작업이다.[18]

도상학의 발전사는 도상 연구가 결코 일련의 도상들에 대한 임의적 의미 부여의 과정이 아니며 체계적 절차를 권장했음을 보여준다. 파노프스키가 만든 도표를 보자.[19]

파노프스키가 만든 도표

해석의 대상	해석 행위	해석 도구	해석의 교정 원리
일차적 또는 자연적 주제-사실적 의미, 표현적 의미-로 예술의 모티프의 세계를 구성한다.	전前도상학적 기술(일종의 형식적 분석)	실제 경험(사물과 사건에 관한 친밀성)	양식사(물체와 사건이 다양한 역사 조건 아래서 어떠한 방식으로 형태를 통해 표현되는가에 관한 통찰력)
이차적 또는 관습적 주제로 이미지, 이야기, 알레고리의 세계를 구성한다.	좁은 의미의 도상학적 분석	문헌적 지식(특정 테마나 개념에 관한 친밀성)	유형사(특정 테마나 개념이 다양한 역사 조건 아래서 어떤 방식으로 물체와 사건을 통해 표현되는가에 관한 통찰력)
근원적 의미 또는 의미 내용으로 '상징' 가치의 세계를 구성한다.	깊은 의미의 도상해석학적 해석(도상학적 종합)	종합 직관(인간 정신의 본질적 성향에 관한 친밀성)으로서 개인의 심리와 '세계관'에 의해 좌우됨.	문화적 징후 또는 일반적인 '상징'의 역사(인간 정신의 본질적 성향이 다양한 역사 조건 아래서 어떤 방식으로 특정 테마와 개념을 통해 표현되는가에 관한 통찰력)

이 도표는 도상에 대한 논리적 접근이 전前도상학 단계의 인식, 도상학 단계의 분석, 도상해석학 단계의 해석을 거치면서 심화됨을 보여준다. 첫 번째 단계는 그림의 형태, 두 번째 단계는 그림의 내용, 세 번째 단계는 내용과 형태 모두를 통해 드러나는 내재적 의미에 관한 해석을 가리킨다. 도표의 마지막 항목을 구성하는 '해석의 교정 원리'는 각 단계의 해석이 자의성

에 빠지지 않았는가를 검증하는 근거다. 파노프스키는 세 단계의 해석이
각각 양식사, 유형 혹은 전형의 역사, 문화적 징후의 역사에 부합하는지를
확인해야 한다고 주장한다. 그가 이러한 해석의 틀을 활용하여 주로 분석
한 것은 르네상스 시대의 기독교 회화다.

　이러한 연구 방법론을 영상 이미지의 도상학적/도상해석학적 분석에
서 활용할 때, 즉 분석 대상이 르네상스 회화에서 김기덕 영화로 바뀌는 과
정에서 몇 가지 문제가 대두된다. 첫째, 르네상스 회화를 위해서는 성서가
제공하는 관습적인 주제나 그림, 일화, 알레고리가 명시적으로 주어져 있
지만, 개인 창작자가 생산해낸 시각적 모티브들의 시스템을 해석해낼 때에
는 그러한 외적 원천의 도움을 받을 수가 없다. 따라서 개인 작가의 전작
에 도상학적 분석을 적용하는 것은 텍스트 외적 정보가 확연히 제한된 상
태에서의 시도일 수밖에 없다. 그동안 영화학에서 도상학을 활용하는 경
우가 오랜 시간에 걸쳐 일반화된 장르 도상들의 분석으로 국한되었던 것
도 그러한 이유 때문이다.[20]

　하지만 도상학적 의미는 "여러 영상들을 통해 반복 재생산되는 유형
의 역사에 대한 지식을 통해 파악"[21] 가능한 것이기도 하다. 그러므로 이 글
에서는 김기덕 시스템의 퍼즐 맞추기를 위해 우선 이 반복과 유형화에 초
점을 맞추고자 한다. 즉, 과연 어떠한 도상적 요소들이 상징적 의미를 보유
하는지, 그 요소들이 어떻게 김기덕의 전작을 관통하며 출현하는지를 주
의 깊게 찾아내고자 한다. 다음 장에서 열거하는 다양한 형상들은 바로 그
점에 집중하여 추출해낸, 김기덕 영화가 시스템으로서 구성되는 과정에서
'도상학적으로 유의미한 반복'을 구현하고 있다고 간주되는 요소들이다.

　둘째, 역설적으로 들리겠지만, 파노프스키 이론 자체의 한계를 돌파
하는 방식으로 도상(해석)학적 분석 방법론을 도입할 필요가 있다. 도상
해석학이 "현대 추상회화에 대해서는 함구하고 있는 실정"[22] 속에서, 하물
며 그것을 현대 이미지 문화의 해석에 적용한다는 것은 상당한 도전이 아
닐 수 없다. 물론 도상해석학을 "이미지에 대한 통일적 연구"로 일반화시
킬 가능성을 모색하는 이도 있고,[23] 파노프스키를 "미술사의 소쉬르"[24]로

취급하면서 도상해석학 안에서 프로이트-융적인 노선과 마르크스주의적 노선을 변증법적으로 결합시킬 가능성을 전망하는 이도 있다. 파노프스키의 사회화 혹은 정치화로 요약될 이러한 시도는 근본적으로 그림의 내재적 의미와 상징에 천착하는 파노프스키의 도상해석법이 레비-스트로스의 신화 분석, 프로이트의 정신분석, 에드가 앨런 포의 추리소설과 구조적 유사성을 띠고 있다는 지적[25]과도 일맥상통한다. 그런 의미에서 파노프스키의 도상해석학이 20세기 초반 지성사에 등장한 데에는 어떤 필연성이 있었다고 보는 신준형의 타진은 꽤 의미심장하다.[26] 도상해석학의 한계는 바로 20세기 초반이라는 시대적 제약 아래 놓인 근대 담론들 공통의 한계라고도 볼 수 있기 때문이다. 요컨대 도상해석학과 구조(주의)적 접근의 궁극적 친연성이야말로 도상해석학의 약점이라는 것이다.

다시 신준형에 따르면 구체적으로 파노프스키 이론의 한계는 첫째, 명시적 상징과 감추어진 상징주의적 기능의 구분 불가능성, 둘째, 내재적·무의식적 의미가 실은 화가의 고도로 의식적 작업일 가능성, 셋째, 실제 분석 시 도상학과 도상해석학의 경계가 모호하며 그 구분이 외연과 내포의 구분 이상의 것이 아닐 가능성, 넷째, 사회와 문화에 따라 의미나 상징이 바뀔 가능성으로 요약된다.[27] 그러므로 도상해석학의 한계를 극복하는 방식으로 도상해석학을 도입한다는 것은 바로 이러한 한계들을 의식하면서 도상 분석에 임한다는 뜻이다. 라캉 정신분석의 중요한 논점이 된, 보편성과 특수성의 이항 대립적 관계를 수렴하면서 동시에 초과하는 '단독성singularity'의 차원에 주목하는 현상은 바르트와 푸코의 사망 선고로 못 박힌 작가-주체의 관 뚜껑을 다시 열어보아야 할 시점이 도래했음을 시사한다. 그런 의미에서, 특정 감독의 전작에 대한 도상(해석)학적 접근 역시 텍스트에서 드러나는 사회적·역사적·문화적 징후(증상)들의 추적과 단독적 창안의 영역을 교차시키는 방식으로 이루어질 필요가 있다. 즉, '김기덕 시스템'을 김기덕이 시스템과 만나는 '고유한' 방식으로서 재정의할 필요가 있다. 물론 그러한 고유성을 오롯이 도상들만의 영역으로 환원할 수는 없다는 데 이 글의 한계가 있다. 다만 여기서는 김기덕의 영화들을 관통하는 다양한 도상적 요소들의 의미망을 해명하는 데 주력하면서 일단 도상(해석)학적 접근에 충실하고자 한다.

'김기덕 시스템'의 의미론적 지도 (1): 푸른색, 붉은색, 흰색, 검은색

김기덕의 데뷔작 〈악어〉의 포스터는 한강 물속 교각 앞 소파에 나란히 앉아 있는 커플을 보여준다. 색조는 온통 푸른색. 아직은 거기서 푸른색이 왜 그렇게 특권화되는지를 우리가 알 수 없었던 그 첫 순간부터 이미 김기덕은 자기만의 의미론적 색상환을 가지고 있었다. 이제 그 이후의 영화들까지 두루 거치고 보니 그가 특별히 애호했던 색상들이 손에 꼽힌다. 바로 푸른색, 붉은색, 흰색, 검은색이 그것이다.

먼저 푸른색부터 살펴보자. 〈악어〉에서 푸른 물속, 여주인공의 허름한 원피스 색깔, 거북이의 등과 수갑에 '악어'가 칠하는 파란 페인트로 등장했던 푸른색은 이후 〈야생동물보호구역〉에서는 주인공 '청해'의 이름과 핍쇼peep show장 안의 푸른 조명으로, 〈파란 대문〉에서는 대문과 창틀색, 창녀 진아가 신었다가 나중에 매춘을 하러 가는 여대생 혜미가 신게 되는 슬리퍼 색깔로, 〈섬〉에서는 '현식'을 좋아해서 찾아오는 티켓 다방 아가씨 '은아'의 구두 색깔로, 〈나쁜 남자〉에서는 영화의 도입부에서부터 시작해서 창녀촌 선화의 방에 한기가 찾아와 마음을 드러내기까지 선화의 의상들로, 〈봄 여름 가을 겨울 그리고 봄〉에서는 아이를 안고 찾아온 여인의 얼굴을 가린 스카프와 아이를 감싼 강보의 색깔로, 〈빈집〉에서는 도입부 첫 장면 조각품과 골프 연습용 그물망이 이루어내는 어슴푸레한 배경 색으로, 〈시간〉에서는 꿈속에서 얼어버린 조각공원을 헤매는 새희의 구두 색깔이나 새희가 우연히 만난 청년의 마스크 색깔, 새희의 의상 등으로 나타난다. 〈나쁜 남자〉와 〈빈집〉〈숨〉〈비몽〉에 나오는 수인囚人들은 모두 푸른색 죄수복을 입고 있으며, 인물들이 어딘가를 향해 가는 길의 새벽빛은 항상 푸르다. 김기덕의 모든 영화에 등장하는 물의 공간도 마찬가지로 늘 푸른색이다(그림 1).

〈악어〉

〈야생동물보호구역〉

〈파란 대문〉

〈시간〉

그림 1. 김기덕의 영화에서 푸른색은 물이나 건물 일부, 인물들의 의상이나
소도구, 조명 색조 등의 형태로 의도적으로 사용된다.

〈나쁜 남자〉

〈봄 여름 가을 겨울 그리고 봄〉 〈빈집〉*

〈나쁜 남자〉 〈숨〉 〈빈집〉

그림 2. 푸른색은 욕망 대상의 기표다. 푸른색 옷을 입거나 신발을 신은 존재는
누군가의 욕망의 대상이고 푸른 색조 속의 공간은 그러한 욕망의 세계다.

여기서 푸른색은 하나같이 욕망 대상의 기표로서 등장하고 있다. 푸른색 옷을 입고 푸른색 신발을 신은 인물들은 언제나 누군가가 욕망하는 존재다. 〈악어〉의 악어는 자신을 거부하는 신비로운 여자를, 그리고 뭍과 물을 자유로이 오갈 수 있는 거북이를 욕망한다. 〈파란 대문〉의 여대생은 창녀가 신던 푸른색 슬리퍼를 신고 그녀의 입장이 되어서야 비로소 욕망될 만한 존재가 된다. 〈봄 여름 가을 겨울 그리고 봄〉에서 저 푸른색 스카프의 여인의 실족사는 더 이상 그녀가 승려의 욕망의 대상이 되지 못함을 함축한다. 〈시간〉에서 애인을 위해 성형수술을 감행한 남자와 여자는 겉모습이 달라졌어도 여전히 서로의 욕망을 자극하며, 〈빈집〉의 도입부에 나오는 푸른 불빛은 딱딱한 조각처럼 생명력 없는 삶을 살고 있는 주부 선화가 이 저택에서 남편의 과도한 욕망의 대상임을 암시한다. 수인들을 감싸고 있는 푸른 죄수복은 그들이 비록 갇혀 있을망정 여전히 누군가와 욕망의 관계 속에 있음을 보여준다(그런 의미에서 〈빈집〉의 태석이 독방으로 옮기면서 상의를 탈의하게 되는 변화는 그가 욕망의 세계로부터의 '초월'을 꿈꾸게 되었음을 드러낸다)(그림 2).

라캉에 따르면 욕망은 결여로 인해 발생한다. 그 결여의 자리를 채우리라 기대되는, 그렇기에 결여의 구멍을 가리면서 동시에 가리키는 것이 바로 대상 a다. 대상 a가 욕망의 대상이자 원인인 이유가 여기에 있다. 김기덕 영화에서 푸른색으로 감싸인 모든 것이 시연하는 것은 바로 이러한 욕망의 미장센이다. 때로 푸르스름한 새벽 시간이나 푸른 물속 같은 공간의 재현이 비현실 혹은 탈현실의 차원으로의 이동처럼 느껴지는 것도 욕망의 구현이란 본래 자신의 현실에는 부재하는 것에 도달하려는 안간힘이기 때문이다. 그러므로 새장 여인숙의 창을 열고 이제는 친구가 된 여대생과 창녀가 똑같이 바깥으로 머리를 내밀었을 때, 저 파란 창틀은 정신적(여대생의 경우) · 육체적(창녀의 경우) '새장' 밖의 세계를 욕망하는 인물들을 자유로운 삶으로 연결해줄 통로의 표식이다.

붉은색은 어떤 근원적인 생명의 에너지 혹은 리비도libido의 표상이다. 검붉은색, 주황색, 분홍색, 황토색 등으로도 변주된다. 붉은색의 상징

그림 3. 〈섬〉〈수취인불명〉〈나쁜 남자〉. 붉은색은 어떤 근원적인 생명의 에너지 혹은 리비도의 표상이다.

적 암시가 흥미롭게 나타나는 최초의 사례는 〈야생동물보호구역〉에서의 '홍산'이라는 이름이다. '청해'가 남한 출신임을 감안할 때 북한 출신에게 '홍산'이라는 이름을 붙여준 것에서 이데올로기적 함축의 의도가 읽힌다. 언어(프랑스어)보다는 몸과 힘을 써서 살아간다는 점, 스스로도 늘 조형 물들을 만들어낼뿐더러 청해의 예술 활동 또한 물심양면으로 지원한다는 점, 첫눈에 반한 여자를 보러 늘 핍쇼장을 들락거린다는 점 같은 특징들이 모두 홍산을 좀 더 본능적인 에너지를 분출하는 형상으로 구축한다.

한편 〈섬〉의 낚시터에서 현식이 주황색 벽에 노란색 커튼으로 장식된 방갈로bungalow에서 머무는 것 역시 우연이 아니다. 이 공간에서 희진과 관계하면서 벌어졌던 일들을 떠올려보라. 식사와 성관계뿐만 아니라 배설과 자살, 그리고 생명의 회복까지도 모두 이곳에서 이루어지지 않았던가. 〈실제상황〉의 김한식이 살인을 저지른 후 찾아가 쪼그리고 잠들었던 화실도 주황색 벽이었고, 〈수취인불명〉의 창국 엄마와 창국이 거주하는 버스도 빨간색이었으며, 〈나쁜 남자〉의 엔딩 시퀀스에서 그들이 몰고 다니던 매춘 트럭의 천막도 주황색이었다(그림 3).

여주인공이 언제 붉은색 계열의 옷을 입는지도 주목해야 할 부분이다. 〈파란 대문〉의 창녀 진아가 자기를 추적해온 기둥서방을 만났을 때, 그리고 혜미와 완전히 우정의 교감을 이루었을 때, 〈섬〉의 희진이 현식에게 철사 그네를 선물 받을 때, 〈수취인불명〉의 창국 엄마가 죽은 창국의 살을 씹어 먹을 때, 〈나쁜 남자〉의 선화가 매춘을 "진짜 즐기기" 시작할 때, 〈해안선〉의 미영이 반쯤 미쳐 머리카락을 자를 때, 〈빈집〉의 선화가 태석이 권한(남편은 싫어했던) 옷을 입었을 때, 〈활〉의 소녀가 활점을 칠 때와 혼례를 위해 활옷을 입을 때, 〈시간〉의 새희가 성형수술을 한 뒤 얼굴을 가리고 조각공원에 다시 찾아갈 때 그녀들은 주황색이나 빨간색, 분홍색 옷을 입고 있다. 〈비몽〉의 란이 처음에 만들고 있던 옷도 모두 붉은색 계열이다(그림 4).

여기에서 어떤 공통점이 보이지 않는가. 붉은색 옷은 한결같이 그녀들이 어떤 원천적인 향유의 차원에 근접해 있음을 표지한다. 붉은 가장假裝

〈파란 대문〉〈섬〉*

〈수취인불명〉〈해안선〉〈빈집〉

〈활〉

〈시간〉

〈비몽〉

그림 4. 여주인공들이 입은 붉은색 옷은 한결같이 그녀들이 어떤 원천적인 향유의 차원에 근접해 있음을 표지한다.

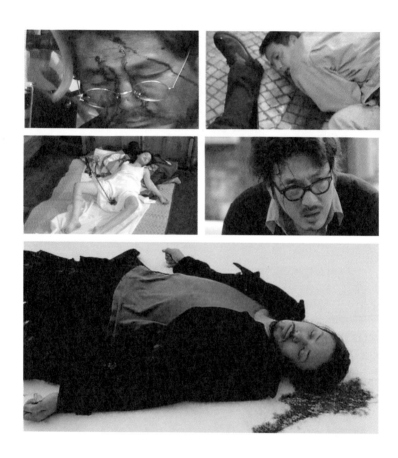

그림 5. 가장 근원적인 붉음은 육체가 흘리는 피로써 경험된다. 윗줄부터
〈악어〉〈야생동물보호구역〉〈활〉〈숨〉〈비몽〉.

속에서 그녀들은 창녀임에도 불구하고 순수한 성적 향유를 누리기도 하고
(〈나쁜 남자〉), 애인을 잃고서 정신병으로 침몰하기도 하며(〈해안선〉), 남
편을 떠나 새로운 연애를 시도하거나(〈숨〉), 몽유병 속에서 꿈을 현실화한
다(〈시간〉). 물론 겉에 걸치는 옷보다 더 근원적인 붉음은 육체 내부로부
터 나와 외부를 적시는 피다. 매를 맞거나 칼에 찔리거나 총이나 활에 맞
아 붉은 피로 얼룩진 순간, 김기덕의 인물들은 순수한 리비도의 매개 혹은
괴물의 형상이 되어버린다(그림 5).

　흰색은 언제나 검은색과의 분신double 관계 속에서 파악되어야 한다.
흰색이 순수와 해방과 사랑과 구원의 색이라면 검은색은 위악과 자폐와
혐오와 죄의 색이다. 흑과 백은 통념상 정반대의 의미를 함축하지만 김기
덕 영화에서는 불가분의 관계로 그려진다. 흰옷을 입었던 사람과 검은 옷
을 입었던 사람이 서로를 온전히 이해하고 사랑하게 되면 둘은 본래의 자
기 색이 아닌 상대의 색을 취하여 옷을 입기 시작한다(〈파란 대문〉〈나쁜
남자〉〈봄 여름 가을 겨울 그리고 봄〉〈빈집〉〈비몽〉). 또 흰 눈은 어두운
밤에 내리고(〈파란 대문〉), 하얀 스케치북에는 까만 연필로 초상화가 그
려지며(〈악어〉〈파란 대문〉〈실제상황〉), 나무에 먹으로 쓴 글씨는 하얗게
깎여나간다(〈봄 여름 가을 겨울 그리고 봄〉). 〈비몽〉에서는 아예 '흑백동
색'임을 주인공의 손으로 '각인'시킴으로써, 욕망과 구속의 씨앗으로부터
사랑과 자유의 열매를 얻는 과정을 그려온 김기덕 영화의 큰 주제를 한눈
에 보여준다(그림 6).

　김기덕이 얼마나 의미론적으로 정교하게 색채를 구사하는지를 〈봄
여름 가을 겨울 그리고 봄〉의 의상 분석을 통해 확인해보자(그림 7). 어느
날 산사에 찾아드는 소녀는 검은 빛이 감도는 진청색 옷을 입고 있다. 이
는 이미 그녀의 존재가 욕망의 죄와 연결되어 있음을 암시한다. 다음 날
소녀는 흰 원피스로 갈아입는데, 회색 승복을 입은 소년승은 그녀에게 반
해버린다. 아직은 순결한 소녀, 그리고 아직은 흰 쪽으로도 검은 쪽으로도
넘어가지 않은 채 경계를 살아가는 소년의 만남이다. 이윽고 첫 성교 이
후 소녀는 흰 윗옷에 황토색 치마를 입는다. 황토색을 붉은색 계열로 볼

76

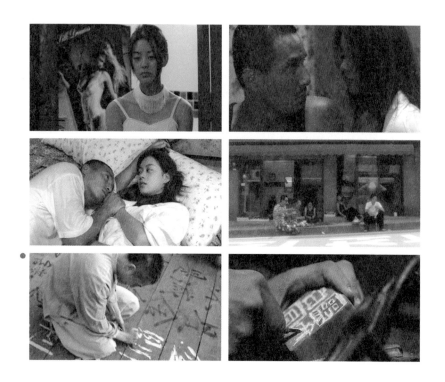

그림 6. 흰색이 순수와 해방과 사랑과 구원의 색이라면 검은색은 위악과
자폐와 혐오와 죄의 색이다. 그러나 김기덕은 다양한 방식으로 흑백동색의
계기를 살려나간다. 윗줄부터 〈나쁜 남자〉 〈봄 여름 가을 겨울 그리고 봄〉*
〈비몽〉.

때 이는 소녀의 성적 개안과 그에 따른 정념적 부자유를 함축한다. 그 후 둘의 관계가 노스님에게 발각되어 산사를 떠날 때, 소녀는 연하늘색 티셔츠와 청바지를 입고 있다. 여전히 소녀가 소년승에게는 비현실적인 욕망의 대상이라는 뜻이다. 소녀를 찾아 떠났다가 청년이 되어 돌아온 그는 검은 옷을, 그러니까 살인을 저지른 죄인에게 알맞은 색을 입는다. 스스로 머리를 깎고 회색 옷을 입고 죄를 뉘우치며 지내던 그에게 형사가 찾아오고, 그는 다시 절을 떠난다.

시간이 흘러, 이제는 장년이 된 그가 절을 찾아온다. 주황색 바지에 검은 무늬 외투, 푸른색 목도리를 두르고 있는 그의 모습은 정욕과 죄의식과 욕망의 뒤얽힘 그 자체다. 그러나 다시 수도 생활을 시작하면서부터 그는 회색 승복으로 갈아입는다. 그러던 어느 날 먼 옛날의 소녀처럼 황토색 바지와 미색 스웨터를 입고 푸른 스카프로 얼굴을 가리고 푸른 강보에 아이를 감싸 안은 한 여인이 나타난다. 차림새만으로도 그녀가 한때 장년승의 욕망의 대상이던 소녀와 동일한 서사적 기능을 수행함을 짐작할 수 있다. 부자유한 정욕과 순결함의 인상과 남자를 매혹시키는 힘을 한 몸에 간직한 저 '운명적 여자'의 기능 말이다.

하지만 그녀는 절을 떠나는 길에 물에 빠져 죽는다. 이는 장년승이 갖고 있었을 법한 일말의 미련, 그 최후의 욕망조차도 소멸하게 되었음을 가리킨다. 이제 그는 맨살의 상체를 드러낸 채 고행에 돌입한다. 흰색과 검은색의 적절한 조합인 회색 옷마저 벗어 던졌음은 아예 무색투명의 경지에 도달하고 싶다는 뜻일 터, 그 무색투명함을 저 의미론적 색상환이 온전히 섞여서 만들어내는 결과로 보아야 할지, 그 의미론의 색상환 자체를 세속적인 것으로 치부하여 부정하는 제스처로 보아야 할지는 아직 이 영화만으로는 알 수 없다. 그러나 이후의 영화들과 함께 맥락화해보자면 그것을 허무 혹은 초월의 의미로 이해하는 것은 너무 단순하게 느껴진다. 다만 여기서는 〈봄 여름 가을 겨울 그리고 봄〉이 계절의 순환과 함께 정념의 순환을 탁월하고도 정밀하게 색채화하고 있음을 확인하는 데서 논의를 멈추기로 한다(그림 7).

그림 7. 〈봄 여름 가을 겨울 그리고 봄〉은 김기덕 영화가 정념과 자유의 관계를
다루면서 의미론적으로 색채를 구사하는 방식을 전형적으로 보여준다.

'김기덕 시스템'의 의미론적 지도 (2): 흙, 쇠, 물, 공기

김기덕 영화에 물의 이미지가 허다하게 등장함은 새삼 강조하지 않아도 좋을 것이다. 하지만 자연이 허락하는 것은 물뿐만 아니라 흙(돌), 쇠, 공기 (바람)도 있다. 김기덕 영화에서는 이 모두가 물과의 연관 관계 속에서 중 요한 도상(해석)학적 의미를 띤다. 먼저 흙의 물성을 갖는 형상들로는 돌, 바위, 흙과 돌로 만든 조각상, 도장 등이 있다. 쇠의 물성은 철사, 낚싯바 늘, 철창살, 철대문, 수갑, 골프채, 새장, 칼과 권총, 조각상, 오토바이와 자 동차, 비행기, 카메라 등으로, 물의 물성은 강, 바다, 눈, 비, 어항, 수족관, 샤워 등으로, 공기는 풍선, 공, 활쏘기, 담배 피우기 등을 매개로 나타난다.

이 네 가지 물성은 다시 두 가지 계열로, 즉 흙과 쇠, 물과 공기로 구 분 가능하다. 전자가 고체라면 후자는 비고체다. 고체가 형체를 띠고 굳어 있으며 무언가를 틀짓고 가두는 유한한 것이라면, 비고체는 특정한 형체 없이 유연하게 흘러 다니기에 무한히 자유로운 것이다. 물론 고체와 비고 체의 이러한 일차적 본질을 고착된 것으로 받아들일 필요는 없다. 흑백동 색의 변증법은 자연물의 변증법으로도 반복된다. 고체는 깨뜨려지거나 위 치를 이동함으로써, 비고체는 가두어짐으로써 각자의 본질과 반대로 기능 할 수 있는 것이다. 요컨대 속박과 해방, 죄와 구원은 필연적으로 분리되어 있는 것이 아니며 언제든 자신의 본질을 부정(당)함으로써 그 반립反立의 상태로 변화될 수 있다.

흙을 빚어 구워내면 딱딱한 조각이 되지만 그 조각을 망치로 내 리쳐 깨뜨릴 수도 있다(〈야생동물보호구역〉〈숨〉). 철사를 이렇게 저렇 게 구부리면 조형물이 되지만(〈야생동물보호구역〉〈섬〉) 때로는 살인 무기가 된다(〈수취인불명〉). 쇠는 수갑이나 창살, 철조망의 형태로 새 나 개나 인간을 속박하거나(〈악어〉〈야생동물보호구역〉〈파란 대문〉 〈나쁜 남자〉〈숨〉〈수취인불명〉〈해안선〉), 골프채(〈빈집〉)나 칼, 총(〈악 어〉〈야생동물보호구역〉〈섬〉〈봄 여름 가을 겨울 그리고 봄〉〈수취인불 명〉〈해안선〉), 활(〈수취인불명〉〈활〉)이 되어 폭력과 살해의 도구로 쓰 이기도 한다. 쇠는 또한 카메라처럼 존재를 특정 시공간에 붙박아놓는 매

80

그림 8. 〈악어〉에서 교각 아래 물속 공간은 주인공의 욕망의 미장센이
실현되는 환상 공간이다.

그림 9. 〈악어〉의 노인은 딱딱한 쇠로부터 유연한 물이 흘러나오게 만듦으로써
고체와 비고체의 변증법적 결합을 구현하는 지혜로운 인물이다.

개가 되어 인물들을 공동체적 관계로 묶어준다(〈파란 대문〉〈빈집〉〈시간〉). 쇠가 오토바이(〈섬〉〈빈집〉)나 자동차(〈나쁜 남자〉〈사마리아〉〈시간〉), 비행기(〈수취인불명〉)가 되면 인물들을 어딘가로 자유로이 떠날 수 있게도 만들어준다. 한편 물은 비닐봉지나 어항(〈파란 대문〉〈빈집〉〈피에타〉), 수족관(〈해안선〉)에 담길 수도 있지만 바다와 강이 되어 한없이 떠돌 수도 있고 축복처럼 비나(〈섬〉〈나쁜 남자〉) 눈이 되어(〈파란 대문〉〈숨〉) 지상 만물 위로 다시 내려올 수도 있다. 공기는 풍선이나(〈악어〉〈파란 대문〉〈빈집〉) 공(〈빈집〉〈시간〉) 안에 갇힐 수도 있고, 과녁을 향해 날아가는 활이 가르며 지나가는 허공으로도 존재하지만(〈수취인불명〉〈활〉), 담배 연기를 호흡에 실어 내보낼 무한한 공중이거나(〈나쁜 남자〉), 새와 나비(〈파란 대문〉〈비몽〉)를 품어주는 광활한 하늘일 수도 있다.

김기덕 영화는 이 네 가지 물성과의 관계 속에서 어떤 인물이 어떤 순간에 어떤 역할을 하는가를 통해 그 인물의 심리 상태나 서사 내에서의 위치와 역할을 표현한다. 고체를 만드는 것도 깨뜨리는 것도, 비고체를 가두는 것도 풀어주는 것도 결국은 모두 사람이 하는 일이기 때문이다. 이러한 전략은 데뷔작에서부터 자못 선명하다. 〈악어〉에서 우리는 고체와 비고체의 은유가 비교적 간단명료하게 활용되는 것을 볼 수 있다. '악어' 용패에게 물속 공간은 온갖 사회악의 화신으로 살아가는 지상에서의 자신의 삶과 잠시라도 단절하고 그의 내적 욕망의 미장센으로 침잠하게 해주는 곳이다. 그래서 앵벌이 소년이 그 공간에 색색으로 종이배를 띄울 때마다 용패는 몹시 화를 낸다. 이후 〈파란 대문〉〈섬〉〈봄 여름 가을 겨울 그리고 봄〉〈활〉에서 계속해서 확인되듯이, 배는 땅과 물을 연결하는 매개다. 그러니 용패의 입장에서 볼 때 물 위에 띄워진 종이배는 그의 환상 세계에 대한 명백한 침입이다(그림 8).

〈악어〉에서 가장 인상적인 발상은 노인이 고장 난 자판기 안에 들어가 직접 커피를 타서 판매한다는 것이다(그림 9). 딱딱한 쇠로부터 유연한 물이 흘러나오게 할 수 있는 사람. 노인은 이 영화에서 그러한 위상을 가지는 존재다. 그런 인물이 총에 맞아 죽자 용패는 자판기의 몸체를 관 삼

그림 10. 〈파란 대문〉에서 가두어진 물과 자유롭게 흐르는 물, 물이 얼고
가루가 되어 만들어내는 눈 같은 도상은 주인공의 깨달음의 계기를 은유한다.

아서 그를 묻어준다. 쇠 위로 흙이 떨어지는 것을 보면서 우리는 노인의 생
명 에너지가 더 이상 역동하지 못하고 고체의 세계인 죽음에 영구히 속박
되었음을 느끼게 된다.

〈파란 대문〉에 오면 물의 도상(해석)학적 의미는 더더욱 변증법적으
로 나타난다. 비닐봉지나 어항에 담겨 있던 금붕어가 마지막 시퀀스에서
는 바다를 헤엄치고 있는 것으로 묘사된다. 이는 주인공 진아와 혜미가 서
로를 온전히 이해하고 받아들임으로써 자유로운 존재가 되었음을 은유한
다. 또 한여름이지만 (물이 언 뒤 다시 가루가 된 것인) 흰 눈이 내려오고,
그 눈을 밟고 선 혜미는 드디어 창녀의 자리와 여대생의 자리의 전복 가능
성을 수용할 수 있게 된다(그림 10).

〈파란 대문〉에서 어항이 담당했던 의미론적 기능은 〈섬〉과 〈해안선〉
의 수족관에서도 반복된다. 〈섬〉에서도 낚시터의 여자인 희진은 그녀가 좋
아하는 손님 현식을 위해 티켓을 끊었던 다방 레지 은아가 다시 찾아오자
분노한다. 그녀의 감정은 그나마 있던 물조차 빼버린 수족관에서 팔딱거
리는 생선들로 치환되어 나타난다. 〈해안선〉에서는 자신을 강간했던 군인
들에게 강제로 낙태를 당한 미영이 하혈을 하면서 횟집 수족관 안으로 들
어가 핏물을 먹은 생선을 머리 쪽부터 날것 그대로 입안에 넣는 대목이 나
온다. 이보다 더 참혹할 수는 없는 죽음의 순환이 이렇게 영화에서 영화로,
도상에서 도상으로 꼬리를 물고 이어진다(그림 11).

쇠의 변증법적 의미를 중점적으로 볼 수 있는 영화는 〈섬〉이다. 이 영
화에는 철사로 만든 조형물, 낚싯바늘, 새장, 오토바이가 쇠의 물성을 띠고
유의미하게 등장한다. 어느 날 낚시터의 방갈로로 숨어든 현식. 그가 들고
온, 새 한 마리가 갇혀 있는 새장은 아내와 그녀의 정부를 살해하고 도피
중인 그의 심리 상태를 직접적으로 반영한다. 〈야생동물보호구역〉의 홍산
처럼 현식도 철사를 꼬고 비틀어서 조형물을 만드는 재주가 있다. 그는 처
음에는 그녀를, 다음에는 자전거를 만든다. 그녀가 제자리에서만 왔다 갔
다 하는 탈것이라면 자전거는 어딘가로 달려나가게 해주는 탈것이다. 그
러므로 낚시터의 여자인 희진에게 준 그네와 그를 찾아온 다방 레지 은아

그림 11. 〈섬〉과 〈해안선〉의 한 장면. 존재를 가둔다는 의미로 활용되는 어항은 수족관의 형태로 김기덕의 영화에 자주 등장한다. 수족관의 물 밖으로 내던져지거나 먹히는 생선은 인물이 얼마나 큰 심리적 타격 속에 있는가를 은유한다.

에게 준 오토바이는 주인공이 두 여자에게 느끼는 감정을 표상하는 물건
이다. 은아가 현식과 자고 간 뒤 희진은 아마도 예전에 그녀가 타던 것이
었을, 이제는 너무 낡아 쓸 수 없는 오토바이를 바라보며 운다. 그런 그녀
의 얼굴을 쇠창살이 가로지르는 미장센은 은아와 자신을 대하는 현식의
마음이 어떻게 다른지를 정확히 파악하고 좌절한 희진의 심리를 압축하는
도상이다. 낚싯바늘의 기능도 이중적이다. 저수지에서 자유로이 유영하던
고기를 낚아 올릴 때에는 살생의 도구이지만, 결국 희진과 현식이 서로를
낚을 수 있게 해주는 매개도 낚싯바늘이다. 차이는 그 위해의 방향이 자신
의 외부로 향하는가, 내부로 향하는가에 있을 뿐이다(그림 12).

공기는 김기덕 영화에서 그리 자주 등장하지도 않으며 해석도 단
순하지 않은 표상이다. 예컨대 〈빈집〉에서 태석은 남의 집에 들어가 아이
의 방 벽에 '매달린' 풍선을 그 아이의 장난감 총으로 쏘아 터뜨린다(그림
13). 일단 그 행위 자체는 폭력적으로 느껴진다. 따라서 자유혼을 가진 존
재인 태석이 공기를 풍선이라는 껍질로부터 해방시키려 했다고 읽어내는
것은 언뜻 과잉해석으로 보일 수도 있다. 그럼에도 그러한 독해를 시도해
볼 만한 이유는 김기덕 영화가 공기를 다루는 방식이 물을 다루는 방식과
크게 다르지 않기 때문이다. 즉, 풍선을 날려 보내는 것이나 풍선을 터뜨리
는 것은 물을 비닐봉지나 수족관 밖으로 흘려보내거나 아예 바닷물 속으
로 나아가는 것과 같은 맥락에 있는 행위다.

〈악어〉의 시작 부분에서 용패가 물속 공간에서 바람을 불어 넣어 물
위로 떠오르게 한 풍선이나 〈파란 대문〉에서 창녀 진아가 바닷물 위에 의
자를 놓고 앉아 풍선처럼 바람을 불어 넣어본 콘돔은 풍선처럼 날아가고
싶은 존재의 욕망과 현실 속에서의 좌절이 투사되는 도상으로서 기능한
다. 〈시간〉에서는 공기가 담긴 공이 사랑의 전령사인 반면, 〈빈집〉에서는
공기 대신 충전재로 꽉 채워진 골프공이 날아갔을 때 상대를 가해하는 폭
력의 매개가 되는 것도 이러한 맥락에서 이해할 수 있다. 한편 〈나쁜 남자〉
의 엔딩에서 매춘을 주선한 한기와 트럭에서 매춘을 하고 나온 선화가 담
배를 나누어 피우며 몸속에서 나온 연기를 공중에 흩어놓는다. 이러한 행

86

그림 12. 〈섬〉에서 다양한 형태로 등장하는 쇠의 물성. 이동과 고착, 살생과 사랑의 변증법을 생각하게 해준다.

그림 13. 공기 또한 물처럼 풍선 안에 갇힌다. 〈빈집〉의 태석은 풍선을
터뜨려서 갇힌 공기를 흩어버린다. 〈파란 대문〉에서 진아가 부는 콘돔,
〈악어〉의 용패가 물속에서 부는 풍선은 육체라는 공간에 갇힌 공기를
내보내고자 하지만 아직 자유에 이르지는 못하는 행위로 읽힌다.
〈나쁜 남자〉의 엔딩에서 주인공 남녀가 나누어 피우는 담배는 두 사람이
공유하게 된 자유의 공기를 연기를 통해 시각화한다.

그림 14. 윗줄부터 〈야생동물보호구역〉 〈봄 여름 가을 겨울 그리고 봄〉 〈숨〉.
중력에 갇힌 존재와 깨달음을 통한 자유는 돌과 흙의 물성에 묶인 존재와 그
고착의 물성을 이겨냄(깨뜨림)을 통해 표현된다.

위 역시 그 퇴폐적인 외관에도 불구하고 두 사람이 공유하는 자유의 의미
심장한 은유로 읽힌다(그림 13).

중력을 이기고 훨훨 날아가고 싶다는 욕망은 풍선뿐만 아니라 날개,
나비, 새, 공중부양 등 다양한 매개를 통해 표현된다. 반면 돌이나 흙은 자
유를 향한 욕망의 실현을 훼방하는 삶의 무거운 억압을 은유한다. 〈야생
동물보호구역〉에서 코린느가 조각상과 동일시하여 스스로 흰 대리석 조
각상처럼 칠하고 거리에 서 있는 것이나, 〈봄 여름 가을 겨울 그리고 봄〉에
서 동자승이 이런저런 동물들에 돌을 매달아놓았다가 그 벌로 자신이 돌
을 매달고 있는 것, 장년승이 돌덩이를 끌며 부처상을 안고 산을 오르는
것, 〈숨〉에서 홍주연이 흙으로 빚어 굽는 날개 달린 인물상 등은 모두 그
러한 상상력의 소산이다. 반대로, 〈봄 여름 가을 겨울 그리고 봄〉에서 장년
승의 공중 발차기 스톱 모션이나 〈숨〉에서 홍주연이 다 구워진 도자기를
깨뜨리는 행위는 인물들이 자기 삶을 가두어온 억압으로부터 곧 해방될
것임을 예감하게 한다(그림 14).

'김기덕 시스템'의 의미론적 지도 (3):
거북이, 뱀, 물고기, 새, 나비, 사람

김기덕의 영화에는 정말 많은 동물들이 나온다. 금붕어, 고등어 등의 물
고기, 닭을 비롯한 새, 나비, 뱀, 고양이, 개, 개구리. 이 중 적어도 두 번 이
상 유의미하게 반복 출현하는 것으로는 뱀(〈실제상황〉 〈봄 여름 가을 겨
울 그리고 봄〉), 거북이(〈악어〉 〈파란 대문〉), 물고기(〈야생동물보호구역〉
〈파란 대문〉 〈섬〉 〈해안선〉 〈봄 여름 가을 겨울 그리고 봄〉 〈사마리아〉
〈빈집〉 〈비몽〉 〈피에타〉), 새(〈섬〉 〈실제상황〉), 닭(〈봄 여름 가을 겨울 그
리고 봄〉 〈피에타〉), 나비(〈파란 대문〉 〈비몽〉)가 있다. 당연히 사람도 동
물 도상의 범주에 넣어야 할 것이다. 도상적인 방식은 아니지만 〈수취인불
명〉에서 창국 엄마가 '고등어 통조림'을 사려 했던 일이나 〈파란 대문〉의
무대가 '새장' 여인숙인 것, 또 새의 유사물인 비행기(〈수취인불명〉), 창녀

진아의 목에 걸린 물고기 모양 펜던트(〈파란 대문〉), 란의 나비 모양 펜던트(〈비몽〉)도 의미론적으로는 유사한 기능을 수행한다.

이 동물들은 모두 사람의 이러저러한 심리적 상태를 상징하는 도상들이라는 점에서 크게 보면 사람의 분신들이다. 〈수취인불명〉에서 '개눈'의 오토바이 철창에 개를 실을 때와 똑같이 창국을 싣고 달리는 것에서 우리는 사람이 동물과 똑같이 취급되는 적나라한 광경을 목격하지 않았던가. 그런데 동물들이 서사 속에 배치되는 방식에서도 김기덕 영화 특유의 변증법적 접근을 확인할 수 있다. 도심의 포도鋪道 위를 기어가는 거북이와 물속에서 헤엄치는 거북이가 대조되고 어항 속 금붕어와 바닷물 속 금붕어가 대조되며, 관상용 금붕어와 고등어나 각종 횟감 등 식용 생선이 대조된다. 기어 다니는 뱀, 날지 못하는 닭, 새장에 갇힌 새가 존재의 심리적·물리적 구속을 표상한다면 자유롭게 날아다니는 새와 비행기는 그 반대편에 있다. 새만큼의 중량감조차도 없이 가벼운 나비는 김기덕 영화에서 존재가 누릴 수 있는 최상의 자유를 상징한다. 반면 〈야생동물보호구역〉에서 코린느의 집 냉장고를 가득 채우고 있는 냉동 고등어, 〈수취인불명〉에서 죽은 창국이 아예 꽁꽁 얼어 있는 상태라는 것은 코린느와 창국이 최악의 심리적·물리적 구속 상태에 처해 있음을 알려준다. 실제 나비나 물고기가 아니라 딱딱한 물성의 목걸이 펜던트가 된 나비나 물고기 역시 해당 인물이 문제 상황에 처해 있음을 징표한다.

이처럼 김기덕 영화의 동물들은 얼마나 중력으로부터 자유로운가를 기준으로 재편성된다. 그 해방의 위계를 잘 보여주는 예가 〈봄 여름 가을 겨울 그리고 봄〉이다. 호수를 떠다니는 인공 섬처럼 만들어진 절에는 늘 동물이 한 마리 살고 있다. 이 영화는 '봄' '여름' '가을' '겨울' '그리고 봄'의 다섯 단락으로 이루어져 있는데, 단락별로 절에 사는 동물의 종류가 달라진다. 첫 단락에서는 강아지가, 그다음에는 닭이, 계속해서 흰 고양이, 뱀, 거북이가 등장한다. 이 동물들이 운신하는 공간의 크기는 곧 그 절에 사는 승려가 어느 경지의 깨달음에 이르렀는가를 보여주는 바로미터다. 강아지는 오직 평지를 걷거나 뛸 뿐이고, 닭은 어설픈 날갯짓으로 약간이나마 도

그림 15. 〈봄 여름 가을 겨울 그리고 봄〉의 절에 사는 동물들의 활동 반경과
도약의 정도는 그 절의 주인인 스님의 깨달음의 경지를 보여주는 바로미터다.

약할 수 있으며, 흰 고양이는 스스로 상당한 높이까지 뛰어올라갈 수 있
다. 이윽고 그 동물들을 키우던 큰 스님이 입적한 후, 뱀 한 마리가 나타난
다. 이제 절을 지키는 것은 장년승. 걷지도 못해 기어 다니는 뱀의 상태는
갓 수련을 시작한 장년승의 경지를 가리킨다. 다시 단락이 바뀌면 동자승
으로 자란 아이가 머리를 감춘 거북이 한 마리를 장난감 삼아 놀고 있다.
이 대목은 그사이에 장년승의 수련이 적어도 육지와 물을 오갈 수 있는 거
북이의 자유만큼 여물었음을 알려준다(그림 15).
　　〈파란 대문〉에도 동물 도상과 관련한 흥미로운 장면이 나온다. 새
장 여인숙의 아버지가 벽에 정교하게 고등어를 그리고 있을 때, 마침 지나
가던 창녀 진아가 붓을 들어 그 옆에 선 몇 개를 쓱쓱 이어 단순한 노랑나

그림 16. 〈파란 대문〉과 〈비몽〉의 한 장면. 여주인공의 목에 걸린 금속성 나비와 대비되는 나비 그림이나 실제 나비는 그녀들이 꿈꾸는 자유로운 상태의 실현을 암시한다.

비를 그려놓는 장면이다. 김기덕 자신도 이야기했듯이 아버지의 고등어가 '욕심'을 의미한다면,[28] 그리고 진아가 늘 걸고 있는 목걸이의 금속성 물고기가 그녀의 얽매인 삶을 상징한다면, 진아의 나비 그림은 순수한 생명 에너지의 화신이 되어 자유로워지고 싶다는 욕망을 표상한다. 초기작인 〈파란 대문〉의 이 노랑나비는 〈비몽〉에서 흰나비로 반복되며 동일한 의미작용을 수행한다(그림 16).

　〈봄 여름 가을 겨울 그리고 봄〉에서의 공중부양 스톱 모션 이후로 김기덕 영화는 〈사마리아〉에서 여진의 투신자살, 〈빈집〉에서 유령적 존재가 된 태석, 〈활〉에서 영혼의 활이 되어 돌아오는 영감, 〈시간〉에서 성형수술을 통해 기존의 자기 모습을 완전히 소멸시키는 세희와 지우, 〈숨〉에서 '죄수 5796'의 죽음, 〈비몽〉에서 란과 진의 죽음 등으로 이어지면서 존재의 완전한 비움을 그려왔다. 죽음을 향해, 그리고 죽음을 통해 나아가는 이러한 서사적 발전은 아직은 열정적 생명의 색을 띠고 있던 〈파란 대문〉의 노랑나비가 어째서 〈비몽〉에서는 순수와 공백의 색인 흰나비가 되는지를 짐작하게 해준다.

　한편 이 모든 동물 도상들의 의미론적 결정체라 할 수 있는 것은 사람 도상이다. 김기덕 영화에서는 신체 중에서도 머리와 손, 입이 각각 독자적인 도상학적 의미를 갖는다. 머리는 한 사람의 사지육신 전부를 지휘하는 부위로서 인간 존재를 대표하며, 손은 존재와 존재를 잇는 일종의 네트워킹 안테나와 같은 기능을 수행한다. 머리에 달린 입은 흔히 요철 관계로 은유되는 남녀 성기 결합의 진부한 양상을 뛰어넘어 상대와의 평등한 소통과 교감을 가능하게 하는 기관이다. 입 자체가 요철을 모두 포함하는 완결적 기관이기 때문이다. 그러므로 김기덕 영화에서 누군가가 다른 이에게 '머리'를 기댄다는 것은 '내 존재 전부로 당신을 사랑합니다'라는 고백과 같으며, 서로가 '손'을 맞잡는 것, '입'을 맞추는 것은 그러한 고백을 가능하게 하는 근원적인 결합과 연대를 함축한다.

　그러한 장면은 모든 김기덕 영화에서 거의 예외 없이 찾아볼 수 있다. 〈나쁜 남자〉는 특히 인상적인 미장센으로 그 순간을 담아낸다. 비 오

그림 17. 〈나쁜 남자〉〈시간〉〈비몽〉〈빈집〉. 머리는 존재를 대표하는 기관이며 손과 입은 존재와 존재의 결연을 가능하게 하는 신체 기관으로서 특권화된다.

그림 18. 〈봄 여름 가을 겨울 그리고 봄〉〈빈집〉〈숨〉〈시간〉. 머리의 대표성은 머리카락을 자르는 행위, 머리 장식 등으로 강조해서 표현된다.

는 날, 한기는 선화의 방에 갑자기 찾아가 그녀의 손바닥에 자기 뺨을 묻
더니 그대로 그녀의 침대에 쓰러져 잠든다. 그날 밤 선화는 그 침대 밑에
쭈그리고 앉은 채로 머리만을 침대에 얹고 잠에 빠진다. 이때 한기에 대한
선화의 감정 변화는 한기가 머리를 뉘인 침대에 선화가 머리를 기댄 형국
으로 묘사된다. 〈시간〉의 새희가 진짜 지우를 찾기 위해 다짜고짜 남자들
의 손을 잡아보는 것, 〈비몽〉의 란이 투신자살한 진에게 나비가 되어 날아
간 뒤 깍지를 낀 남녀 한 쌍의 손을 보여주는 숏이 이어지는 것, 〈빈집〉의
엔딩에서 남편의 어깨 너머로 선화가 태석과 키스하는 숏도 잊히지 않는
사례들이다(그림 17).

　같은 맥락에서, 두 사람을 하나로 묶는 '수갑'이라는 도구가 왜 그
리 간절한 느낌인지(〈악어〉〈야생동물보호구역〉), 머리카락을 잘라주거나
(〈빈집〉) 머리에 꽃이나 별, 나비를 꽂아주는 행위가 왜 그리 애틋한 느낌
인지도(〈파란 대문〉〈섬〉〈시간〉〈숨〉) 충분히 이해할 수 있다. 심지어 〈시
간〉에서는 지우와 세희를 찍은 사진을 벽에 고정시킨 별 모양의 압정이 모
두 세희의 머리에 꽃핀처럼 고정되어 있다(그림 18). 세희가 지우에게 얼마
나 특별한 존재인가를 드러내는, 무심코 지나치기 쉽지만 결코 무심히 처
리되지 않은 경이로운 디테일이다.

　머리 부위의 중요성은 부정적인 방식으로도 나타난다. 누군가에게
심리적·물리적으로 타격을 입히고자 할 때 인물들은 항상 뺨을 때리고,
상처와 고통에 시달리는 사람들은 스스로 머리카락을 잘라낸다(〈해안선〉
〈숨〉〈봄 여름 가을 겨울 그리고 봄〉〈빈집〉). 〈파란 대문〉에서 혜미가 진
아의 자살 기도를 발견하기 직전에도 혜미는 해변가에서 진아의 꽃핀을
들어 올리자 진아의 머리카락이 함께 들려 올라오는 꿈을 꾼다. 그 머리를
옷(〈야생동물보호구역〉), 모래(〈파란 대문〉), 부대자루(〈실제상황〉), 시트
(〈사마리아〉〈시간〉), 스카프(〈봄 여름 가을 겨울 그리고 봄〉), 수의(〈빈
집〉) 등으로 완전히 감싼다는 것은 그 인물이 (상징적·실제적) 죽음의 길
에 들어섬을 암시한다. 〈봄 여름 가을 겨울 그리고 봄〉에서 청년승이 살인
을 하고 돌아왔을 때와 노승이 소신공양을 앞두었을 때, 눈과 코, 입을 모

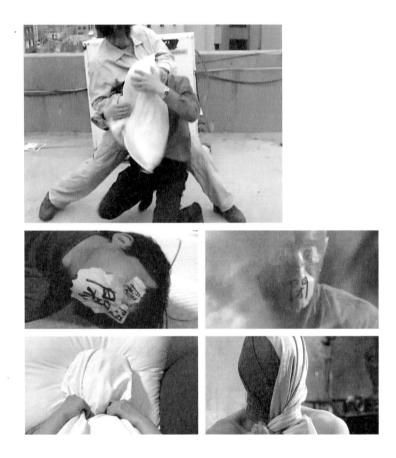

그림 19. 〈실제상황〉〈봄 여름 가을 겨울 그리고 봄〉〈시간〉. 다양한 방식으로
머리를 가리는 것은 그 인물의 실재적·상징적 죽음을 함축한다.

두 廢閘라 쓰인 종이로 봉하는 것은 각각 과거 자아의 죽음, 현재 자아의 죽음을 의미하는 것으로 읽힌다(그림 19).

이제 우리는 김기덕 영화에서 왜 그토록 초상화나 인물 사진이 자주 등장하는지, 왜 그 그림과 사진들이 그것을 그린 이와 그 모델 사이에서 이해와 사랑을 잉태시키는지를 이해할 수 있다. 누군가의 '머리(얼굴)'를 내 '손'으로 그리거나 카메라로 찍는 행위는 보여진 존재와 보는 존재가 연결되기 시작했음을, 그리하여 본격적인 소통과 '동일시'의 절차가 시작되었다는 신호이기 때문이다(〈악어〉〈파란 대문〉〈실제상황〉〈나쁜 남자〉〈빈집〉〈시간〉〈숨〉). 소통이 단절되고 사랑 대신 증오와 배신만이 남았을 때, 그 그림이나 사진은 구겨지거나(〈파란 대문〉) 조각조각 해체되거나 하얗게 가려진다(〈빈집〉〈시간〉)(그림 20).

'헤드'폰의 기능도 마찬가지로 해석된다. 워크맨(〈파란 대문〉)이나 도청 장치(〈실제상황〉), MP3(〈활〉)는 기본적으로 소통의 도구다. 그것을 건네준다는 것은 누군가의 내밀한 취향과 사생활에 파고들 만한 관계를 맺고 싶다는 곡진한 의지의 표명이다. 〈파란 대문〉에서 진아가 혜미에게 선물한 워크맨은 이런저런 곡절 끝에 결국 혜미가 진아의 삶을 이해하는 매개가 된다. 〈실제상황〉의 헤드폰은 애초부터 상호 관계를 부정당한 자가 행하는 도청의 형태를 띠고 있다. 〈활〉에서 청년이 소녀에게 선물한 MP3는 뭍에서의 삶에 대한 동경과 청년에 대한 애틋한 관심을 싹트게 하는 동시에 소녀가 이어폰을 끼고 혼자서만 음악을 듣게 함으로써 소녀와 노인의 평화롭던 관계를 삐걱거리게 만든다(소녀는 밤마다 잡고 자던 노인의 손을 뿌리친다)(그림 21).

머리에 붙은 감각기관들 중에서도 특히 부각되는 것은 바로 눈의 기능이다. 하지만 김기덕 영화에서 눈은 보는 기능이 상실되어 있다. 액자, 카메라나 컴퓨터의 모니터, 유리창과 거울로 틀지어지거나 커튼과 휘장으로 가려지거나 비닐과 물로 인해 뒤틀려 있는 눈으로는 타인을 '제대로' 볼 수가 없다. 〈빈집〉의 선화가 액자에 끼워진 자신의 누드 사진을 조각조각 내서 섞어놓는 것, 태석이 권투 선수 사진의 눈을 가려놓는 것, 사진가의

98

그림 20. 〈악어〉〈파란 대문〉〈시간〉. 누군가의 얼굴을 그리거나 사진으로 찍는 행위는 소통과 동일시가 시작됨을 암시한다. 그러한 소통이 가로막혔을 때 그림과 사진은 구겨지거나 찢어진다.

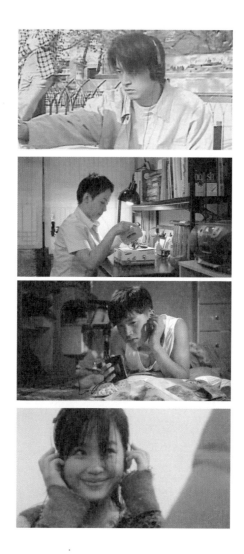

그림 21. 〈실제상황〉〈파란 대문〉〈활〉. 머리에 붙은 귀로 직통하는 각종
수신기는 다른 존재와의 소통에 대한 욕망을 매개한다.

그림 22. 〈빈집〉에서 눈은 진정한 존재의 가치를 보지 못하는 무능하고 무력한 기관이다. 눈 대신 눈의 기능을 수행하는 것은 손이다.

집 액자에서 선화의 사진을 빼버리는 것은 모두 영혼의 눈을 감고 사는 타인들에 대한 좌절감의 표현이다. 그들은 자신의 욕망을 만족시켜줄 대상으로서 내 일부만을 볼 뿐, 나름의 욕망을 가진 내 존재 전체를 보지는 않음을 선화와 태석은 이미 그들의 짧은 생의 경험을 통해 아프게 숙지하고 있는 것이다. 그렇다면 〈빈집〉의 태석이 감옥에서 "유령 연습"[29]을 할 때 왜 손바닥에 눈을 그려 넣는지도 이제는 짐작할 수 있다. 보라고 머리에 달려 있으나 볼 줄 모르는 눈은 무력하다. 진정 존재의 비밀스러운 고통을 볼 줄 안다는 것은 그 고통을 어루만질 줄 안다는 것, 그러므로 참눈의 마땅한 위치는 교감의 안테나와도 같은 '손'이어야 한다는 것이다(그림 22).

있는 그대로의 존재와 존재의 만남을 이루기 위해서는 피사체가 된 존재가 스케치북과 액자, 모니터와 거울, 유리창 등 온갖 차단막의 틀을 깨고 나와야 한다. 〈숨〉에서 홍주연이 텔레비전을 통해서만 보던 사형수를 찾아가듯이, 면회실의 투명창 사이로 서로를 보는 것에서 시작된 그들의 만남이 눈과 눈으로 마주 보는 만남으로, 맨몸과 맨몸의 교합으로 이어지듯이 말이다(그림 23).

지금까지 '김기덕 시스템'이 도상적 요소들을 얼마나 세세하고 치밀하게 활용해왔는지를 확인했다. 김기덕 고유의 이러한 의미론적 지도는 일회적인 영화 관람의 특성상 한눈에 보이고 읽힐 수 있는 것은 아니다. 때로는 전문 비평가조차도 〈빈집〉을 비평하면서, 김기덕이 관념으로 영화를 만들었기 때문에 리얼리티가 심하게 훼손되어버렸다고 비판했을 정도니 말이다.[30] 그러나 지금까지의 도상 분석/해석만으로도 김기덕 영화에서 때때로 뜬금없고 소통 불가능하게 느껴지는 어떤 상황들이 사실은 일관된 의미론적 지도 아래 계획되고 연출된 것임을 알 수 있다. 한마디로 김기덕의 전작은 도상(해석)학으로 접근 가능한 거대한 상호 텍스트적 맥락을 형성하고 있다.

물론 이처럼 포괄적이고 입체적인 도상(해석)학적 분석은 궁극적으로 김기덕 시스템이 어떠한 주제 의식 위에 구축되었는지, 김기덕 시스템 내에서 각각의 도상들이 갖는 의미가 어떠한 사회적·역사적 의미의 지평

그림 23. 〈숨〉에서 존재와 존재의 만남은 텔레비전 화면, 감옥 면회실의
투명창으로 가로막혔다가 점차 대면이 가능한 관계로, 나아가 육체와 육체의
전격적인 합일로 나아간다.

과 소통하며 형성되었는지에 관한 더욱 심화된 논의로 연장될 필요가 있
다. 전작 내부를 횡단하는 콘텍스트적 접근이라 하더라도 그것이 한 작가
감독의 자폐적인 감각 논리와 인식 논리에 대한 추론적 포착에 그치지 않
기 위해서는 개인적(혹은 예술적) 상상력이 집단적(혹은 대중적) 상상력
과 만나거나 만나지 못하는 지점들과 왜 그러한지를 추적하는 작업이 뒷
받침되어야 하기 때문이다. 이러한 후속 작업이 이루어질 때에야 비로소
도상(해석)학의 현대적 재전유는 완료될 수 있을 것이다. 다만 여기서는
수다한 이항 대립적 도상들의 쌍에 대한 귀납적 해석만으로도, 김기덕 영
화가 궁극적으로 웅변하고자 했던 것이 기존의 사회 상징적 질서로부터의
완전한 자유였음을 밝히면서 일단 논의를 접고자 한다.

Ⅱ   김기덕 영화를
정신분석하는 즐거움,
혹은 괴로움

1 〈파란 대문〉
네 이웃을 네 몸같이 사랑하라

만남에서 죽음으로 이어지는 김기덕 영화의 이야기 패턴에서 세간의 추문과 추궁을 자극한 것은 욕망/사랑의 대상이었던 이들이 그 욕망/사랑을 심지어 폭력적으로 강제한 이들에게 결국 '동화同化'되고 만다는 전개였다. 김기덕의 인물들은 다 기억상실증 환자들인가? 어째서 그들은 자신들이 겪었던 (성)폭력과 배신의 기억 위에 사랑을 건설하는 것일까? 〈악어〉의 현정은 '악어'가 덮쳐도 어느새 반항하지 않고 그를 받아들이며, 악어를 떠났다가도 결국은 다시 돌아온다. 〈야생동물보호구역〉의 홍산은 청해의 배신에도 불구하고 그의 선택을 이해하고 수용한다. 〈파란 대문〉의 혜미는 급기야 진아 대신 매춘을 하고, 〈섬〉의 현식도 그토록 혐오했던 희진의 비명 소리를 듣고는 결국 낚시터를 떠나려던 뱃머리를 돌려 희진에게 돌아온다. 〈나쁜 남자〉의 선화는 심지어 자기를 졸지에 창녀로 만든 한기와 함께 떠돌이 창녀로 살아가는 삶을 선택하기까지 한다. 〈시간〉의 지우는 세희의 성형수술 사실을 알고 나서도 세희를 떠나는 대신 자신도 성형수술을 받음으로써 세희와의 사랑을 영원히 끌어안으려 한다. 〈비몽〉의 란은 결국 진의 꿈의 대행자로서의 역할을 받아들이고 진에게 '사랑해요'라고 고백한다.

　분명 상이한 두 개체가 정신적·영적·무의식적으로 또 다른 개체와 '합일'의 경지를 이룰 수 있다는, 달리 말해서 둘이 곧 하나요 하나가 곧 둘이라는 이러한 사고는 김기덕 영화에서 이토록 한결같이 추구되어왔다. 게다가 그 이야기들이 그 어떤 상식과 관습의 한계조차도 개의치 않는다는 듯이 펼쳐지곤 했기에 김기덕의 영화는 그토록 공격적인 논란을 무릅써야 했다. 이 글은 이러한 합일의 경지가 어떠한 정신분석적 의미를 띠는지를 탐구하고자 한다.

이웃, 그리고 (불)가능한 동일시의 윤리

'동일시'라는 표현 자체는 정신분석적 맥락과 무관하게 일상적으로 널리 쓰이는 말이다. 그 사전적 정의는 "둘 이상의 것을 똑같은 것으로 봄"[1]이다. 이는 둘 이상의 대상의 유사성 혹은 동일성을 그 둘의 외부에서 비교하고 판단하는 객관적 주체의 위치를 가정하고 있다. 하지만 정신분석의 렌즈를 투과해서 재정의한다면, 동일시란 주체의 가장 내밀한 주관성의 상태를 알려주는 개념이다. 나에게는 왜 저것이 나와 똑같아 보이는가? 이 질문은 대상들끼리의 유사성 혹은 동일성의 문제가 아니라 대상과 나의 관계를 문제 삼는 것이고, 따라서 나의 '단독적' 차원을 건드리지 않을 수 없다. 공동의 규칙을 따르지 않는 플레이어는 '아웃'시켜버리는 삶의 게임판에서 단독성의 부상은 판을 어지럽히고 새로운 규칙을 도입하게 만든다. 정신분석적 질문을 통해 그 단독성의 차원을 파고들어 가는 일의 의의가 여기에 있다.

라캉은 세 가지 유형의 동일시에 관해 언급했다. 상상적 동일시, 상징적 동일시, 증상과의 동일시가 그것이다. 이 세 가지 동일시가 각각 주체화와 관련하여 담당하는 역할을 기원적으로 이해하기 위해서는 오이디푸스 콤플렉스 해소 이전으로 돌아갈 필요가 있다. 아이가 경험하는 '최초의 동일시primordial identification'는 '거울 단계'[2]에서 발생한다. 거울 단계란 생후 6~18개월 사이의 어린아이가 거울에 비친 자신을 보는 경험을 가리킨다. '저게 너야'라고 말해주는 주위의 목소리 등을 통해 자기 육체의 통일성을 확인함으로써 아이는 비로소 "조각난 육체의 환상"이라고 부르는 독특한 심리적 체험을 종식시킨다. 이렇게 거울상과의 관계를 통해 "나의 구조화"를 촉진하면서 통합된 자아의 감각을 획득하게 된다는 것이 거울 단계 이론의 핵심 내용이다.[3] 거울 단계에서 발생하는 동일시는 이상적 자아 ideal ego와의 동일시, 즉 상상적 동일시다.[4] 아이가 거울을 통해 목격한 자기 이미지는 궁극적으로 '이미지'에 불과하다. 즉, 그 이미지는 이미 거울이라는 매개로 인해 애초부터 반전되어 있다는 점에서 아이의 실체와 절대적으로 같지 않다. 그런데도 아이는 이 이미지가 자기 육체의 이미지와 동일한 것이라고 '상상'하면서 환희를 느낀다.

믈라덴 돌라르는 '이 최초의 소외적 동일시가 과연 상상적이기만 한가'를 놓고 상당히 설득력 있는 이견을 제출한다. 그는 자아의 분신double과 자아의 관계는 다중적이라고 주장한다. 즉, 거울상은 나르시시즘적인 자아-정체성을 구성할 수 있게 해준다는 점에서 '상상적'인 동시에 주체의 억압된 욕망의 실재를 체현한다는 점에서 '실재적'이며, 주체의 욕망을 훼방하는 초자아적 형상이라는 점에서는 '상징적'이기도 하다는 것이다.

> 이미지는 이미지의 주인보다 더 근원적이다. (……) 이것이야말로 라캉의 거울 단계 이론이 겨누는 바다. (……) 나의 '자아-정체성'은 나의 분신으로부터 온다. (……) 분신은 자아의 본질적인 부분을 구성한다. 분신은 이드로부터 분출되는 억압된 욕망을 실어 나른다. 또한 분신은 초자아의 전형적인 적의와 더불어, 주체가 그의 욕망들을 실어 나르지 못하게 한다. 한 번에 그리고 동시에 말이다.[5]

이러한 관점은 '상상적 대 실재적'의 개념쌍을 중심으로 거울 단계를 재해석함으로써 "라캉의 이론적 건축물 전체에 대한 열쇠"를 얻을 수 있다는 지젝의 주장을 이해할 수 있게 해준다.[6] 지젝은 거울상의 세 가지 기능 중에서도 상상적인 것과 실재적인 것 간의 긴장이야말로 '본래적'인 것이며 상징적인 것은 이러한 긴장과 관련하여 '이차적'일 수밖에 없다고 설명한다. 거울 이미지, 즉 상상적 자아에 대한 인간의 소외된 고착은 "신체적 충동들의 다형적이고 혼돈된 발아(실재적 이드)"와의 사이에 환원 불가능한 간극을 초래하며, 상징적인 것은 "상상적 동일화[동일시]로 인해 배제된 신체적 충동들의 실재를 상징적 대리물들을 통해 비추려는, 언제나 파편적이며 궁극적으로 실패할 수밖에 없는, 주체의 시도"라는 것이다.[7] 이러한 주장에 입각하자면, 거울 단계를 통과하면서 아이가 경험하는 동일시의 양상들은 주체가 생애 내내 경험하는 모든 동일시의 양상을 축도한다고까지 과감하게 가정해볼 수도 있다.

거울 단계는 아이의 성숙 과정에서 오이디푸스 콤플렉스의 시작과 시기적으로 겹쳐 있다. 거울 단계에서 나타나는 동일시는 상상적·상징적·실재적 성격을 복합적으로 갖고 있지만, 오이디푸스 콤플렉스의 세 단계는 좀 더 구체적으로 상상적 동일시와 상징적 동일시 논리의 연속적 실현을 보여준다.[8] 오이디푸스 콤플렉스의 첫 단계는 사실상 전前오이디푸스적 단계에 해당한다. 거울 단계를 거치면서 자아의 감각을 확보했다 하더라도 아직까지 아이는 어머니와의 융합 관계 속에 놓여 있다. 그러나 이 융합적 이자二者 관계는 아이가 아직 자신과 어머니의 개체성을 구별할 수 없다는 의미는 아니다. 오이디푸스 콤플렉스 해소의 과정은 이미 아이가 어머니의 젖가슴이라고 하는 실재적 대상이 아이 자신에게 속한 것이 아니라 어머니의 것이며 따라서 어머니의 호의로 자신에게 주어질 뿐임을 알게 되는 '원초적 좌절'과 동시에 시작되기 때문이다. 그러나 이 단계에서 아이는 여전히 어머니의 무조건적 사랑을 요구한다. 왜냐하면 아이는 전능한 어머니가 욕망하는 것을 욕망하는 동시에 자신이야말로 어머니의 욕망을 완전하게 만족시킬 수 있는 배타적 대상이라고 잘못 가정하기 때문이다. 반면 어머니에게 아이는 상상적 남근의 '대체물'일 뿐이다. 결국 아이는 어머니가 상상적 남근을 결여함을 깨달으면서 다음 단계로 진입한다.

오이디푸스 콤플렉스의 두 번째 단계는 어머니에게서 그녀의 남근적 욕망의 대상인 아이를, 즉 그녀의 상상적 남근을 박탈하는 동시에 자신이 어머니의 유일한 욕망 대상이라는 아이의 믿음을 일소하는 상상적 아버지('하지 마!'의 발화자가 반드시 아이의 실제 아버지일 필요는 없다)의 개입과 함께 시작된다. 이러한 아버지의 현존의 침입을 금지interdiction[9]와 좌절frustration[10]로 받아들인 아이는 어머니를 장악하기 위해 상상적 아버지, 즉 남근적 게슈탈트로서의 부성적 게슈탈트와 상상적으로 동일시하면서 아버지와의 상상적인 경쟁과 갈등에 돌입한다. 이때 아버지의 개입을 매개해주는 것은 어머니가 아버지를 인정하는 담화와 행동을 보이는 것이다. 즉, 아이가 어머니에게 접근하는 것을 금지하는 아버지의 법을 어머니가 존중해주는 것이다. 그리하여 두 번째 단계가 끝날 때 아이는 자신이 남근

이 될 수도 없고 어머니 역시 남근을 소유하지 않음을 완전히 받아들이게
된다.

오이디푸스 콤플렉스의 세 번째 단계는 오이디푸스 콤플렉스의 쇠
퇴기에 해당한다. 이 단계에서는 실제적 아버지가 개입한다. 그는 자신만
이 어머니의 욕망 대상인 상징적 남근을 가지고 있음을 보여줌으로써 아
이가 어머니의 남근이 되려 하지 못하도록 아이를 '거세'한다. 그리하여
법의 대리자로서 등장했던 실제적 아버지는 마침내 상징적 아버지('아버
지의 이름')로 승격된다. 아이는 그러한 아버지와 상징적으로 동일시하면
서 자아-이상ego-ideal을 형성하고 (근친상간 금지의) 법을 내면화함으로써
상징적 질서 속으로 들어간다. 이로써 오이디푸스 콤플렉스는 완전히 해
소된다.

오이디푸스 콤플렉스가 해소되는 과정에서 상상적 동일시와 상징적
동일시는 특히 아이와 아버지의 관계 속에서 순차적으로 실현된다. 오이디
푸스 콤플렉스 해소의 두 번째 단계에서 아버지는 아이의 상상적 동일시
의 대상이다. 이때 아이는 남근적 게슈탈트의 보유자이자 자신의 이상적
자아인 아버지와 동일시한다. 세 번째 단계로 가면 아이는 은유적 부성 기
능인 '아버지의 이름'을 상징적으로 떠맡으면서 아버지와의 상징적 동일시
를 경험한다. 둘 중 더 근본적인 역할을 하는 것은 상징적 동일시다. 상상
적 동일시가 단지 유사성의 수준에서 타인을 모방하려는 것이라면 상징적
동일시는 그 상상적 자아 이미지를 소급해서 재조정하고 재모형화하는 자
아 이상의 위치, 곧 "우리가 관찰되는 시점"과의 동일시이기 때문이다.[11]

이처럼 기원적 동일시의 절차는 첫째, 거울 이미지와의 소외적 동일
시에서 일어나는 자아의 내사introjection, 둘째, 이상적 자아로서 기능하는
거울 이미지의 외적 투사, 셋째, 아버지 이마고가 제공하는 자아 이상의
내사를 통해 선재하는 이상적 자아를 재형태화하는 것으로 이루어져 있
다. 이 절차는 사랑 대상과의 동일시에도 같은 방식으로 적용 가능하다.[12]
사랑에 빠지는 과정이란 일단 주체가 사랑 대상과의 관계에서 나르시시
즘적·소외적 동일시를 겪은 이후, 사랑 대상과 등가적 관계에 있는 (새로

운) 자아 이상을 내사함으로써 자신의 이상적 자아에 새로운 형태를 제공
한 다음, 그 이상적 자아를 여타의 대상들에 투사하게 되는 것이기 때문이
다. 물론 주체가 아무나와 사랑에 빠지는 것은 아니다. 사랑 대상은 필히
주체의 "이상적 자아가 어떤 특수한 방식으로 투사되도록 하는 바로 그
대상"[13]이어야 한다. 그뿐만 아니라 "그 특질들, 그 속성들, 또 심리적 경제
에 미치는 그것의 영향이 이루는 하나의 면모 전체에 의해 주체의 자아 이
상과 혼동"[14]되는 대상이어야 한다. 한마디로, 사랑 대상을 찾는 이 특수
한 방식이야말로 각 주체의 고유한 영역이다.

　사랑에 빠지는 것이 새로운 자아 이상의 개입을 초래한다는 것은 그
때까지 주체를 지배해온 상상적 동일시의 수준에서 벗어날 가능성을 함축
한다. 그래서 모든 사랑은 주체에게 위협적 사건일 수 있다. 라캉은 "상상
적 수준에서 발생하는 현상"으로서의 사랑조차도 "상징계의 진정한 차감
subduction을, 일종의 무화annihilation, 즉 자아 이상 기능의 동요를 자극"한다
고 주장한다. "사랑에 빠졌을 때 당신은 미친다"는 것이다.[15] 물론 이처럼
연속적인 투사들과 내사들로 이루어지는 동일시의 변증법적 운동의 기저
를 구성하는 것이 '욕망'의 힘이라면, 그리고 그 욕망이 궁극적으로 '타자의
욕망'이라면(주체는 대개 그렇게 욕망하도록 타자가 권장하는 대로 욕망
한다), 사랑에 빠지는 행위가 초래할 수 있는 위기란 다만 논리적인 가능
성일 뿐이다. 남들이 욕망하는 방식을 따라 욕망하는 삶이 실제로 위기를
불러일으킬 가능성은 거의 없기 때문이다.

　그런데도 우리는 비단 김기덕의 영화에서뿐만 아니라 현실 속에서도
정녕 파국적인 사랑의 사례들을 목격하곤 한다. 그처럼 위험한 사랑을 겪
는 주체의 동일시 절차에 대해서는 어떻게 설명할 수 있을까? 정신분석의
목표는 자아의 망상증적 경계 안에 갇힌 주체를 그 상상적·소외적 동일시
로부터 벗어나게 하는 데 있다. 이를 지금부터 '탈동일시'라고 부르자. 탈
동일시가 의미하는 바는 모든 동일시의 폐기가 아니다. 탈동일시가 지향
하는 바는 분석주체의 상징계가 이데올로기적인 환상으로서 구조화된 것
임을 인식하고, 정체성을 획득하기 위해 동일시의 대상들을 찾아 끊임없이

상징적 우주를 헤매는 일을 청산하는 것이다. 다시 말해, 탈동일시란 주체를 '소외'시켜온 타자의 욕망으로부터 '분리'되어 주체 고유의 욕망과 향유를 회복하는 것, 자신의 상징적 일관성을 훼방하는 저 최후의 병리적 형성물이자 향유의 중핵으로서의 증상, 곧 증환sinthome[16]이 궁극적으로 자기 자신임을 인식하는 '증상(증환)과의 동일시'를 통해 진정한 주체성을 확립하는 것을 의미한다. 오이디푸스는 실로 이러한 동일시를 보여준 대표적 인물이다. 그는 비극의 종결부에서 죽음을 선택했다. 즉, 자신을 비극적 운명의 피동적 희생자로 선포하는 대신, 자신의 눈을 찔러 눈먼 채로 살아가는 길을 선택했다. 이는 근친상간을 실현시키고야 만 '존재의 눈멂'이라는 증상과의 전격적 동일시가 아니겠는가.[17]

개별 주체의 차원에서 실현되는 이러한 동일시의 과정은 둘 이상의 주체 사이에서도 발생할 수 있다. 여기서 관건은 상상적 동일시나 상징적 동일시가 아닌 어떠한 동일시가 가능한지를 이해하는 것이다. 이를 위해서는 우선 타자가 자아의 상상적인 닮은꼴임을, 그뿐만 아니라 낯선 향유의 중핵을 품고 있으며 어떠한 상호 주체성도 불가능한 절대 타자임을 인식할 필요가 있다. 프로이트와 라캉은 후자로서의 타자에게 아이러니하게도 '이웃Nebenmensch'이라는 이름을 부여했고, 지젝은 좀 더 구체적으로 이웃을 "얼굴 없는 괴물"[18]이라고 정의했다. 이러한 '이웃으로서의 타자'와는 어떠한 동일시가, 혹은 사랑이 이루어지는가.

여기서 유념해야 할 점이 있다. 몇몇 악의적인 사람들만이 이러한 이웃-괴물로 나타나는 게 아니라는 것이다. 상징적 질서가 작동하지 않게 되면, 그러니까 상징적 법이 기능장애를 일으키게 되면 우리와 친한 누구라도 괴물로 돌변할 수 있다. 그렇다면 "사회적 관계와 가족적 관계 양자의 중심에 불가능성을 제기하는 적대"[19]로서의 이웃과의 적대적 관계를 사랑의 관계로 바꿀 수 있을까? 지젝의 조언은 '얼굴에 저항하여' 선택하라는 것이다. 즉, 배경 속에 있던 얼굴 없는 제3자에게로 주의를 돌리라는 것이다.[20] 전경에 있는 얼굴의 파악을 중지하고 배경으로 초점을 이동하라는 이러한 은유는 주체가 자신의 삶을 규제해온 상징적 질서로부터 해방되어야 함을, 요컨대 타자의 욕망에 따라 욕망하지 않겠다고 천명해야 함을 함축한다. 그 파국의 순간, 저 얼굴 없는 이웃은 비로소 사랑할 만한 얼굴로 바뀌어 보일 것이고, 저 얼굴 없음의 고통은 주체에게로 와서 사랑 속에서 반복될 것이다. 그 결단의 힘겨움에 걸려 있는 것이 바로 동일시의 윤리 혹은 윤리적 동일시의 가능성과 불가능성이다.

이웃 사랑의 정언명령에 대처하는 여자들의 자세
사랑하는 자와 사랑 받는 자 사이에서의 극적인 자리바꿈 혹은 사랑의 교환 가능성을 다루는 김기덕의 영화들은 언제나 두 개체 혹은 위치의 전복적 동일시라는 대반전의 순간을 마련해놓는다. 그 순간들은 때로는 묘사의 수준에서, 때로는 서사의 수준에서 등장한다. 예컨대 〈악어〉의 용패는 현정이 한강에 또다시 몸을 던지자 그녀를 자신의 수중 공간에 데려가 서로의 손을 수갑으로 결박하여 하나가 된다(하지만 이 시도는 손가락을 잘라서라도 수갑을 빠져나오려 한 용패 자신에 의해 이내 부정된다). 〈야생동물보호구역〉에서도 청해와 홍산은 하나의 수갑과 하나의 자루로 한 덩어리가 되어 바다에 내던져진다는 점에서 실질적인 운명 공동체가 된다. 〈파란 대문〉에서 여관집 딸이자 대학생인 혜미는 그 여관의 매춘부인 진아를 처음에는 혐오하지만 종국에는 아픈 진아 대신 손님을 받으러 들어간다. 〈섬〉의 대단원은 현식이 희진의 자궁 속으로 들어가는 듯한 비유적 묘사이고, 〈수취인불명〉에서 창국 엄마는 죽은 창국의 살(이라고 짐작되는 것)을 꾸역꾸역 먹어치운다. 〈사마리아〉에서 포주 역할을 하던 여진은 매춘부의 기능을 담당하던 친구 재영이 죽자 재영처럼 원조 교제를 자청하면서 재영이 만났던 남자들에게 연락한다. 〈빈집〉의 결말에서 하나의 저울 위에 올라선 선화와 태석의 무게의 합은 0. 이들은 그렇게 무엇으로도 약분되지 않는 사랑을 완성한다. 〈활〉의 영감은 비록 육체가 죽은 뒤에도 활이 되어 날아 들어와 소녀와의 교합을 성사시킨다. 〈시간〉과 〈숨〉과 〈비몽〉, 이 세 영화는 아예 둘로 나뉘어 있는 인물이 상상적/실재적으로 하나의 인물이라는 가정 위에서 이야기를 끌고 나감으로써 일체화라는 모티프를 서사의 기본 전제로서 도입한다. 〈시간〉의 세희/새희는 성형수술로 외모는 달라졌지만 동일한 인물이고, 〈숨〉의 홍주연이 면회를 다니는 죄수는 그녀의 자기 고백 속에 등장하는 남자/남편의 대역이다. 〈비몽〉에서 진이 꾸는 꿈은 곧 란의 몽유병적 현실이라는 점에서 진과 란 역시 사실상 동일한 무의식의 현신들이다.

상식과 통념을 훌쩍 넘어서는 이러한 동일시의 순간이야말로 김기덕 영화가 추구하는 사랑-서사의 클라이맥스요, 김기덕이 정의하는 사랑의 중핵이다. 그것은 '이제 네가 어떤 존재인지 알겠어'라는 고백을 넘어선다. 김기덕의 영화는 그런 식의 이해와 수용의 제스처 따위를 사랑이라고 여기지 않는다. 그의 영화에서 사랑이란 '이제 네가 어떤 존재인지 알았으니 나는 드디어 네가 될 수 있겠어'라는 선언으로 직행하는 것이다. 이런 맥락에서 보자면 여진 행세를 하던 재영이 죽은 뒤 진짜 여진이 재영의 족적을 되밟으며 재영처럼 몸을 던져 사랑하고 그 남자들에게서 받았던 돈을 돌려주는 것은 결코 한 십대 소녀의 타락과 탈선이 아니다. 그것은 오히려 재영의 사랑(들)을 침식했던 원조 교제라는 얼룩을 지우고 재영의 사랑을 완성시키려는 눈물겨운 노력이다.

사랑을 대하는 이러한 관점은 정녕 무시무시한 동일시의 본령, 아무나 넘볼 수 없는 지고의 경지를 건드린다. '네 이웃을 네 몸같이 사랑하라'던 성서의 정언명령을 이보다 더 곧이곧대로 수행할 길은 없어 보인다. 아니, 엄밀히 말해서 '네 이웃'과 '네 몸' 사이의 최소한의 다름alterity[21]조차도 거부하는 김기덕 영화의 발상은 '네 이웃을 네 몸같이'의 엄숙함조차도 돌연 경망된 말장난에 불과한 것으로 만들어버리는 것만 같다. 김기덕 영화의 표식이 되어버린 '충격 효과'는 바로 이러한 동일시의 강도에 비례한다. 그렇다면 우리의 의무는 이제 그러한 충격을 곧바로 추문으로 치환해버리곤 했던 범속한 관점을 벗어나 저 충격의 진앙을 새삼 눈여겨보고 그 안에 새겨진 의미를 이해하는 일일 것이다.

김기덕의 세 번째 영화로 1998년에 만들어진 〈파란 대문〉은 새장 여

116

인숙에 속해 살아가는 창녀 진아와 여대생 혜미의 (불)가능한 관계에 관한 영화다. 김기덕의 전작 중에서는 이 영화와 〈사마리아〉만이 한 쌍의 남녀가 아니라 두 여자 사이에서 벌어지는 동일시의 문제를 다룬다. 하지만 다른 두 개체가 상대방과의 탈소외적 동일시에 도달하게 되는 과정을 따라가는 서사라는 점에서 보면, 이 영화의 표면적 '자매애'는 〈섬〉〈나쁜 남자〉〈빈집〉〈활〉〈시간〉〈숨〉〈비몽〉 등이 보여주었던 '이성애'의 구조와 본질적으로 다르지 않다.

〈파란 대문〉은 도시의 인파 속을 기어가는 거북이 한 마리를 어떤 여자의 손이 거두어 물속에 놓아주는 것으로 시작된다. 카메라가 물속에서 보는 시점으로 물의 파동 저편에 있는 여자의 얼굴을 보여줄 때 우리는 비로소 그 여자가 진아였음을 알게 된다. 하지만 이 도입부와 전체 내러티브의 연관 관계는 아직 불분명하다. 이야기의 본격적인 시작은 진아가 작은 어촌에 도착하면서부터다. 특이하게도 에곤 쉴레의 그림 판넬을 들고 나타난 여자는 마침 새장 여인숙을 떠나던 여자와 부딪친다. 그 여자가 들고 가던, 금붕어를 담은 비닐봉지가 땅에 떨어지자 진아는 친절하게도 자신의 생수를 비닐봉지 안에 부어 금붕어를 생명의 위기로부터 구해준다.

그다음의 행동은 더더욱 특이하다. 그녀는 해변의 모래 속에 에곤 쉴레의 그림 판넬을 비스듬하게 꽂아놓고는 바닷물이 밀려오는 데까지 '파란' 플라스틱 의자를 가져가서 거기에 앉는다. 그녀는 콘돔을 풍선 삼아 불어보기도 하다가 앉은 채로 꾸벅꾸벅 졸던 중 그대로 바닷물에 빠져버린다. 그때 비스듬히 모래에 꽂힌 에곤 쉴레의 누드화와 바닷물에 발을 담그고 앉아 있는 진아의 모습이 하나의 미장센 안에 배치되는 숏은 무척이나 인상적이다. 아직은 진아가 저 새장 여인숙에 새로 온 창녀라는 게 관객들에게 드러나지 않은 상태다. 따라서 지금까지의 내러티브 정보는 그녀를 생명을 살리는 사람으로, 묘연하고 신비로운 자연의 에너지에 속한 사람으로 인식하게 한다. 그러므로 그녀가 잠에 빠져드는 바람에 푸른 바닷물에 처박힌다는 것은 너무나 노골적인 은유다. 김기덕 영화에서 푸른색은 억압적 현실을 벗어나려는 욕망의 역동을 의미하며[22] 물과 꿈의 공간은

그림 1. 물속에 발을 담근 진아가 앉아 있는 파란 의자, 새장 여인숙에서 신는 파란 샌들은 모두 그녀가 욕망을 가동시키는 존재임을 함축한다. 그러나 진아가 늘 하고 다니는 물고기 모양 목걸이는 정작 그녀 자신은 물속에서 유영하는 물고기처럼 자유롭지 못하고 생명력 없는 삶 속에 붙박여 있음을 의미한다.

118

그림 2. 대학생 혜미와 창녀 진아는 미장센 안에서 언제나 갇힘과 열림의 구조 속에서 대비된다.

그림 3. 혜미는 여대생이지만 술집이나 모텔 같은 공간에서 등장하는 반면 창녀인 진아는 그림을 그리거나 책을 읽거나 바닷가를 산책하는 모습으로 등장한다.

바로 그러한 욕망의 힘이 아무런 사회-상징적 제약 없이(혹은 그러한 제약에도 굴하지 않고) 순정하게 실현되는 공간, 즉 욕망의 실재가 상연되는 무대이기 때문이다. 그런 의미에서 진아의 파란색 샌들과 물고기 모양 목걸이조차도 서사적 기능을 갖는, 결코 무시해서는 안 될 도상적 디테일이다. 그렇게 영화는 처음부터 진아가 '창녀'임을 암시하며, 그럼에도 불구하고 진아를 옹호하며 〈파란 대문〉의 문을 연다(그림 1).

한편 진아가 앞으로 붙박이 윤락녀로서 일하게 될 새장 여인숙의 주인 부부에게는 마침 스물세 살 동갑내기 여대생 딸 혜미가 있다. 여인숙의 안주인은 편하게 엄마라고 부르라고 진아에게 제안하지만, 그 엄마의 진짜 딸은 자신과는 "신분이 틀린" 진아를 끔찍하게 경멸한다. 영화는 그들이 우연히 처음 만났던 순간부터 둘의 상반된 사회적 위치를 미장센으로 전달한다. 혜미가 파란 대문의 활짝 열린 쪽에 위치해 있는 반면, 진아는 대문의 닫힌 쪽, 그 문살로 얼굴이 가려진 채 서 있다. 나중에 이 위치는 어두운 방 안의 진아와 밝은 마당의 혜미를 대조하는 식으로 반복된다(그림 2).

문제는 진아와의 사이에 '신분'의 선을 긋는 혜미의 관점이 상상적인 것에 불과하다는 데 있었다. 어느 날 여인숙에 온 손님이 혜미를 '아가씨'로 착각했을 때, 혜미는 "내가 어디 그럴 여자로 보이냐"며 발끈한다. 하지만 새장 여인숙의 울타리 안에서 그녀는 그저 그런 젊은 여자일 뿐이다. 새장 여인숙 바깥의 공간에서는 오히려 진아와 혜미의 상황이 역전된다. 대학에 간다던 혜미가 등장하는 공간은 술집의 답답한 구석 자리이거나 모텔의 침대 위이고, 진아는 반대로 그림을 배우러 학원에 가거나 책을 보러 서점에 가거나 탁 트인 바닷가를 산책한다(그림 3). 한산한 어촌의 초라한 여인숙집 딸과 그 여인숙의 고용자 사이에 실제로 얼마나 대단한 계급적 차이가 있겠는가. 오히려 문화적으로 보면 대학생이라면서 도무지 공부하는 모습을 보여주지 않는 혜미에 비해 창녀임에도 불구하고 늘 그림을 그리거나 책을 읽고 있는 진아가 더 우월해 보인다(더군다나 그 책은 싸구려 잡지 같은 것이 아니라 무려 『상실의 시대』다).

인격의 차원에서는 말할 것도 없이 진아의 존재감이 압도적이다. 혜미는 세수하려는 진아에게서 치약과 세숫대야를 빼앗는가 하면 비 오는 날 우산을 같이 쓰자는 진아에게 "친한 척 다가오지 마라"고 못 박는다. 심지어 진아가 같은 밥상에 앉는 것조차 불평한다. 진아 이전에도 새장 여인숙에서는 계속해서 윤락녀를 고용해왔던 것을 감안하면 진아에 대한 혜미의 적대는 새삼스러울뿐더러 너무 노골적이고 유치하다. 결혼을 약속하기까지 한 남자친구가 집으로 인사를 왔을 때에도 혜미와 가족들은 진아의 존재를 감추고 속이기에 급급하다. 반면 진아는 자신보다는 타인의 입장을 배려하는 이타적인 여자로, 거짓말하지 않는 정직한 여자로 그려진다. 심지어 매춘마저도 그녀에게는 단지 돈을 줄 아무나가 아니라 "외로워서 오는 사람들이랑" 하는 행위다. 물론 그러한 호의의 결과는 참담하다. 진아는 결국 성병과 임신의 위험을 피하지 못했고, 주인집 아들을 위해 누드모델이 되어주었다가 잡지에 얼굴이 팔렸으며, 혜미에게 워크맨을 사주었다가 도리어 '더럽다'며 망신을 당한다. 또 기어코 찾아와 폭력을 휘두르는 기둥서방에게 돈을 갈취당하며, 혜미의 남자친구에게 창녀를 두고 밥벌이를 하는 혜미 가족의 비밀을 드러낸 죄로 혜미와 '엄마'에게 뺨을 맞는다. 그러나 어떤 상황을 겪더라도 진아는 의연하다. 그림을 보거나 그리면서, 금붕어가 유영하는 어항 속이나 바닷물을 보면서, 가끔은 스스로 모터보트를 타고 물고기처럼 바다를 가르면서 몸과 마음의 고통을 갈무리할 줄 아는 성숙한 인간이다.

진아의 우월성은 진아가 "밑을 파는" 여자이고 혜미는 어떠한 상황에서도 의연히 처녀성을 지켜왔다는 사실 하나로 인해 전도된다. 그렇다면 이 차이는 얼마나 유의미한 것인가. 라캉에 따르면 "주체가 숨기는 그 무엇은, 주체가 숨기는 수단인 그것은, 또한 그것이 폭로되는 바로 그 형식이기도 하다".[23] 적어도 정신분석적 관점에서 보자면 혜미의 순결성은 그렇게 새하얗기만 한 것이 아니다. 혜미는 결혼할 때까지는 성관계를 맺기 싫고, 왜 그렇게 남자들은 동물적이냐고 불평하면서 남자친구에게 자신의 성적 무관심을 강변한다. 이처럼 '대학생'이라는 사회적 가면의 형식은 역설적으로 혜미의 성적 욕망의 실재를 가리는 기능을 수행한다. 하지만

그림 4. 진아의 방에 들어서는 혜미를 파란 창문과, 그리고 진아 방의 혜미를
물과 금붕어와 함께 보여주는 것은 혜미가 진아의 세계를 욕망하면서
진아처럼 세속적 통념으로부터 해방된 존재가 될 것임을 의미화한다.

영화 후반부에 진아에 대한 혜미의 동일시를 결정적으로 매개하는 것은
그렇게 감추어져 있던 성욕에 대한 혜미의 개안이다.

혜미가 진아(의 세계)를 '재발견'하는 계기가 된 것은 그녀가 처음으
로 진아 방에 들어갔을 때다. 거기서 혜미는 벽에 걸린 에곤 쉴레의 누드화
를, 진아와 혜미를 같이 담은 사진이 담긴 액자를, 금붕어가 담긴 어항을,
진아의 여고 졸업 앨범을, 그리고 새장 여인숙 식구들과 혜미 자신의 모습
이 그려져 있는 스케치북을 보게 된다. 그런 것들이 어떻게 혜미의 마음을
움직이는지를 영화는 말로 설명해주지 않는다. 다만 진아의 방에 들어서
는 혜미를 그 방의 파란 창틀 밖에서 찍음으로써 혜미가 마치 진아의 '파
란' 세계로 들어오는 것처럼 묘사한다. 이 미장센은 혜미의 심리 변화를 예
고한다. 이제는 진아만큼이나 혜미도 세속적 통념의 억압으로부터 해방될
것이다. 전에는 진아 혼자 바라보던 어항을 이제는 혜미가 바라본다. 그런
혜미를 물과 금붕어라는 의미심장한 기표들과 하나의 미장센 안에 넣어
서, 물의 물성을 통과해서 보여주는 것도 같은 맥락에서 놓쳐서는 안 되는
단서다(그림 4).

아울러 이 장면에서 앞으로 개시될 혜미의 동일시 절차와 관련해서
무엇보다도 중요한 대목은 혜미가 진아의 스케치북에 그려진 자신의 초상

그림 5. 진아가 자신을 특별하게 생각하고 초상화를 그렸음을 발견한 혜미는
진아의 그림으로 표현된 자신의 이상적 자아를 내사하기 시작한다.

화를 보게 되는 것이다(그림 5). 누군가가 자신의 '얼굴'을 그려주었다는 사실이 갖는 서사적 기능을 우리는 이미 김기덕의 데뷔작 〈악어〉에서 본 적이 있다. 거기서도 '악어'가 자신이 구해낸 투신녀 현정에게 사랑을 느끼기 시작하는 것은 현정이 그린 악어 자신의 초상화를 보면서부터였다. 〈파란 대문〉에서도 처음 진아의 방에 들어왔을 때 혜미가 짓고 있던 단순한 호기심의 표정은 진아가 그린 자신의 초상화를 보면서 미묘한 미소를 띤 표정으로 바뀐다. 그림으로 그려진 혜미의 얼굴을 혜미의 거울 이미지라고, 즉 혜미의 이상적 자아라고 해석한다면, 이러한 혜미의 변화는 충분히 납득할 만하다. 혜미가 그토록 진아를 경원시했음에도 불구하고 진아의 환상의 중핵(저 스케치북의 흰 무대!) 속에 은밀하게 감추어져 있는(혜미의 초상화는 풍경화나 다른 가족들의 초상화들과 도화지 한 장의 공백을 둔 다음에 나온다) 이미지가 바로 혜미 자신임을 발견함으로써 혜미의 자존심은 만족된다. 분명 그 만족은 자신의 거울 이미지 앞에서 어린아이가 느끼는 환희 이상의 감정일 것이다. 그리하여 혜미는 진아에게서 제공된 자신의 이상적 자아를 자기 자신에게로 다시 내사하는 절차로 들어가게 된다.

　이상적 자아는 상상적인 것이며, 그런 한에서 이상적 자아와의 동일시는 소외된 동일시로서 나르시시즘적이라는 한계를 벗어날 수 없다. 따라서 진아에게 제공받은 자신의 이상적 자아와의 동일시는 혜미에게 일시적 만족감을 줄 뿐이다. 설사 그러한 동일시가 지속된다 한들 그것은 다만 자기만족의 순환에 불과하다. 이제 혜미는 그 이상적 자아가 진정 자신이 동일시하기에 바람직한 것인지를 확인해볼 필요를 느낀다. 이상적 자아의 상징화가 필요해지는 것이다. 그리하여 혜미는 새삼스럽게 진아의 욕망이 향하는 방향을 관찰하기 시작한다. 마치 아이가 아버지와의 상상적 경쟁 관계로 돌입함으로써 결국 아버지를 모델로 삼는 자아 이상을 확립하게 되듯이, 혜미도 진아가 그려낸 자신의 이상적 자아가 진아의 어떠한 사회-상징적 욕망으로부터 탄생했는지를 알고 싶어진 것이다.

　혜미가 발견한 것은, 적어도 숫처녀 혜미에게는 충격적이다 못해 경이로운 장면이다. 먼 바다 위 철제 다이빙대의 난간에 위험하게 앉아서 진아

124

그림 6. 혜미는 진아가 다이빙대에서 준수한 동네 청년과 성관계를 맺는
장면을 목격한다. 바라보는 혜미의 시점을 벗어나면서 편집된 이 숏은 혜미의
심경에 결정적인 변화가 올 것임을 예고한다.

가 준수한 동네 청년 동휘와 키스를 시작하더니 이윽고 격렬한 섹스에 돌입한 것이다. 그 에로틱한 장면은 순식간에 혜미를 혼란에 빠뜨린다. 이전에 혜미는 '섹스를 하고픈 감정이 지금 없는 것은 당연하고 결혼을 하더라도 형식적으로라도 생길지 모르겠다'고 말할 만큼 금욕적이었다. 하지만 저 훔쳐보기의 순간, 창녀 진아는 그저 돈을 벌기 위해 더럽게 몸을 팔 뿐이지 순수한 향유를 즐길 일은 없으리라 여겼던 혜미의 선입견은 깨진다. 한마디로 그것은 진아의 실재가 혜미를 강타한 순간이었다. 이로 인한 혜미의 동요를 영화는 인상적으로 묘사한다. 혜미를 찍은 객관적 숏과 혜미의 시점 숏으로 찍은 진아 커플을 번갈아 보여주다가 카메라가 결코 혜미의 시점일 수 없는 방향으로 180도를 돌아버리는 것이다. 시선look으로부터 응시gaze로의 전환[24]이라 불러도 좋을, 이처럼 불가능한 시점으로의 이동은 혜미가 더 이상 과거의 자아 이미지를 유지할 수 없으리라는 것을 예감하게 해준다(그림 6).

그다음 숏의 미장센도 함축적이다. 검푸른 빛이 가득한 밤하늘 아래 밤바다, 작은 배 안에 혜미가 앉아 있다. 앙각으로 찍힌 미장센은 배 아래쪽 바닷물의 일렁임을 강조하고, 그 파동의 경계선이 혜미의 얼굴을 살짝살짝 스친다. 그러다가 혜미의 등 쪽으로 진아가 슬그머니 나타나면, 그 일렁임으로 인해 진아는 온통 왜상[25]이 되어버린다. 이때 혜미는 머리 바로 아래까지만 왜상이 된다(그림 7). 김기덕의 영화에서 '머리'는 늘 인간 존재를 대표함을 감안할 때, 혜미의 머리가 바닷물의 파동 바깥에 놓여 있음은 유념해서 봐둘 부분이다. 그것은 아직까지 혜미가 진아를 자신의 새로운 자아 이상으로서 완전히 수용하지는 않았음을 함축한다. 그러나 동시에 바닷가에서부터 계속되어온, 진아를 보여주는 앙각의 시선은 혜미에 대한 진아의 영향력을 확실하게 시각화하고 있다. 진아가 혜미의 새로운 자아 이상으로서 '혼란' 속에서 부상하고 있음을 이보다 더 명료하게 보여줄 수는 없다.

그 후 혜미는 변한다. 손님을 받는 진아의 신음 소리를 도청 장치를 통해 들으면서 자위를 시도하거나 남자친구와 모텔에 가서 성관계를 유도한다. "결혼할 때까지 아끼고 싶다"며 남자친구가 중도에 멈추자 혜미

그림 7. 혜미가 물의 물성과 함께 흔들리는 숏에서 진아의 머리는 완전히
물속으로 잠기는 반면 혜미는 반만 잠기는 것은 진아가 혜미의 새로운 자아
이상으로서 나타나고 있는 것에 대한 혜미의 혼란스러움을 암시한다.

그림 8. 진아가 혜미에게 보낸 편지 속 에곤 쉴레의 그림은 혜미와 우정을
나누고픈 진아의 소망을 담고 있다.

는 짐짓 실망한 표정이다. 그날 혜미에게 진아가 보낸 우편물이 도착한다. 두 여자가 나란히 있는 그림에 "혜미에게 진아"라고 쓰여 있다(그림 8). 각각 붉은색과 푸른색으로 구분되는 두 여인은 분명 혜미와 진아다. 역동하는 생의 에너지로서의 붉음과 생을 해방시키려는 욕망으로서의 푸름이 사이좋게 나란히 있는 이미지는 혜미와의 우정을 향한 진아의 소망을 품고 있다. 편지에 찍힌 소인은 진아가 위조한 것이니 그 편지는 현실이 아니라 실재로부터 온 편지다. 여대생과 창녀의 우정이란 분명 현실에서는 불가능하겠지만, 통념과 편견으로 근근이 이어져가는 상징적 회로를 벗어난다면 그 또한 아예 불가능한 일은 아니지 않겠는가.

그 편지는 라캉의 말대로 확실히 '도착'했다. 다음 날 혜미가 본격적으로 진아를 미행하기 시작했으니까 말이다. 기존의 자아 이상 기능이 동요하면서 진아라는 새로운 자아 이상이 부상했으니 이제 혜미 쪽에서도 새로운 자아 이상에 따라 자신의 이상적 자아를 '재형태화'해보는 절차가 필요해졌다. 혜미가 서점으로, 분식집으로, 노래방으로, 거리의 좌판으로 흘러 다니는 진아의 행로를 그대로 되밟으며 진아의 행동들을 따라 해보는 것은 그 때문이다. 어느샌가 진아도 혜미가 자신을 따라다니는 것을 알아차리고 혜미의 뒤를 쫓는다. 이 상호 미행의 과정에서 서로의 존재를 오직 거울 이미지로만 훔쳐보던 진아와 혜미는 드디어 거울 밖에서 서로를 마주 보기 시작한다. 이로써 상상적·상징적 수준에서 이루어지는 동일시의 변증법적 절차는 완료된다. 이때 마치 공중의 전선줄마저 X자로 프레임을 가로지르며 그녀들의 '크로스'를 축하해주는 듯 보인다(그림 9).

이처럼 새로운 자아 이상을 과감히 도입하고 지금까지 자신의 자아를 떠받쳐온 상징적 질서의 무화를 과감하게 선택한 혜미의 사랑은 정녕 놀랍다. 아마도 대중 영화들의 남성 인물들이라면 새로운 자아 이상으로부터의 도피와 과거 자아의 복원이라는 방향으로 나아갔을 것이다. 이 영화를 여성 영화라 부를 수 있다면 이는 혜미의 이러한 자기 파괴의 용기에 힘입어서다. 하지만 영화는 아직 끝나지 않는다. 대충 이쯤에서 해피엔드로 끝난다면 김기덕 영화라 할 수 없다. 적어도 언제나 '갈 데까지 간다'는 게

그림 9. 혜미는 진아를 몰래 뒤쫓으며 진아의 행동을 모방한다. 이는 진아라는 새로운 자아 이상을 통해 자신의 이상적 자아를 재형태화하는 작업이다. 결국 거울 이미지와도 같던 두 사람의 관계는 서로를 거울 밖에서 마주봄으로써 완전히 재구성되기 시작한다.

김기덕 영화의 미덕(혹은 악덕) 아니던가.

　　이제 혜미의 동일시 절차는 실재적 수준으로 넘어가는 길밖에 없다. 새로운 동일시의 절차는 '어찌 되었든 진아는 창녀'라는 엄연한 사실의 재발견과 함께 시작된다. 상식적으로 판단할 때 창녀가 여대생의 자아 이상이 된다는 것은 있기 힘든 일이다. 혜미를 매혹시킨 진아의 향유도 손님들과의 굴욕적인 섹스가 아니라 바다 위에서 이루어진 동휘와의 낭만적인 섹스다. 이는 진아에 대한 혜미의 동일시가 지금까지는 상상적 차원에 머물러 있었음을 뜻한다. 그러니 언제라도 진아의 '창녀됨'의 실재와 맞닥뜨리게 되면 그것은 근저에서부터 무너져내릴 수 있는 위태로운 것이었다. 결정적 계기가 된 사건은 진아의 누드 사진들이 잡지에 실리게 된 것이었다. 그 사실을 알고서 진아의 기둥서방이 찾아와 진아에게 끔찍한 폭력을 행사한다. 진아 또한 주인집 아들의 간청에 응했던 자신의 호의가 낳은 참혹한 결과에 절망한다. 혜미가 폭력을 말리러 뛰어들어와 맞닥뜨린, '개코'에게 맞아 눈물과 콧물, 핏물이 함께 흐르는 진아의 얼굴은 그러므로 실재적 진아의 적나라한 외양이다.

　　그렇다면 여기서 혜미는 다시 진아를 경멸하던 예전의 태도로 물러설까? 혜미는 진아의 누드 사진이 실린 잡지를 찢으며 분노를 표출하는데, 그 분노의 대상이 누구인지는 아직 알 수가 없다. 그다음 숏에서 키우던 금붕어를 바다에 놓아주는 진아의 등 뒤로 혜미가 쓱 나타나 진아를 바라본다. 이는 작은 배에 앉아 고민하던 혜미의 등 뒤로 진아가 나타나던 때의 정확한 거울 반영이다. 작은 배에서의 투 숏이 상상적·상징적 차원에서 진아에 대한 혜미의 동일시가 시작됨을 알리는 것이었다면, 진아의 왜상으로부터 이어지는 이번의 투 숏은 이전의 상상적·상징적 차원에서의 동일시로부터의 이탈을, 다시 말해 실재적 차원에서의 동일시의 시작을 알리고 있다(그림 10).

　　이어지는 혜미의 꿈 장면. 혜미는 해변을 걷다가 진아가 꽂아보던 꽃핀을 발견하고 주워 올린다. 경악스럽게도 그 핀에 연결된 진아의 머리카락과 몸이 시체인 것으로 드러난다(그림 11). 소스라치게 놀라 잠에서 깬

그림 10. 물살에 흔들리며 만들어지는 진아의 왜상에서 이어지는 진아/혜미의
투 숏은 앞서 작은 배에서의 진아/혜미 투 숏의 거울 반영으로서 진아에 대한
혜미의 동일시가 상상적·상징적 차원을 넘어 실재적 차원으로 들어갈 것임을
알려준다.

그림 11. 혜미가 꿈속에서 바닷물에 발을 적시며 걷다가 꽃핀을 주워 올린 것이
진아의 시체를 발견하는 것으로 이어진다. 이로써 혜미의 심리 속에서 상상적
진아는 죽고 실재적 진아만이 살아났음을 알 수 있다.

혜미는 실제로 자살을 기도한 진아를 발견해서 목숨을 구해준다. 거듭 언급했듯이 김기덕 영화에서 물의 공간은 비현실적이고 불가능한 일들이 실연 혹은 실현되는 곳이다. 그러므로 혜미가 바닷물에 발을 적시며 걷는다는 것은 그녀가 드디어 실재적 차원에서의 동일시 절차에 접어들었음을 암시한다. 또 바로 그 꿈의 공간 속에 진아가 혜미에게 미행당했던 때 꽂아보았던 그 꽃핀을 꽂고서 죽어 있음은 진아에게 부여되었던 자아 이상으로서의 기능이 더 이상 작동하지 않게 됨을 함축한다. 요컨대 혜미와의 관계 속에서 상상적 진아는 죽고 실재적 진아만이 살아난 것이다.

자살을 기도한 진아가 병원에서 퇴원한 후, 혜미와 진아는 새장 여인숙의 작고 푸른 창틀 밖으로 각자 머리를 디밀어 서로를 쳐다본다(그림 12). 정확히 대칭 구도로 찍힌 이 미장센만으로도 혜미가 진아를 온전히 자신의 내밀한 욕망의 실재를 드러내는 증상의 현신으로서 받아들였음을, 그리고 그러한 진아와의 동일시에 온전히 도달했음을 짐작할 수 있다.

동휘에게 도움을 청해 개코를 쫓아보낸 후 혜미는 진아의 무릎을 베고 예전의 그 작은 배 안에 앉아 있다. 진아는 리비도적 에너지의 기표인 붉은색 계열에 속하는 '주황색' 귤을 까서 건넨다. 혜미는 진아에게 참된 이웃의 표식인 '꽃핀'을 다시 꽂아준다. 그 순간 눈이 날리기 시작한다. 한여름의 눈발이라니, 어떻게 그런 일이 있을 수 있을까? 그 이유는 영화의 마지막 장면에서 분명해진다. 둘은 여인숙으로 돌아오고 때마침 손님이 찾아온다. 혜미를 보며 '아가씨'냐고 묻는 손님. 진아가 신던 파란 샌들을 신은 혜미는 진아를 부르러 가려다 말고 마당에 쭈그리고 앉아 눈덩이를 뭉친 다음 굴려본다. 잠시 구르다 멈추는 눈덩이 양쪽에 두 개의 그림자가 생긴다(그림 13). 한편 혜미가 돌아오기를 기다리던 진아는 혜미의 책상에서 『상실의 시대』와 그 속에 꽂힌 둘의 구겨진 사진을 발견한다. 궁금함에 마당을 내다보니 뜻밖에도 파란 샌들이 진아의 방문 앞에 놓여 있고 방에는 홍등이 켜져 있다. 그 방 창문 쪽으로 가서 들여다보다가 놀라는 진아의 모습 뒤로 화면은 다시 그림자 두 개를 단 눈덩이로 바뀌었다가 화이트아웃된다.

그림 12. 비현실적 욕망의 색채인 푸른 창틀 밖을 내다보는 진아와 혜미의
얼굴이 정확히 대칭 구도의 미장센에 배치되어 있다. 이 대등한 미장센은
혜미가 자신의 증상으로서의 진아와 동일시하는 데 성공했음을 드러낸다.

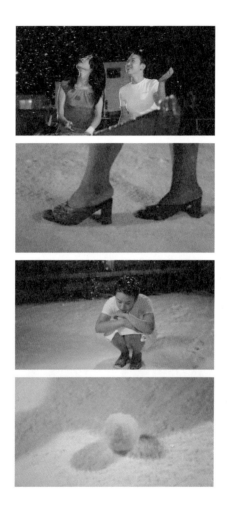

그림 13. 동일시의 모든 과정이 완료되자 한여름에 눈이 내린다. 혜미는
진아의 파란 슬리퍼를 신고 진아 대신 손님을 받으러 들어간다. 진아의 방에서
나온 혜미가 굴린 눈덩어리에 두 개의 그림자가 진다. 이로써 혜미와 진아가
실재적으로 동일한 존재의 양면임을 알 수 있다. '한여름의 눈'이라는 비현실적
설정은 혜미가 매춘녀가 된다는 결론의 충격을 희석시켜준다.

그림 14. 다이빙대 난간에 나란히 앉은 진아와 혜미를 수중에서 바라보는 엔딩 숏. 자유롭게 헤엄치는 금붕어가 두 사람의 심리적 해방을 은유한다. 영화는 물의 물성으로 인해 왜상이 되어버린 혜미와 진아의 이미지와 함께 끝난다.

다시 파란 대문이 열리면 수돗가에 모인 어느 날 아침의 가족들이 보인다. 돌아가며 카메라와(즉, 관객들과) 시선을 맞추는 그들의 모습이 마치 '이제 우리를 이해하시겠어요? 우리를 당신들의 이웃으로서 동일시할 수 있으시겠어요?'라고 물어오는 것만 같다. 그런 다음, 저 바다 위 다이빙대 난간에 나란히 앉아 있는 진아와 혜미가 화면에 나타난다. 그들이 내려다본 바다에는 금붕어가 떠다니고, 분할 화면으로 자막이 올라가는 가운데 일렁이는 물의 파동으로 인해 두 사람의 모습이 점점 더 심한 왜상으로 바뀐다(그림 14). 이렇게 영화는 끝난다.

이 마지막 시퀀스의 의미작용은 명백하다. 혜미 쪽에서 이루어진 진아와의 동일시 절차는 마침내 진아의 사물성(혹은 괴물성), 즉 진아가 '창녀임'을 온전히 자신의 것으로 받아들이는 행위와 더불어 비로소 완성된다는 것이다. 그 말의 본연의 의미에서 실현된 진아와의 '이웃됨neighborhood'에서 우리는 프로이트의 "그것이 있었던 곳에 내가 있게 될 것이다Wo es war, soll ich werden"라는 언명에 대한 라캉의 해석이 고스란히 실현된 것을 확인한다. 즉, '나는 이드가 있었던 곳에 있게 되리라'는 것이다.[26] 이는 어떠한 상호 주체적 관계도 허용하지 않는 절대 타자로서의 이웃neighbor과 하나의 덮개hood를 공유하기 위해서는 단지 그녀의 존재를 인정하고 서로의 차이를 승인하는 데 머물러서는 안 된다는 것을 가르쳐준다. 그러한 차이의 정치학에서 더 나아가 나 자신이 그와 똑같이 얼룩지고 일그러진 괴물임을 승인해야 한다는 것이다. 너도 나도 모두 다 괴물이 되어버리는 그 순간은 정확히 기존의 상징적 질서가 더 이상 기능하지 않는 순간, 전경과 배경이 완벽하게 전도되는 순간이다. 한여름에도 천연덕스레 눈이 올 수 있다는 것은 이처럼 급진적인 상상력의 소산이다.

도착倒錯의 궁지를 빠져나가며

이렇게 해서 우리는 〈파란 대문〉이 여대생과 창녀 사이에서 이루어지는 동일시의 절차를 상상적·상징적 층위에서 시작하여 궁극적으로 실재의 층위에서 다루는 데 성공했음을 확인했다. 그러나 여기서 짚고 넘어가야 할 점이 있다. 여대생이 창녀와 친구가 되었다는 이야기까지야 그럴 수 있다 해도, 친구 대신 매춘을 감행한다는 결말은 지나치게 도전적이어서 일반 관객들을 전혀 설득할 수 없다는 것이다. 김기덕 자신은 "진아란 여자가 거기서 창녀를 벗어나는 것이 무슨 의미가 있나. (……) 바뀌어야 할 것은 서로에 대한 오해가 풀리는 것, 서로를 이해하는 것이다"라고 주장한다.[27] 하지만 '이해'의 차원을 넘어 '악화가 양화를 구축'하는 이런 상황 속에서 우정과 사랑의 아름다움을 볼 수 있는 사람이 얼마나 될까? 만일 혜미의 선택이 진정한 동일시의 모범일 수 있다면 라캉이 생각했던 '윤리적 주체의 길'이란 이토록 자기 파괴적이고 위악적인 존재가 되어야 한다는 뜻이라는 말인가? 결국 혜미의 최종 선택이 일반화될 수 없는 '영화적' 상상에 불과하다면 라캉의 논리 또한 '사변적' 상상에 불과하다는 말인가?

그러나 라캉은 환상의 횡단, 증상과의 동일시를 통해 도달하는 '분석의 끝'을 "항구적인 주체의 궁핍, 상징계의 정신증적 기능장애"[28]나 "자폐적 향유"[29]로 이해하지 않았다. 분석이 끝난다는 것은 오히려 주체가 자신의 이데올로기적 증상을 비정신증적 증환으로 바꾸어서 꾸려갈 수 있는 '노하우'를 갖게 됨을 의미한다. 이제 주체는 보편성 속의 결여 혹은 보편성의 무의미(실재)를 떠맡되, 동시에 그것을 단독성의 층위에서 '명명 nomination'함으로써 재상징화할 수 있다. 즉, "주체의 분열의 긍정을 바탕으로 한 새로운 향유"[30]를 창조할 수 있다. 이처럼 정신분석은 실패한 '아버지의 이름' 대신 "상징적 질서의 비일관성과 결함을 은폐하는 '증상으로서의 아버지'"[31]와 함께, 향유의 거세 대신 "jouis-sense, 즉 의미 속에 향유를 간직하고 있는 기표"[32]의 인위적 창조와 함께 종결된다. 그러므로 분석의 끝이 가리키는 파국은 결코 상징계와의 결합 자체를 부정하는 것이 아니다. 오히려 그것은 "새로운 상징계를 촉진하고 그것의 헤게모니를 확립하기 위해 정치적으로 투쟁"[33]하는 것을 가리킨다. 물론 모든 상징계는 언제나 그 내속적 결여로서의 실재를 중심으로 구조화되는 것이므로, 상징계 속의 실재적 결여를 자신의 것으로 떠맡는 것, 즉 실재적 층위에서의 동일시는 개인의 수준에서나 사회의 수준에서 무한히 반복되어야 한다. 그 반복을 통해 선한 것과 새로운 것을 등치시켜나가려는 행위에서 정신분석의 윤리는 비롯된다.

이처럼 분석의 끝이 상징계의 철폐를 의미하는 것이 아닌 한, 여대생과 창녀의 위치를 교환 가능한 것으로 설정하는 〈파란 대문〉의 결말은 확실히 문제적이다. 어느 누구도 그러한 발상을 '새로우면서도 선한' 상징적 법으로서 선포할 수는 없기 때문이다. 더군다나 이 영화의 결말은 기존의 법을 거부하는 제스처 속에다가 스스로 (악)법을 선포하려는 의욕을 뒤섞어두었다는 점에서 짐짓 도착증적[34] 기미를 띠고 있다. 그러니 이후 〈파란 대문〉의 문제의식을 이어갔던 〈섬〉〈나쁜 남자〉〈사마리아〉에 대한 반응이 그토록 논쟁적이었음도 무리는 아니었다.

그러나 김기덕 영화의 도착증적 기미를 응징하려 하기 전에, 먼저 후기근대 사회에서 아버지의 이름이 갖는 권위는 더 이상 전통적인 방식으로 작동하지 않음을 헤아릴 필요가 있다. 이미 사람들은 아버지의 권위가 사실은 허구적인 것임을 눈치채버렸고, 따라서 자아 이상과의 동일시의 결핍을 이상적 자아와의 과도한 동일시를 통한 자기 숭배로 채우고 있다. 과도한 다이어트나 성형수술의 성행, 삶을 컴퓨터 게임에서의 정체성 놀이 같은 것으로 취급하는 경향 등이 그 증상들이다. 반면 신체 절제와 같은 회복 불가능한 표식을 함으로써, 모든 것을 변화 가능한 상상적 시뮬라크르와의 유희로 취급하는 이데올로기에 대항하려는 반작용적 경향도 나타나고 있다.[35] 또한 모든 여자를 독차지하고서 무한정한 만족을 추구하는 아버지인 실재적 아버지가 상징적 아버지의 부재를 틈타 회귀하고 있기도 하다. 자신만의 법을 선포하고자 하는 의지와 함께 나타나는, '도착증적으로-보이는' 태도는 그러므로 후기근대의 이러한 사회적 조건 속에서 상징적 아버지의 기능 마비를 고발하려는 노력인 동시에 상상적 동일시로의 퇴행으로부터 어떻게든 이탈하려는 노력의 표현일 수 있다. 후기근대에서 윤리적 주체화를 도착적 주체화의 경향과 구분하기가 쉽지 않은 것도 바로 이러한 이유 때문이다.

138

그뿐만 아니라 〈파란 대문〉의 결말이 보여준, 증상과의 동일시라는 흐뭇한 풍경을 '알고 보니 그것은 도착증의 실연이었다'라고 간단히 결론 지어버리기에는 영화적 선택 자체가 그렇게 호락호락하지 않다. 괴물 같은 이웃과의 동일시가 완결되는 마지막 시퀀스에서 영화는 현실성을 아예 환상처럼 처리함으로써 여대생이 매춘녀가 되는 사태를 있을 수도 있고 없을 수도 있는 일로 만들어버리기 때문이다. 마지막 시퀀스에서 이렇게 마술적인 상상의 차원으로 넘어가버리는 기교는 〈섬〉과 〈나쁜 남자〉에서도 동일하게 나타난다. 즉, 〈섬〉에서는 여자의 자궁으로 남자가 탄 배가 들어가는 것 같은 이미지로, 〈나쁜 남자〉에서는 서사의 맥락상 불가능한 에필로그가 그러한 기능을 수행한다. 서사 내에서 뫼비우스의 띠처럼 이어진 상징계와 실재의 경계선을 따라 외줄타기 하는 이처럼 절묘한 선택은 적어도 이 영화들을 완전한 도착의 시연이라고 못 박을 수 없게 한다.

물론 이 영화들은 '상징적 명명' 없이 다만 외상적 상황의 모호함과 함께 마무리된다는 점에서 여전히 '도착'의 궁지에 빠질 위험에 가까이 있었다. 상상계, 상징계, 실재의 세 고리를 결합시켜줄 저 보로메우스 매듭의 네 번째 고리[36]는 김기덕 영화의 서사적 연쇄 속에 아직 온전히 등장하지 않았다. 어쩌면 우리는 〈봄 여름 가을 겨울 그리고 봄〉 이후 김기덕 영화가 변했다는 세평 속에서 그 네 번째 고리의 출현을 추정해볼 수도 있을 것이다. 그 변화를 과연 김기덕 영화가 실재를 길들이기 시작한 '상류화gentrification'의 조치로 볼 것인지, 아니면 그간의 영화들에서 선보인 동일시들의 결과 한 몸이 된 증환을 가지고 꾸려나가는 노하우로 볼 것인지는 또 다른 영화들의 분석을 요한다.

2 〈악어〉와 〈나쁜 남자〉

욕망의 반복에서 사랑의 기적으로

혼자 하는 남자의 사랑, 셋이 하는 여자의 사랑

라캉에 따르면 남자가 여자를 욕망한다는 것은 남자가 거세(근친상간적 욕망의 금지)와 함께 사회화되면서 그의 존재를 규정하게 된 '결여'를 여자로 채우려 함을 가리킨다. 즉, 남자는 자신의 결여를 채워줄 남근phallus[1]적 표식을 가지고 있다고 가정되는 여자를 그의 환상 시나리오 속으로 들여옴으로써 여자와 관계를 맺게 된다. 이렇듯 여자를 남자의 환상의 지지물이자 욕망의 대상-원인인 대상 a로 환원시키지 않고는 남자가 여자를 욕망할 길이란 없다. 여기서 여자가 남자의 대상 a가 된다는 것은 결코 아름답고 낭만적인 과정이 아니다. 욕망의 층위에서 발생하는 사랑의 양상을 라캉은 이렇게 요약한다. "난 너를 사랑하지만, 불가해하게도 내가 사랑하는 것은 네 안에 있는 너 이상의 것—대상 a—이기 때문에, 나는 너를 잘라낸다mutilate."[2] 분명 라캉은 '잘라낸다'는 무시무시한 표현을 쓰고 있다. 그렇다. 남자는 남근을 '가짐'으로써 자신의 결여를 채우고자 한다. 남자에게 욕망으로서의 사랑이란 사랑 대상인 여자의 존재를 잘라내어 사실은 그녀가 갖고 있지 않은 어떤 것(남근)으로 환원한 다음 그것을 그녀에게서 훔쳐낸다는 환영에 입각해 있다.[3] 그러므로 욕망의 수준에서 '나는 너를 사랑해'라는 고백은 '나는 너에게 살의를 느껴'라는 진술과 다름없다.

결국 남자가 여자를 욕망하는 이유가 그녀를 잘라내어 자신의 결여를 채우기 위해서인 한, 남자의 사랑(욕망)은 나르시시즘의 논리에 충실할 뿐이다. "말하는 존재의 경우, 사랑의 행위는 남성의 다형 도착"[4]이며 남자의 사랑(욕망)은 내속적으로 자위행위적 혹은 자애적이라는 주장도 같은 맥락에서 나온 것이다. 욕망의 논리 속에서 자기 자신만을 사랑할 뿐인 남자는 욕망과 사랑을 굳이 일치시키려 하지 않는다. 따라서 그는 그녀가 성처녀가 되었든 창녀가 되었든 자신에게 다양한 이유로 남근을 의미할 수 있는 '다른 여자another woman'를 얼마든지 새롭게 욕망할 수 있다.[5]

그렇다면 욕망의 구조 속에서 여자는 어떻게 사랑하는가? 가장 먼저 피해야 할 오류는 여자가 남자의 욕망 충족을 위해 이용만 당하고 내쳐지는 희생양이 된다고 가정하는 것이다. 여자에게도 거세[6]의 외상을 처리해야 한다는 문제는 동일하게 주어진다. 다만 그녀는 남근이 '되기'를 선택함으로써 남근적 향유라는 소외된 향유에 자발적으로 연루된다. 라캉의 설명을 들어보자. "우리는 여자가 남근이 되기 위해서, 즉 타자의 욕망의 기표가 되기 위해서 여성성의 본질적 부분을, 특히 자신의 모든 속성을 가장masquerade 속에 던져버린다고 말하고자 한다. 여자는 자기 자신이 아닌 것으로 인해 사랑받는 동시에 욕망되기를 원한다."[7] 욕망의 수준에서 여자에게 사랑이 발생할 때, 여자는 자신을 내어줌으로써 사랑의 요구에 응한다는 환영에 빠진다. 여자가 이러한 환영을 유지하는 이유는 타자의 욕망과 사랑을 불러일으키는 대상이 되어야만 거세된 주체로서의 존재 결여를 메우고 "존재하기"[8]가 가능해지기 때문이다. 그러므로 남녀 간의 욕망의 변증법 속에서 여자는 결코 남자를 위해 희생하는 것이 아니다. 타자의 결여를 메우는 대상으로서 자신을 제시하기 위해 '여성성'을 가장하는 가면 쓰기를 능동적으로 수행하는 것은 여자 자신이다. 애초에 남자의 사랑 대상으로서 여자가 남자에게 주는 것도 그녀가 갖고 있지 않은 '그녀 이상의 것'이 아니던가.

누군가는 이렇게 생각할 수도 있다. 받고 싶은 자는 받고 주고 싶은 자는 주니 서로를 향한 사랑에의 요구는 비록 '상상적인' 방식으로나마 충족되지 않겠느냐고 말이다. 남자는 받음으로써, 여자는 줌으로써 "두 결여를 중첩시키면 상호 보완에 의해 결여를 제거할 수 있다"라는 이러한 믿음을 지젝은 "사랑의 현혹"이라고 정의한다.[9] 마치 요철과도 같은 이성애적 성기 결합의 이미지를 통해 가장 전형적으로 구현되는 이러한 '사랑의 일자一者'라는 관념은 실제로 숱한 멜로드라마적 상상들 속에 녹아들어가 있다.

그러나 이러한 방식의 사랑은 남자와 여자 모두를 서로의 파트너에게 불충실하게 만들 뿐이다. 먼저 남자의 경우, 일단 그 대상에 도달하고 나면 상실되어버리는 욕망의 성격으로 인해 자신의 욕망을 유지하기 위해서 다른 욕망 대상으로의 환유적 교체를 이어가야 한다. 따라서 남자의 사랑은 언제든 이미 도달된 대상을 떠나 자신의 남근이 되어줄 또 다른 여자를 향할 수 있다. 여자의 경우, 파트너인 남자가 자신을 향유하도록 가면쓰기를 수행하는 이유는 오직 그녀 자신을 나르시시즘적으로 향유하기 위해서일 뿐이다. 더욱이 그녀의 사랑은 구체적인 파트너를 향해 있지 않다. 그녀의 사랑이 궁극적으로 향하는 대상은 그 남자의 배후에 있는 "타자, '이상적 몽마夢魔, incube ideal' '거세당한 연인' '예수 형상' '신비적 신적 존재'"[10] 같은 다른 남근적 이상이다. 그래서 그녀는 구체적인 파트너와의 관계에서는 불감증일 수밖에 없다. 소녀부터 아줌마 부대에 이르기까지 오늘날 대중문화 속 남성 스타들을 향한 강력한 여성 팬덤은 여성들에게 작동하는 이처럼 이중화된 사랑의 방향을 잘 보여준다. 결국 남자나 여자나 자신의 구체적인 상대방에게 근원적으로 불충실하다는 점에서는 한 치도 다를 바가 없다. 그들 사이에서 욕망의 주고받음이 설령 무한 반복된다 하더라도 끝내 그들은 합일에 이를 수 없다.

사랑의 현혹과 사랑의 기적

그렇다면 이것으로 다인가? 남자와 여자의 사랑은 동상이몽의 비대칭성을 벗어날 수 없는가? 사랑은 근원적으로 불가능한가? 〈봄 여름 가을 겨울 그리고 봄〉의 저 노승은 이렇게 말한다. "욕망은 집착을 낳고 집착은 살의를 품게 한다." "가진 걸 놓아야 할 때가 있느니라." 이 말의 의미를 '욕망의 포장에 불과한 사랑일랑 다 부질없는 짓'이라는 탈속脫俗의 권유로 이해해서는 안 될 일이다. 또는 노승의 묵직한 한마디가 고작 자유연애를 부추기기 위해 나왔을 리도 없다. 라캉의 관점에서 보자면 사랑(욕망)하는 자가 손에서 놓아야 할 것은 바로 타인의 존재의 중핵이자 비밀스러운 보물인 아갈마agalma, 곧 '파트너 안에 있는 파트너 이상의 것'이다. 사랑(욕망) 대상의 '그것'에 매혹되는 것은 사랑이 아니기 때문이다. "사랑을 격발하는 단일 특징le trait unaire은 언제나 불완전함의 표지"[11]다. 따라서 진정한 사랑은 '그것'을 결여하고 있는 자로서 타인을 경험하는 것, '그것'의 상실을 견뎌 내는 것이다.

물론 욕망이 없이는 사랑도 없고, 무릇 욕망은 매혹될 만한 무엇이 없는 대상에게는 일어나지 않는다. 그렇다면 결여와 불완전함의 표지인 타인을 욕망(사랑)한다는 것은 정확히 어떤 의미일까? 라캉은 이를 나르시시즘적 사랑과 충동의 사랑의 구분을 통해 설명한다. "저는 '타자를 통해 자신을 사랑하는 것'과 충동의 순환성 사이에는 근본적인 차이가 있다고 생각합니다. 전자는 대상의 나르시시즘적 장 속에서 이루어지는 것으로 그 사랑에 포함된 대상에게 어떠한 초월성도 남겨주지 않는 반면, 후자는 가는 것과 오는 것 사이의 이질성을 통해 그 사이로 어떤 간극을 드러냅니다."[12] 욕망의 수준에서 이루어지는 나르시시즘적 사랑이 어떤 식으로 그 대상을 착취하는가에 관해서는 이미 짚어보았다. 지금부터 풀어나갈 문제는 충동의 수준에서 이루어지는 사랑이다. 라캉은 충동이 대상과 맺는 순환적 관계에서 '간극'이 드러남에 주목한다. 이 간극이란 "주체가 자신을 사랑받을 만한 존재로 바라보는 지점"과 "주체가 자신을 [대상] a에 의해 초래된 결여로서 바라보는 지점, 그러면서 주체의 시원적 분열로써 구성된 간극을 [대상] a가 틀어막고 있는 지점" 사이의 거리를 가리킨다.[13] 여기서 대상 a는 욕망의 대상이자 원인으로서, 주체의 결여를 가림으로써 동시에 가리키게 되는 기능을 수행하는 어떤 것이다. 예컨대 누군가가 성형수술을 한다면 특정한 신체 부위의 결여가 감추어짐과 동시에 바로 그 부위가 그에게 결여였음을 오히려 누설하게 되듯이 말이다.

충동의 순환성이 간극을 드러낸다는 것은 양자 간의 거리를 유지해야 한다는 뜻이 아니다. 오히려 충동은 주체가 자신의 준거로 삼는 이상적 기표와 동일시하는 이상화의 국면을 뛰어넘어 자신을 오직 결여의 기표로서 드러나게 만든다. 그러므로 간극의 드러남이란 억압되어 있던 결여가

드러나는 사태를 가리킨다. 이러한 충동의 논리는 사랑의 과정에서도 그
대로 적용된다. 사랑의 주체가 욕망을 불러일으킨 대상 안에서 처음 본 것
은 분명 어떤 특별함(그녀 안에 있는 그녀 이상의 것)의 표식이다. 하지만
바로 그 특별함은 정확히 파트너의 결여를 가리고 있는 것이기도 하다. 따
라서 사랑이란 그가 사랑할 만한 숭고한 대상으로서의 파트너와 별스럽지
않은 속된 대상으로서의 파트너 사이의 간극을, 나아가 파트너의 불완전
함을 받아들이는 것이다. 지젝은 이러한 사랑의 정의를 "일상적 저속함의
십자가에서 숭고함의 장미를 알아볼 각오"[14]라는 인상적인 은유로 전달한
다. 사랑은 사랑하는 자에게 만족을 준다. 그 만족은 파트너에게 도달하여
파트너를 전유하는 데서 얻어지는 게 아니라 파트너를 향해 가는, 혹은 파
트너를 둘러싸고 도는 운동 자체에서 주어진다. 그 결과, 충동의 수준에서
의 사랑은 환유적 욕망 대상에 도달하는 운동의 불가피한 반복성(어떤 파
트너에 대한 욕망이 채워진 순간 다시금 또 다른 파트너를 욕망하게 됨)에
붙들려 있지 않고 비로소 "반복 너머에"[15] 자신을 위치시키게 된다.

　　지금까지 우리는 사랑하는 주체의 심리기제를 중심으로 사랑의 구
조를 살펴보았다. 하지만 사랑-사건은 본원적으로 주체와 대상 사이에서
가 아니라 서로 능동성을 띠는 두 주체 사이에서 일어나는 것이다. 그렇다
면 사랑의 대상은 어떻게 이 사랑-사건에 동참하게 되는가? 콥젝은 대상
쪽에서 이루어지는 만족스러운 사랑을 "능동적 선물"이라고 요약한다.[16]
사랑의 대상은 결코 수동적으로 사랑을 받는 데서 만족을 구하는 자가 아
니라는 것이다. 사랑받는 자eromenos는 사랑을 선물해줌으로써 사랑하는
자erastes로 변모한다. 사랑의 대상 쪽에서 근본적인 지위의 역전이 일어나
는 이 순간이야말로 사랑의 가장 '숭고한' 순간이다. 라캉은 '사랑의 은유'
를 다음과 같은 이미지로 그려낸다.

　　한 손이 어떤 열매, 꽃 또는 갑자기 타오르는 꽃잎을 향해 내뻗친다.
　　가지려는, 가까이 접근하려는, 불타오르게 하려는 그 시도는 열매의
　　무르익음, 꽃의 아름다움, 꽃잎의 불타오름과 긴밀히 이어져 있다.

그러나 가지려는, 가까이 접근하려는, 불타오르게 하려는 이러한 시
도에서 그 손이 대상을 향해 충분히 움직였을 때, 또 다른 손이 열매
로부터, 꽃으로부터, 꽃잎으로부터 튀어나와, 우리의 손을 맞잡기 위
해 내뻗친다. 그리고 이 순간, 우리의 손은 열매의 닫힌 충만함 속에
서, 꽃의 열린 충만함 속에서, 작열하는 손의 폭발 속에서 응결된다.
이 순간 발생하는 것이 바로 사랑이다.[17]

이 인용문을 읽을 때 유념할 점은 꽃잎을 향해 뻗친 손을 향해 꽃잎 쪽에
서 뻗어 나오는 다른 손의 만남을 대칭적인 두 주체 간의 계약이라는 부르
주아적 원칙으로 이해해서는 안 된다는 것이다. 그러한 계약의 형태가 섹
슈얼리티에 적용되는 경우는 오직 도착적—마조히즘적—계약일 때뿐이
다.[18] "사랑의 기적"이 이루어지는 그 순간은 대상 a 자체가 응답하는 순간,
즉 "사랑하는 자의 결핍/욕망에 자기 자신[사랑받는 자]의 결핍으로 응답
하는 순간"[19]이다. 이처럼 사랑 대상이 '나는 네가 원하는 것을 갖고 있지
않다'는 것을 폭로하면서 갑작스럽게 결핍의 주체로서 나타날 때, 사랑하
는 자에게 주어지는 선택지는 대상으로부터 도망치거나 아니면 그에 상응
해서 재주체화되는 길뿐이다. 이때 재주체화의 선택이 이루어진다면 그것
이 바로 라캉이 말한, "가는 것과 오는 것 사이의 이질성을 통해 그 사이로
어떤 간극을 드러내는" 경우일 것이다. 결여로서의 나의 사랑이 대상의 결
여에 말을 건네고 다시 대상이 자신의 결여로 응답했을 때, 결여와 결여의
만남(혹은 순환)은 계속해서 서로를 재주체화하는 과정이 된다. 이처럼 주
체화와 재주체화의 지속적 되풀이를 통해서만 비로소 사랑에 관한 환상을
횡단한 주체와 주체의 사랑은 이루어질 수 있다. 항상 '빗나간 만남'일 수
밖에 없는 욕망의 길과 달리 이 사랑의 길은 그렇기에 결코 "빗나가지 않
는" "성공한 만남"의 길이다.[20]
　　여기서 조금 더 들어가보자. 라캉에 따르면 욕망의 길은 남성의 길이
고 사랑의 길은 여성의 길이다. 물론 이때 남성과 여성은 생물학적 성sex이
나 사회적 성gender의 차이에 입각한 범주가 아니다. 라캉은 상징적 거세의

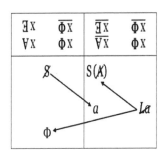

그림 1. 성구분 공식의 도해. 왼쪽은 남성편,
오른쪽은 여성편의 논리를 보여준다.

체험 속에서 충동의 만족이 좌절될 때 주체가 취하는 입장에 따라 성구분
sexuation이 가능하다고 밝히고 그 공식formula에 입각해 남자와 여자의 범주
를 규정했다(그림 1). 남자는 남근 기능(Φ)으로서의 거세를 거부한 채 모
든 여자와 재화를 독점하며 향유를 누리는 원초적 아버지와 같은 예외적
인 존재에 근거해서만 남근 기능의 지배 아래로 들어간다. 즉, 남자는 완
벽한 향유의 가능성을 믿으며, 상징계가 도입한 거세를 인정하지 않으려
는 태도를 갖는다. 그렇기에 남근 기능에 종속되어 있는 분열된 주체로서
의 남자(S̷)는 여자 쪽에 있는 대상 a를 욕망함으로써 예외적 향유를 구가
하고자 한다. 반면, 여자는 남근 기능이 작동하지 않는 예외로서 존재하
고자 하지 않으며 그렇다고 해서 여자의 전체가 남근 기능에 의해 규정되
지도 않는다. 즉, 비전체(pas toute: "타자와 더불어 있는 하나"²¹)로서의 여
자(La)는 욕망의 기표로서의 남근과 타자 안의 결여의 기표(S(A̷)) 모두와
관계한다는 점에서 "이중화"²²되어 있다. 그렇기에 여자는 완벽한 향유가
가능하다고 착각하지 않으며 다른 향유Other jouissance를 추구하는 태도를
갖는다.
    이러한 성구분의 논리를 참조함으로써 우리는 욕망의 수준에서의 사
랑은 남자의 사랑이고 충동의 수준에서의 사랑은 여자의 사랑임을 파악할
수 있다. 적어도 여자에게는 사랑이 가능한 것, 기능하는 것이다. 그럼에도
이 사랑은 여전히 비대칭적이다. 여자가 비전체로서의 '다른Other 성'인 한,
여자의 향유는 성적 관계에서 남자처럼 남근하고만 관계하는 것이 아니라

남근 기능에 대해 "조건부 종속"의 관계로 연결되어 있으며, 그로 인해 남근과의 "부조화"가 발생하기 때문이다.[23] 따라서 여자는 기관화되고 비연속적인 향유로서의 남근적 향유와 동시에 남근 너머에 있는 다른 향유, 즉 전육체적이고 무한한 향유에도 참여할 수 있다. '사랑의 기적'이 사랑 주체들의 결여와 결여의 성공적 만남을 의미한다고 할 때, 사랑하는 두 주체는 상징화될 수 없는 그 결여로 인해 각기 무한을 향해 열려 있으며 이로 인해 이들 간에는 비대칭성이 유지될 수밖에 없다. 다른 한편으로 이 무한한 열림은 "닫히거나 전체화되지 않고 연합될 수 있"[24]는 것이기도 하다. 케네스 레이너드가 라캉에 힘입어 사랑이란 "하나로 흐르거나 셋에 이르지 않고 무한을 향하는 둘을 발견하고 단단히 잡기 위해 노동"[25]하기라고 정의할 때, 이러한 사랑의 노동이 지향하는 것을 바로 '연합'의 가능성이라고 생각해도 좋을 것이다.[26]

〈악어〉: 욕망, 혹은 불가능한 사랑의 한 경우

다소 장황하게 욕망과 사랑의 지도를 그려놓고 김기덕 영화를 보니, 그의 영화가 품고 있는 사랑들이 욕망의 사랑에서 충동의 사랑으로, 혹은 남근적 향유에서 여성적 향유로 가는 길을 따라 사이사이 자리 잡고 있음이 한눈에 들어온다. 사랑이라고 해서 다 같은 사랑은 아니었던 것이다. 이를테면 〈악어〉에서 '악어', 〈파란 대문〉의 주인 아저씨와 그 아들, 진아의 기둥서방의 사랑은 욕망의 차원에 머무는 사랑이었으며, 〈봄 여름 가을 겨울 그리고 봄〉의 청년승, 〈섬〉의 희진, 〈빈집〉의 남편 민규, 〈시간〉의 세희의 사랑은 대상에 대한 집착으로 인해 욕망에서 충동의 수준으로 넘어가게 되는 도정까지를 보여주는 사랑이었다. 또 〈나쁜 남자〉의 한기와 선화, 〈활〉의 영감, 〈시간〉의 지우, 〈숨〉의 남편, 〈비몽〉의 진의 사랑은 욕망을 통과하여 진정한 사랑이 되기까지의 도정 전부를 따라가는 사랑이었다. 그리고 보면 김기덕의 영화는 사랑의 성장 드라마가 아닌가. 십 년 세월에 강산이 돌아눕듯 김기덕의 인물들 역시 욕망에서 출발하여 부지런히

사랑을 향해 나아가고 있었던 것이다. 그 성장의 역사를 지금부터 〈악어〉
와 〈나쁜 남자〉를 중심으로 짚어보자.

　　〈악어〉는 무릇 데뷔작들이 으레 그렇듯이 여러 측면에서 김기덕 영
화 세계의 원류로서 기능하는 영화다. 도시의 주변부라는 배경, 주인공의
룸펜 프롤레타리아적 삶과 폭력적 성격, 다양한 이미지 모티브들 등 이 영
화의 여러 요소들이 이후 그의 영화에서 반복적으로 등장함을 확인할 수
있다. 그러나 '사랑'의 문제를 다루는 상상력의 측면에서만큼은 〈악어〉는
확실히 김기덕 영화 세계의 출발점에 불과한 영화다. 이 영화에서 사랑은
욕망의 양상만을 띠고 있기 때문이다.

　　〈악어〉의 주인공인 용패는 한강에 투신자살한 사람의 시체를 건져
주고 가족들에게 돈을 받아내는 일을 업으로 삼고 있다. 그가 어느 날 한
강에 뛰어든 현정을 구해내고 현정이 용패 일행과 어울려 살게 되면서 둘
은 모종의 관계로 엮이게 된다. 처음에 용패와 현정의 사이는 오직 강간을
통해서만 이어질 뿐이다. 용패는 이전에 다른 여자들에게 그랬듯이 현정의
육체만을 호시탐탐 노린다. 그러나 용패와 현정의 성관계가 비록 강간(과
같은) 행위의 외양을 띠기는 하나 그것은 분명 용패가 다른 여자들과 맺었
던 성관계와는 조금 다르다. 용패에게 성관계는 철저하게 성기관의 교접
으로만 한정되는 것이었다. 그러나 용패에게 현정은 특정 성기관으로 환
원되는 뭇 여자들과는 다른 지위를 갖는 존재다. 애초부터 용패가 현정을
만나게 된 계기 자체가 범상치 않다. 용패가 현정의 육체에 처음 접촉한 계
기가 인공호흡이라는 사실은 왜 현정이 특별한 존재일 수밖에 없는가를
설명해준다. 요컨대 용패에게 현정은 적어도 생명권을 가진 전육체적 인
간으로서 접한, 어쩌면 최초의 여자인 것이다. 그러므로 "내가 살려냈으니
까 내 맘대로 하겠다"면서 용패가 현정에 대한 '소유권'을 주장하고 자신
의 강간 행위를 정당화할 때, 이는 단지 현정의 성기관에 대한 소유권만을
의미하는 것은 아니다. 용패가 갖고 싶은 것은 현정의 존재 전부다. 현정이
용패와의 성행위 중에 "준호 씨"라고 부르자 용패가 화를 내며 자신의 이
름을 부르라고 강요하는 게 그 증거다.

148

그렇다면 현정에게 용패의 존재는 무엇이었나? '준호'는 현정의 전 애인의 이름이다. 나중에 현정 또한 준호와의 이별이 사실은 준호의 음모였음을 알게 되지만, 그 전까지 준호는 현정에게 '헤어져 사느니 죽는 게 나을' 정도로 사랑하는 남자다. 다시 살아난 현정에게 용패는 준호의 대역이다. 그녀는 용패의 강간을 준호와의 성관계라고 상상하면서 준호의 이름을 부르거나 몰래 준호를 찾아가 이미 다른 약혼녀와 함께 있는 그를 훔쳐보면서 자신의 사랑을 괴로워한다.

그러던 어느 날, 용패가 폭력배들에게 잔뜩 맞고 돌아오고, 그 상처를 현정이 치료해주면서부터 용패와 현정의 관계에 질적인 변화가 생겨난다. 현정의 변화에 용패는 확실히 "감동"한다. 용패에게는 현정이 여느 여자들과는 달리 처음부터 전인격적 존재로서 등장한 것이 사실이다. 그러나 현실 속에서 그녀의 가치는 그저 성적 착취의 대상으로서만 확인될 따름이다. 그러던 차, 현정이 용패의 상처를 치료해주면서 둘은 비로소 대화다운 대화를 시작한다. 이제 현정은 덤벼드는 용패에게 아무 반항도 하지 않는다. 오히려 용패가 현정에게 "왜 반항 안 해! 반항해!"라고 윽박지르다가 성관계를 포기하고 돌아서버린다. 더 나아가, 자고 있는 현정의 머리맡에서 용패의 얼굴 스케치를 발견한 이후부터는, 앵벌이 소년의 표현에 따르면 용패는 심지어 "착해진 것 같"기까지 하다. 용패가 현정에게 사다 준 물감은 그러므로 용패에게 (어쩌면 난생 처음) 피어난 사랑의 징표다. 그러므로 현정이 다시 강물에 투신하자 용패가 그녀의 죽음의 동반자이고자 했던 것도 이해 못 할 일은 아니다.

그렇다면 현정이 용패의 욕망의 대상-원인이 된 이유, 즉 '현정 안에 있는 현정 이상의 것'은 무엇일까. 그것은 그림 또는 그림을 그리는 행위와 밀접하게 연관되어 있다. 용패의 삶의 공간은 물 위와 물속으로 구분된다. 일이 꼬이고 감정을 통제할 수 없을 때면 그는 물속으로 들어가 평안을 찾는다. 그 공간은 용패만의 내밀한 환상이 실현되는, 용패만이 다스리는 공간이다. 동성애 남자의 방에서 탈취해온 그림(마찬가지로 그 남자의 환상의 중핵인!)을 걸어두고 앵벌이 소년의 침대이던 의자를 가져다 놓으며 그 공간을 가꾸는 용패의 손길은 예술가의 창조의 손길과 다를 바 없다. 그러므로 현정이 그림을 그릴 줄 안다는 것은 용패의 관점에서 보면 현정과 자신의 동질성을 의미한다. 더구나 그 그림 속에 다름 아닌 용패의 얼굴을 그려 넣은 것은 현정의 환상의 중심에 용패가 자리 잡고 있음을 의미한다.

이처럼 용패의 "자기반영"적 존재이자[27] 그의 '다형 도착'을 자극하는 여자이기에 현정은 용패에게 남근을 가진 여자로서 '욕망'의 대상이 된다. 현정이 반항을 하지 않게 되면서 용패가 오히려 성관계를 포기해버리는 것도 용패의 사랑이 욕망의 층위에 있음을 드러낸다. 욕망이란 일단 그 욕망 대상에 도달하고 나면 상실되게 마련이다. 현정이 보인 반항의 몸짓은 용패가 현정이라는 욕망 대상에 도달하지 못하게 만드는, 그리하여 역설적으로 현정을 계속해서 욕망할 수 있게 만드는 '거리두기'로서 작용한다. 하지만 그녀의 예기치 못했던 순응으로 인해 이 거리가 사라질 위기에 처하자, 용패는 스스로 현정에게서 물러나는 방식으로 욕망의 거리를 유지한다. 용패의 물러섬은 그러므로 욕망으로부터의 후퇴가 아니다. 그것은 현정을 욕망의 대상-원인의 위치에 고착시킨 채 욕망을 유지하고자 한 용패의 가장 능동적인 욕망의 실천이다.

현정의 심리는 상대적으로 더 복잡하다. 그녀는 용패에게 지속적으로 강간을 당하면서도 막상 앵벌이 소년이 잠든 용패의 성기에 칼을 대자 "안 잘려서 다행"이라며 소년을 타이른다. 또 용패가 물감을 사다 주자 처음으로 그의 눈을 마주 바라봐준다. 하지만 용패와 "그 짓할 때마다" 현정이 찾는 남자는 항상 준호다. 준호에게 이미 다른 약혼녀가 있음을 알고 나서도 현정은 "나는 준호 씨 여자예요. 다만 만날 수 없을 뿐"이라고 고백하며 용패를 떠나려 한다. 그랬던 현정이 변하는 것은 용패의 도움으로 준호에게 총을 쏘고 돌아온 이후부터다. 그녀는 용패의 어깨에 머리를 기대앉으며 용패와의 성관계에 응한다(그림 2). 손을 잡고 키스를 한 뒤 물가에 누워 이루어지는 이 성교는 교각 아래 서서 다짜고짜 성기 결합에 돌입하던 이전의 방식에 비하면 상당히 낭만적인 것이다. 특히 이 정사 장면은 그들이 서서 하던 때와 달리 머리가 아래쪽에 오도록 프레이밍되어 마치

그림 2. 현정은 용패의 어깨에 자신의 존재를 대표하는 '머리'를 기대앉으며 용패와의 성관계에 응한다.

그림 3. 서서 하던 성관계에서는 프레임 위쪽에 배치되던 머리가 누워서 하는 성관계에서는 프레임 아래쪽에 배치된다. 이러한 프레이밍의 변화는 주인공들의 관계에서 어떤 극적 전환이 이루어짐을 함축한다.

인물들이 거꾸로 선 듯한 느낌으로 연출됨으로써 내러티브 내에서 이 성 관계의 사건성을 특권화한다(그림 3). 그러나 해피엔드를 약속하는 듯하던 이 성관계 이후, 현정은 다시 한강에 투신하여 목숨을 버리고 만다.

'알 수 없는 게 여자 마음'이라더니, 현정의 경우가 딱 그래 보인다. 그러나 욕망의 구조와 관련하여 이 상황을 보면 현정의 행동에는 분명 일관성이 있다. 현정은 용패가 자신을 욕망함을 잘 알고 있다. 용패와의 관계는 분명 강간으로 시작되었지만, 그녀가 도망가지 않고 견디는 이유는 용패에게 욕망됨으로써 남근이 '될' 수 있기 때문이다. 용패의 욕망의 대상이 된 현정의 위상을 가장 잘 드러내는 것은 의상의 변화다. 현정은 구출되던 당시에 입고 있던 군청색 원피스를 벗고 평퍼짐한 푸른색 원피스를 입은 채 용패 무리와 함께 살기 시작한다. 용패가 부자유의 기표인 거북이와 수갑에 칠한 색이 바로 이 푸른색이다. 한마디로 푸른색은 용패에게 억압적이고 고통스러운 세계로부터의 해방을 의미하는 색이다(그림 4). 용패를 떠나려 할 때 현정은 그 푸른색 옷부터 벗으며, 준호에게 충격을 가한 후 돌아와서는 다시 푸른색 옷을 입고 용패와 성관계를 한다. 그 의미작용은 너무도 자명하다. 죽음을 무릅쓰게 할 정도로 어떤 상처에 속박되어 있던 현정은 수갑이나 거북이 같은 존재다. 하지만 푸른색 옷을 입음으로써 그녀는 그러한 속박으로부터 벗어나 자유로워질 수 있는 존재로서 용패의 환상 구조 속에 편입된다. 현정이 푸른색 옷을 맨 처음 입고 나타났을 때가 바로 앵벌이 소년의 칼에 용패의 음경이 잘릴 뻔했을 때였음도 놓칠 수 없는 대목이다. 히스테리적 심리 구조 속에서 여자는 남자의 결여를 채우는 남근이 되고자 한다. 상해를 입은 남근은 너무도 직설적으로 용패의 결여를 표상한다. 바로 그 순간 현정이 푸른색 옷을 갈아입고 나타났다는 것은 용패의 결여에 반응하여 그의 환상 구조로 들어가려 하는 현정의 자발성을 드러낸다.

이처럼 욕망의 수준에서 현정의 파트너는 분명 용패다. 하지만 그녀의 사랑의 궁극적 지향은 용패 너머에 있는 준호라는 '이상적 몽마'를 향해 있다. 그녀는 이 사실을 용패에게 계속해서 환기시킴으로써 역설적으로 용

그림 4. 푸른색은 용패가 욕망하는 해방에의 욕망을 의미하는 색이다. 현정의
의상이 푸른색으로 변한 것은 용패의 환상 구조 속에 현정이 들어오게 됨을
가리킨다.

패의 욕망을 유지시키고자 한다. 그렇다면 왜 그녀는 결국 죽음을 택한 것
일까? 그것이 그녀와 용패가 준호에게 총격을 가한 사건과 연관된 것임은
어렵지 않게 짐작할 수 있는 일이다. 물론 끝내 그녀의 총알은 준호를 빗
맞히지만 현정 스스로 준호를 죽이고자 했음은 욕망의 수준에서 유지되던
현정의 사랑의 구조를 완전히 무너뜨린 사건이었다. 궁극적 사랑의 대상
을 잃어버린 현정에게 죽음의 길은 충분히 가능한 선택이었다. 그렇게까지
해서라도 그녀는 욕망의 길에 남아 있고 싶어 한 것이다.

　그렇다면 용패는 왜 현정을 따라 죽고자 했을까? 앞서 언급했던, 물
가에서 이루어진 현정과의 정사 장면은 그가 현정을 온전히 전유할 수 있
게 되었음을 신호한다. 이제는 용패가 현정을 떠나 다른 여자를 탐하게 되
는 것만이 욕망의 논리에 부합하는 상황이다. 그러나 용패는 너무도 기민
하게 현정의 시신을 저 물속 공간으로 데려가 그녀와 자신을 수갑으로 결
박한 채 나란히 앉아 죽는 길을 선택한다. 이러한 선택은 무엇을 의미하는
가. 이는 용패의 욕망과 환상이 가장 완전하게 구현되는, 충동의 수준으로
넘어가기 직전의 상황을 보여주는 장면으로 읽힌다.

　저 물속 공간은 용패의 환상이 실현되는 공간, 즉 용패의 욕망의 미
장센이다. 앵벌이 소년이 그곳에 종이배를 띄우는 것을 용패가 그토록 싫
어했던 것도 그곳만큼은 타인의 침해를 받지 않고 자신만의 것으로 유지

하고 싶었기 때문일 것이다. 어쩌면 그가 계속해서 물속에서 시체들을 건져 올린 것 역시 단순히 돈벌이만을 위해서가 아닐지도 모른다. 그것은 다만 자신의 욕망의 미장센 속에 자신이 욕망하지 않은 무엇인가를 들여놓지 않으려는 안간힘일지도 모른다. 그러나 이미 죽어버린 현정은 더 이상 욕망할 수 없는 존재이고, 따라서 그 어떤 결여도 없는 존재가 됨으로써 용패가 가꾸어나가는 욕망의 미장센을 빈틈없이 채워줄 수 있는 상태가 되었다. 그러니 현정과 물속 공간에서 하나로 묶인다는 것은 용패의 욕망이 완벽하게 현정이라는 대상에 '도달'했음을 의미한다. 이제 어찌할 것인가? 현정을 대체할 새로운 욕망 대상을 찾아 후퇴할 것인가, 아니면 현정이 자신의 순수 욕망의 대상임을 인식하고 충동의 실현(이 경우에는 물리적인 의미에서의 '죽음 충동')을 향해 나아갈 것인가?

그러나 이 질문은 온당하지 못하다. 죽은 현정은 애초에 용패와 결여와 사랑을 나눌 수가 없는 존재이기 때문이다. 현정을 데려다 놓음으로써 물속 공간은 용패의 환상을 완벽하게 실현한 듯 보인다. 하지만 데려다 놓은 그것이 현정의 시체에 불과하다는 점에서 역설적으로 그 공간은 더 이상 용패의 환상의 공간이 아니라 그 환상의 실패를 완벽하게 증명하는 공간으로 바뀌어버린다. 살아 있는 현정이 아니라 죽은 현정이라는 대상 a는 용패로 하여금 환상을 구성하게 했던 결여의 구멍을 가리기보다는 가리키는 기능을 더 충실하게 수행하는 것이다. 그것을 깨달았기 때문일까. 용패는 엄지손가락을 잘라서라도 수갑에서 빠져나오려 몸부림친다. 하지만 이 막판 탈출의 시도는 불행하게도 실패하고, 용패의 사랑은 죽음 속에, 그리고 수면 아래에서 극적으로 흔들리는 욕망의 마지막 미장센 속에 고착된다. 그것은 '악어'의, 그리고 〈악어〉의 사랑이 끝내 욕망의 층위를 넘지 못하는 순간이었다.

〈나쁜 남자〉: 사랑, 혹은 가능한 연합의 한 경우

〈나쁜 남자〉만큼 김기덕의 영화 중에서 찬반이 분명한 비평적 논의가 쏟

아졌던 영화는 없을 것이다. 개봉 당시에는 각종 영화 잡지에서 논란이 가열되었고,[28] 시간이 지난 후에는 좀 더 진지한 학술논문들이 이 영화를 분석했다.[29] 이는 무엇보다도 한 하층민 남자가 멀쩡한 여대생을 창녀로 만들어 데리고 산다는 이야기의 충격 때문이었다. 이 영화를 두고 문학평론가 정과리가 창녀를 마누라로 둔 남자 한기의 꿈이라고 읽는 것, 영화평론가 정성일이 기둥서방의 환상일 수도 있고 여대생을 떠나보낸 한기의 희망의 환상일 수도 있다는 점에서 이중의 환상이라고 보는 것은 그 충격의 강도를 완화하려는 노력이었을지도 모르겠다.[30] 하지만 〈나쁜 남자〉의 정신분석적 독해에서 핵심은 이 영화를 관통하는 충격을 본래의 크기 그대로 받아들이는 데 있다. 그러기 위해서는 현실과 환상에 대한 통념적 구분을 떠날 필요가 있다. 무엇보다도 김기덕 자신이 그러한 구분의 무위성을 주장한다.

> 말하자면 지금 이 자리가 환상일 수 있냐 하는 이야기입니다. 지금 제가 서로 마주 앉아서 이야기하고 있는 이 자리가. 현실과 환상, 두 가지로 다 볼 수 있겠죠.

> 저에게는 살아오면서 고민을 하는 게, '이게 꿈이 아닐까' 반문하는 습관이 있거든요. (……) 아직까지 저는 솔직히 물리적 인간이라고 생각해요. 구상적 인간. 그런데 사실은 추상적 인간이기를 굉장히 원해요. 이 모든 게 꿈이었으면, 내가 태어나고 살아오고 이 모든 게 꿈이었으면, 해요.[31]

라캉은 꿈과 현실의 구분 불가능성을 넘어 오히려 무게중심을 꿈으로 옮겨놓는다. 그는 "허구적인 것이 (……) 내가 상징계라고 부르는 바로 그것"[32]이라면서 현실은 곧 주체가 구성한 환상이라고 역설한다. 장자의 나비 꿈에 대한 라캉의 인용, 즉 "그가 자신의 정체성의 어떤 근원을 알게 된 것(……)은 바로 그가 나비였을 때입니다. 바로 그렇게 해서 그는 궁극적으로 장자인 것이지요"라는 대목 역시 곧잘 인용되곤 한다.[33] 이러한 관점에서 보면 〈나쁜 남자〉가 '나쁜 남자'의 꿈이냐 아니냐는 이 영화에 대한 독해에서 결정적이지 않다. 오히려 이 영화의 내용이 극중 인물들의 꿈이거나 환상일 때 텍스트가 욕망한 바에 대한 독해는 더 명료해질 수 있다.

　〈나쁜 남자〉의 주인공은 선화와 한기다. 선화는 남자친구가 있는 여대생이고 한기는 사창가의 일을 돌보아주며 살아가는 깡패다. 어느 날 거리에서 남자친구를 기다리는 선화를 눈에 담은 한기가 그녀에게 기습적으로 키스를 하면서 이 추문 같은 이야기는 시작된다. 선화는 한기가 쳐둔 덫에 걸려 신체 포기 각서를 쓰게 되고, 빚을 갚지 못해 결국 창녀가 되며, 이윽고 한기에게 사랑을 느껴 그와 커플이 된다. 선화의 입장에서 보자면 그녀에게 일어난 일련의 사태는 너무나 어이없는 비극이다. 한기에게 키스를 당했더라도 왜 굳이 사과를 받겠다며 소동을 피웠을까. 소매치기로 몰렸더라도 경찰을 찾지 않고 왜 하필 고리 사채를 빌렸을까. 신체 포기 각서를 썼더라도 부모와 상의하지 않고 왜 사창가로 끌려갔을까. 창녀가 되었더라도 그녀를 좋아한다고 고백해온 명수의 짝이 될 것이지 왜 한기를 사랑하게 되었을까. 한기가 놓아줄 때 젊은 인생 새롭게 출발할 것이지 왜 다시 몸을 팔았을까……. 건전하고 상식적인 관객의 눈으로 보면 선화의 선택은 처음부터 끝까지 안타깝고도 이상하다. 그러니 그녀를 철저하게 한기의 욕망의 희생양으로 밀어붙인 점이 페미니즘 진영의 전면 공격을 받아야 했던 것도 이해 못 할 일은 아니다.

　한기의 선택도 쉬이 납득하기는 어렵다. 생전 처음 보는 여자에게 다짜고짜 덤벼드는 행동부터가 예사롭지 않거니와, 선화를 사창가로 데려다 놓고서도 정작 그녀에게 제대로 접근하지도 못하고 지켜만 본다. 그러더니 결국 한 여자의 인생이 망가질 대로 망가진 후에 다시 풀어주는 심사는 도대체 무엇인가. 이처럼 가학피학적으로 뒤틀린 인물들 사이에서 오고간 것을 과연 '사랑'이라 불러도 좋을까. 그런데도 한기와 선화는 분명 사랑을 한 것으로 보인다. 어떻게 이런 일이 가능한지, 왜 가능할 수 있었는지를 생각해보는 것은 이제 우리에게로 넘어온 숙제가 된다.

선화를 처음 보았을 때 그녀를 머리부터 발끝까지 훑어보는 한기의 시선은 그가 선화에게 매혹되었음을 분명히 보여준다. 그렇지만 아직까지는 '선화 안에 있는 선화 이상의 것'으로 인한 자극은 그저 호기심으로 끝날 수도 있는 것이었다. 그런데 선화는 옆에 앉은 한기를 피해 인상을 구기며 자리를 옮기고, 때마침 나타난 남자친구에게 너무 티 나게 친밀감을 표현한다. 이로써 선화는 본의 아니게 한기의 시선을 향해 '실재의 응답'에 준하는 제스처를 보인 셈이 되고 말았다. 그러므로 한기의 기습적인 강제 키스는 선화가 보낸 암묵적 메시지, 즉 "당신은 결코 내 상대로서 마땅하지 않다"는 선언에 대한 그의 위악적인 화답이다. 곧바로 이어진, "사과하라"는 선화의 요구와 경멸 섞인 욕설, 한기의 얼굴에 침을 뱉는 행동은 급기야 한기에게서 너무도 치명적인 응답을 불러일으키고야 만다. 결국 선화가 한기와 자신을 분리하기 위해 행했던 모든 행동은 역설적으로 그와 그녀를 뗄 수 없는 관계로 만들었다. 그것은 '자신이 아닌 그 무엇'으로 인해 욕망되고 있는 여자의 무지가 초래한 실로 감당할 수 없는 사태였다.

그러나 저 최초의 만남의 순간을 복기해보면, 처음에는 도도하고 새침한 자태로, 조금 후에는 대차고 거친 대응으로 나타났던 선화의 일면이 한기가 '잘라내어 갖고' 싶었던 선화의 존재의 중핵이자 남근의 표식임을 어렵지 않게 짐작할 수 있다. 누구보다도 야생으로 살아왔을, 죽지 않으려면 죽여야 했을 한기의 눈에는 선화가 보여준 '불굴의 강렬함'이야말로 정확히 한기의 '다형 도착'을 자극하는 특징이었을 것이기 때문이다. 그런 의미에서 정작 불시에 운명의 습격을 받은 것은 선화가 아니라 한기였다고도 볼 수 있다. 김기덕 영화의 다른 남자 주인공들처럼 한기 또한 그의 환상을 지지해줄 남근을 소유한 여자와 우연히 맞닥뜨림으로써 회피할 길 없는 욕망의 소용돌이로 빨려들었을 테니까 말이다.

그렇다면 한기는 왜 선화를 창녀로 만들어 곁에 두면서도 정작 그녀에 대한 성적 향유를 포기했을까? 게다가 한기는 적어도 처음에는 다른 남자들이 선화를 범하지 못하게 했으나 결국에는 냉혹한 매춘의 시장 논리 속에 그녀를 방기해버린다. 이런 것을 과연 사랑이라 부를 사람이 있을까?

　　그러나 욕망의 수준에서 남자의 사랑이란 남자가 여자를 나르시시
즘적으로 전유하는 자위적인 것임을 이해하면 논의는 달라진다. "성적 소
유의 궁극적 공식은 파트너를 성적 대상으로서 착취하는 것이 아니라 그
러한 사용을 포기하는 것"[34]이다. 지젝은 히치콕의 〈현기증〉을 분석하면서
스코티는 주디/마들렌과 진정 사랑을 나누고 싶어 한 것이 아니라 문자
그대로 그녀의 실제 육체를 이용하여 자위행위를 하고 싶었을 뿐이라고
주장한다. 같은 맥락에서, 선화를 향유하는 한기의 방식에서 감지되는 플
라토닉한 색채는 오히려 절대적인 성적 소유를 실현한 것일 수 있다.

　　이 경우 필요조건이 있다. 남자의 욕망 대상이 된 여자가 자신을 욕
망하는 그 남자에게 어떠한 성적 호의도 보이지 않는 것은 상관없지만 그
녀가 다른 남자와 (성적) 관계를 가져서는 안 된다는 것, 다시 말해 여자
도 자신만의 욕망을 가진 존재임을 누설해서는 안 된다는 것이다. 이제 한
기가 선화의 첫 손님을 쫓아내버린 이유를 알 수 있다. 아직은 처녀였던 선
화가 첫 경험 이후 성적 욕망을 갖게 될 수도 있으며 그 욕망을 한기가 통
제할 수 없을 것임을 한기가 두려워했기 때문이다. 그러나 결국 자신이 창
녀가 되었음을 받아들인 선화는 포주에게 첫 경험만큼은 사랑했던 남자친
구와 하게 해달라고 부탁한다. 이는 그녀 스스로가 돈을 받고 하는 것과
받지 않고 하는 것의 차이를 명백히 구분한다는 뜻이다. 이로써 한기의 막
연한 두려움은 해소된다. 적어도 창녀로서의 선화는 '즐길 수 없을' 것임
이, 나아가 '즐기지 않을' 것임이 분명해졌기 때문이다. 그래서 한기는 선
화가 남자친구가 성관계를 맺는 것은 끝내 훼방했으면서도 자신의 부하인
명수와의 성관계는 용인할 수 있었다. 육체를 사고파는 행위가 선화 자신
의 욕망과 무관한 한, 그녀가 그 어떤 성적 경험을 쌓는다 한들 그것은 한
기가 선화를 자신의 욕망 대상으로 환원하는 데 전혀 장애가 되지 않았던
것이다.

　　그러므로 한기가 선화를 범하지 않는 것은 〈악어〉의 용패가 반항하
지 않는 현정을 범하지 않는 것과 동일한 심리의 표현이다. 욕망을 유지하
기 위해서 욕망 대상과의 거리를 확보하려는 심리 말이다. 선화에 대한 한

기의 욕망은 선화가 여대생일 때, 즉 한기로서는 감히 나란히 앉을 수도 없을 만큼 범접할 수 없는 대상일 때 가동된다. 비록 자신의 눈앞에서 손님을 받고 있어도, 한기의 눈에 선화는 여전히 여대생으로 남아 있다. 그녀는 누구보다도 '우아한' 창녀이고 자신의 창녀 됨으로 인해 '고통 받는' 창녀이기 때문이다. 그래서 한기는 선화와 몸을 섞을 수 없다. 두 사람이 하나로 이어진 순간, 그 거리는 사라질 것이기 때문이다. 한기의 공간과 선화의 방 사이를 가리면서 잇는 그 거울-벽은 두 사람 간의 최소거리 혹은 최소차이를 보장하는 장치다.

그러나 이처럼 어설픈 균형은 이내 깨지고 만다. 변화는 선화 쪽에서 먼저 찾아온다. 그녀가 어느 순간부터 '스스로 즐기기' 시작한 것이다. 이 변화는 "너 아까 할 때 진짜 느끼는 것 같더라"라는 한 젊은 손님의 진술로 거울-벽 저편의 한기에게 전달된다. 거울-벽의 커튼이 전처럼 활짝 열리지 못하고 절반쯤만 열린 것으로 미루어보건대 어쩌면 한기는 이처럼 불편한 진실을 이미 감지했던 건지도 모른다. 이 장면 직전에 이미 선화는 사창가에 처음 끌려왔을 때에는 거부했던 빨간 드레스를 차려입고서 다른 여자들처럼 호객 행위를 하고 있었다. 한기의 입장에서 이는 너무도 치명적인 변화다. 이제 그는 어찌해야 하는가.

충격적이게도 한기는 사형으로 이어질 감옥행을 선택한다. 물론 한기의 선택은 부하 정태를 보호한다는 명분을 띠고 있지만, 그러한 선택은 정태조차도 원하지 않던 일이다. 그렇다면 한기의 선택은 선화가 자신의 욕망 대상으로 환원되지 않는 존재임을 깨닫고 선화를 향한 욕망을 적극적으로 거두어들이려는 제스처일까? 그렇지 않다. 한기는 선화에게 일어난 모종의 변화에도 불구하고 그녀를 몰래 지켜보는 일을 멈춘 적이 없었기 때문이다. 그렇다면 도대체 한기가 죽음을 통해서까지 구하고자 한 것은 무엇인가? 그것은 한기가 하필이면 선화가 보는 앞에서 달수의 부하에게 찔리고 피 흘리며 쓰러지는 바람에 자신의 결여를 선화에게 노출하고 말았다는 사실과 연결되어 있다. 이미 드러난 결여를 메우는 방법으로 한기는 부하를 위해 기꺼이 죽을 수도 있는 '남자다움'을 과시하여 스스로를 구원하고 궁극적으로는 선화의 '이상적 몽마'(나쁜 남자!)가 될 수 있기를 바랐던 것이다.

그러나 세상은, 또 여자는 남자의 뜻대로 되는 것이 아니다. 기적적으로, 한기가 예기치 못했던 '선화의 사랑'이 발생한다. 선화가 면회실에 찾아와 "너 그렇게 못 죽어. (……) 빨리 나와"라며 울부짖을 줄 한기가 상상이나 해보았을까? 자신의 욕망 대상이 갑자기 주체화되어 사랑을 선물한 이 순간이 어쩌면 한기의 생에서는 가장 당혹스러운 순간이었을 것이다. 이제 공은 한기에게로 넘어왔다. 선화의 사랑에 사랑으로 화답할 것인가, 말 것인가. 어쩌면 죽음은 이 모든 난국으로부터 도피하는 가장 좋은 길일 수도 있다. 그러나 막상 사형 집행이 예상되는 순간, 끌려가던 한기는 몸부림치며 반항한다. 영화는 그런 한기에게 출소의 기회를 부여한다.

사창가로 돌아온 한기는 거울-벽 저편에서 불을 켜 선화에게 자신의 얼굴을 드러낸다. 푸코 식으로 말하자면 그것은 권력의 비가시성이 가시화되는 순간이다. 놀라서 거울-벽을 깨버리는 선화, 그리고 선화의 방으로 가서 그녀를 와락 끌어안는 한기. 이로써 그의 선택은 자명해졌다. 한기 또한 선화에게 자신의 사랑을 선언하며 재주체화되기로 결심한 것이다. 내내 검은 옷만을 입던 한기는 선화 방에서의 저 애틋한 '동침'의 밤 이후 다시금 흰옷을 입고 그녀 앞에 나타난다.

이쯤에서 누군가는 이렇게 물을 수도 있다. 자기 삶을 그토록 망가뜨린 한기를 선화가 사랑하게 되는 일이 어떻게 가능한가? 혹시 그녀는 피학증자이거나 '스톡홀름 증후군'[35] 환자가 아닌가? 선화의 감정 변화를 이해하기 위해서는 그녀가 사창가에서 도망친 후 한기에게 붙잡혀 (〈파란 대문〉의 무대였던) 저 '새장 여인숙' 앞 해변으로 갔던 시점으로 돌아가야 한다. 그곳에서 선화는 빨간 원피스를 입은 여인이 바다로 걸어 들어가 사라지는 모습을 목격한다. 등장인물과 관객 모두는 그 여인의 뒷모습만을 보았으나 그 여인은 사실 선화 자신이다. 선화의 존재는 여대생/창녀로 분열되어 있으며 시각적으로 여대생 선화는 특히 흰색으로, 창녀 선화는 특히 빨간색으로 약호화되어 있다. 그러니 이 장면에서 바다로 들어간 그 여인

그림 5. 흰옷 입은 한기가 선화의 방으로 들어와 함께 눕자 비로소 머리 부분이 없던 사진이 선화와 한기의 머리로 채워진다.

은 창녀 선화를 죽이고 다시 여대생 선화가 되고 싶은, 도망친 선화의 환상이다. "이제 그만 내 자리로 보내주세요"라는 선화의 부탁은 그런 맥락에서 나온 것이다. 하지만 한기는 그 부탁을 묵살해버리고 선화를 다시 사창가로 데려온다.

선화는 그 여인이 모래 속에 묻어놓고 간 사진 조각들을 파내 와서 이어붙인 다음 머리 부분이 잘려나간 그 사진들을 자기 방 거울에 붙여놓는다. 〈악어〉에서와 마찬가지로 물(강이나 바다)은 이 영화에서도 비현실 혹은 탈현실의 영역이다. 흰옷 입은 한기가 술에 취해 선화를 끌고 그녀의 방으로 들어왔을 때, 이어붙인 그 사진 속 빈 공간이 비로소 현실 속 선화와 한기의 머리로 채워진다(그림 5). 선화가 술에 취했던 밤, 그녀는 부지불식간에 한기의 어깨에 '머리를 얹은' 채 구토하고(그림 6), 한기가 술에 취해 찾아와 선화의 손에 입을 맞추고는 '그냥' 잠들어버린 그날 밤, 그녀는 한기가 누워 있는 침대의 끄트머리에 '머리를 얹은' 채 잠든다(그림 7). 김기덕의 영화에서 '머리'는 인간 존재를 대표하는 부위로 취급된다는 점, '머리를 얹는다'는 말의 중의성, 김기덕이 "공간적 경계의 파괴"를 통해 "화합과 구원"을 표상해온 점 등을 감안할 때,[36] 선화의 머리가 그들 사이를 가로지르는 침대의 경계선 너머로 향하는 그날 밤의 미장센은 의미심장하다. 그동안 한기와 선화는 하나의 프레임 안에서도 갑갑할 정도로 어김없이 창틀 따위의 수직선과 횡선들에 가로막혀 있었기 때문이다. 그리고 그 다음 날, 선화는 본래 한기를 표상하는 색이었던 검은색 원피스를 입고 있다(그림 8).

이 사건이 선화에게 가져다준 것은 아직은 '사랑'이라기보다는 '자유'다. 아마도 그 전까지 선화는 자신이 창녀가 되었기 때문에 더 이상 어떤 남자에게도 욕망될 수 없으리라 여겼을 것이다. 물론 명수가 '좋아한다'고 고백하기는 했으나, 그가 원한 것은 '선화 안의 선화 이상의 것'이 아니라 사창가에서 돈으로 사고 팔릴 수 있는 여자로서의 선화, 이를테면 '선화 안의 선화 이하의 것'이기에 선화의 응답을 받을 수 없었다. 그러나 한기의 경우는 달랐다. 그가 욕망한 것은 창녀 선화 안의 과잉으로서의 대학

162

그림 6. 술 취한 선화는 한기의 어깨에 머리를 얹은 채 구토한다.

그림 7. 선화와 한기가 같은 방에서 잠든 밤. 선화의 머리가 그들 사이를 가로지르는 침대의 경계선 너머 한기 쪽을 향하는 이 미장센은 늘 창틀 등으로 가로막혀 있던 두 사람의 관계가 질적 변화를 맞을 것임을 암시한다.

그림 8. 다음 날 선화는 이전까지 한기를 대표하는 색이었던 검은색 옷을 입고 있다.

생 선화, 즉 선화로서는 정확히 알 수 없는 '그것'이었다. 한기가 찾아왔던 그날 밤, 선화는 자신이 창녀인 채로도 여전히 누군가의 욕망의 대상-원인일 수 있음을, 남근이 될 수 있음을 감지한다. 이후 선화는 다소나마 홀가분해지고 자유로워질 수 있게 된다. 갑자기 전에는 거부했던 빨간 옷을 입고 호객 행위를 한다든지 몸을 팔면서 "진짜 느끼는" 등, 선화에게 일어나는 의아스러운 변화들은 창녀가 아닐 수도 있게 되었기에 역설적으로 창녀일 수 있게 된, 그리하여 창녀임의 경계를 오갈 수 있게 된 선화의 이러한 변화를 반영한다.

내속적 차이를 보유하는 타자인 여자에게 사랑은 기관의 향유가 아니라 육체의 향유를 누리는 것으로 경험된다. 선화 스스로가 이처럼 자기 존재를 창녀에게 요구되는 성기관으로 환원시키지 않고 '나름대로 즐길' 수 있게 된 것은 그녀가 본연의 의미에서의 사랑을 할 수 있을 조건을 갖추었음을 시사한다. 한기가 피 흘리며 쓰러지자 선화는 동요하기 시작하고, 한기가 사형을 각오하고 갇혀버리자 선화는 우울과 혼란에 빠진다. 대학생 선화와 창녀 선화의 관계는 장자와 나비의 관계와 같다. 대학생 선화의 실재(증상)는 창녀 선화다. 혹은 대학생 선화는 창녀 선화의 환상이다. 한기의 부재에도 불구하고 그대로 사창가에 남아 있는 선화는 이렇게 자신의 환상을 횡단하고 자신의 증상과 동일시하면서 주체, 즉 '진정한 여자'가 된다. 그런 다음 그녀는 죽음을 목전에 둔, 사회-상징적 결여 그 자체가 되어버린 남자를 향해 "날 이렇게 망가뜨려놓고 그렇게 무책임하게 죽으려 하냐"면서 창녀라는 정체성으로 압축되는 자신의 결여로써 그의 욕망에 응답한다. 마치 안티고네가 테베의 반역자인 오빠의 흠에도 불구하고 오빠를 "있는 그대로, 그가 오는 방식 그 자체로 사랑"한다고 천명하듯, 그리하여 "타인의 있는 그대로를 사랑할 만한 것으로 만드는" 가운데 그 어떤 다른 권위의 인증도 구하지 않았듯,[37] 선화 또한 한기의 그 모든 인간적 결함을 보았으면서도 한기에게 사랑을 선물함으로써 '한기'와 '한기 이상의 것'이 동전의 양면임을 천명한다. 선화의 사랑은 이렇게 한기라는 사랑 대상의 평범함을 단독적 특별함으로, 또 그 특별함을 접근 가능한 것으로 만든다.

여기서 끝났다면 〈나쁜 남자〉는 아마도 통속적인 멜로드라마의 위악적 버전 정도가 되었을 것이다. 그러나 영화는 끝나지 않는다. 서로의 사랑을 확인했는데도 한기는 선화를 그들이 처음 만났던 벤치로 데려다주고 떠난다. 이후 터져 나오는 그의 첫 대사. "깡패 새끼가 무슨 사랑이야. 깡패 새끼가." 이러한 한탄은 한기가 선화에게서 물러난 이유가 용패가 현정에게서 물러났던 이유와는 다르다는 것을 드러낸다. 용패의 물러남은 욕망의 유지를 위한 거리 두기의 시도였지만, 한기는 진정한 사랑이 파트너와의 비대칭성을 받아들임에 있음을 인식하고 선화의 단독성을 존중하기 위해, 사랑을 전체화하지 않기 위해 물러난 것이다. 그러나 과연 이것이 지혜로운 선택이었을까? 일단 "무한을 향하는 둘을 발견"했다면 그 둘을 "단단히 잡기 위해 노동"[38]함이, '연합'에의 노력이 더욱 필요하지 않았을까?[39]

현실은 비정하기만 하여, 선화와 헤어진 한기는 명수의 칼을 맞고, 사창가를 떠난 선화는 거리에서 다시 몸을 판다. 그러므로 이어지는 장면들을 모두 죽어가는 한기의 환영이라 보는 해석도 영 어색하지는 않다. 하지만 라캉의 관점을 따라, 현실로 보인 것은 나의 환상의 틀을 통과하여 보인 것일 뿐, 현실을 그렇게 구조화하기 위해 상실된 실재와 필히 뫼비우스의 띠처럼 연결되어 있으며 실재는 때로 허구로 위장하여 현실로 귀환한다고 이해할 때, 마지막 시퀀스를 환상으로 취급하느냐 마느냐는 이 영화의 의미를 이해하는 데 큰 차이를 낳지 않는다. 그것은 한기의 환상일 수도 있고 선화의 환상일 수도 있으며 어쩌면 관객이 원하는 환상일 수도 있다. 아니, 이 마지막 시퀀스를 환상이라고 부르는 이유가 단지 그 비현실성을 가리키기 위해서라면, 그것은 환상의 시공간이라기보다는 인물들의 욕망의 실제가 분출하는 실재의 차원일 수 있다.

다시 새장 여인숙 앞. 선화가 나타나고, 모래 속에서 새롭게 파낸 사진 조각들을 합치니 빨간 원피스를 입은 선화와 흰 바탕의 남방을 입은 한기가 어깨를 끌어안고 있는 사진이 온전해진다. 이 해변가가 선화의 무의식적 욕망이 전시되는 무대이고 그곳에서 만나는 빨간 원피스의 여인이

그림 9. 머리가 없던 사진들의 머리 부분을 찾아내고, 그 사진 속 남녀처럼 입은
선화와 한기가 바닷가에서 다시 만난다. 이로써 단선적인 듯 보였던 영화적
시간은 이중화되고 그들의 사랑은 '다시' 언표된다.

선화의 분신이라고 볼 때, 이 사진의 미장센은 창녀임을 자기 정체성의 중
핵으로 하는 선화가 더 이상 위악적이지 않은 한기와의 사랑을 완성할 것
임을 함축한다. 그리고 다시 새장 여인숙 앞. 각자 사진에서와 똑같은 옷
을 사 입은 한기와 선화가 만나 사진에서처럼 나란히 머리를 기대고 앉는
다(그림 9). 그렇게 영화적 시간은 이중화되고 그들의 사랑은 '또다시en-
core' 언표된다. 사랑에서 가정되는 상호성으로서의 '일치'는 오직 순간적으
로, 우연하게만 가능하기에, 하지만 사랑의 말은 이러한 우연성을 필연적
인 것으로 만들어주기에, "타자와의 관계는 (……) 항상 다시, 다시 (……)
써져야 한다".[40] 그런 의미에서 이 미장센의 반복은 그들의 사랑의 노동
이 계속될 것임에 대한 약속이 아닐 수 없다. 정념의 붉은 천막을 단 트럭
을 타고 떠돌면서(그림 10), 들뢰즈 식으로 표현하자면 "삶의 모형화를 요
구하는 모든 장소"로부터 "탈주"하면서,[41] 라캉 식으로 표현하자면 스스로
현실의 기능장애를 증거하며 상징적 질서를 일그러뜨리는 실재적 존재가
되어 출몰하면서 말이다.

그림 10. 선화와 한기는 트럭을 타고 떠도는 삶을 선택한다. 그들이 매춘에 활용하는 이 트럭이 생의 에너지를 상징하는 붉은색 천막으로 감싸여 있는 점이 흥미롭다.

3 〈사마리아〉

도착증적 세계에서 윤리적 인간으로 살아남기

한동안 김기덕의 영화는 개봉할 때마다 비평적 파란을 일으키곤 했다. 아마도 그 정점에 있었던 영화는 〈나쁜 남자〉일 것이다. 그러나 그 이후에도, 논란의 파장이 컸건 작았건 간에 그의 필모그래피에 들어서는 영화들은 늘 상식을 넘어서는 기이한 상상들을 펼쳐 보였다. 평자들은 그 기이함에서 서슴지 않고 '도착倒錯'의 증상들을 찾아내곤 했다. 이를테면, 서인숙은 김기덕 영화에서 여성이 "일방적으로 남성의 가학적 욕구의 수용체로만 묘사"된다고 설명했고,[1] 주유신은 〈악어〉〈파란 대문〉〈섬〉〈나쁜 남자〉〈해안선〉 등에 나오는 남자 주인공들의 폭력성이 여성에 대한 가학증과 자기 자신에 대한 피학증의 차원 모두를 보여준다고 진단했다.[2] 김영진 또한 김기덕의 영화가 "감독 자신의 퇴행적이고 가학적인 몽상"을 드러낸다고 분석했으며,[3] 최명학은 "김기덕의 영화에 나타나는 사디즘적인 요소들이 마조히즘적으로 이해되고, 그 마조히즘이 다시금 구원을 베푸는 역설로 드러나는" 현상에 주목했다.[4]

　김기덕의 영화들이 다루어온 이야기들을 떠올려보면 이러한 비평들이 꾸준히 등장했다는 사실은 결코 놀랄 일이 아니다. 남자가 여자에게, 남녀가 서로에게 혹은 그들 자신에게 가하는 언어적·신체적·성적 폭력은 김기덕 영화에서 언제나 빠지지 않는 소재였으니까 말이다. 그런데도 여전히 무언가 미진한 느낌이 남는다. 이러한 글들에서 두루 활용되는 '사도마조히즘'의 의미가 그저 '그/녀 자신을 포함한 누군가를 과도하게 폭력적으로 대하는 행태'라는 일상어적 통념 이상으로 심화되지는 못한다는 의구심 때문이다. 게다가 최근에는 도착증이 후기근대를 특징짓는 치명적 주체성의 형식이라는 주장마저 나오고 있다. 그러므로 이러한 의구심의 끈을 놓치지 말고 가학증과 피학증 등을 비롯한 도착증의 구조를 파헤쳐보는 작업은 더욱 유의미해 보인다. 그런 다음 김기덕의 영화를 다시 본다면, 바로 그 치명적인 도착적 주체성이 김기덕의 영화와 어떻게 연관되어 있는지/없는지, 그러한 연관성 있음/없음의 의미를 어떻게 조명해야 하는지를 재고할 수도 있지 않을까? 나아가 기존의 김기덕 영화 해석과는 다른 해석에 이를 수도 있지 않을까?

여기서 상기해야 할 사실 한 가지. 도착증의 혐의와 함께 김기덕 영화를 바라보는 날카로운 시선들은 적어도 〈빈집〉(2004) 이후 눈에 띄게 잠잠해졌다는 것이다. 확실히 전작들과 비교해서 〈빈집〉이 보여준 확연히 부드러워진 성찰적 태도는 김기덕 영화의 의미심장한 전환점으로 간주되곤 했다. 물론 그 전에 〈봄 여름 가을 겨울 그리고 봄〉(2003)에서도 이미 고요한 자기성찰의 분위기는 충분히 감지된 바 있었다. 하지만 이듬해에 나온 〈사마리아〉(2004)가 '원조 교제'라는 사회적 쟁점을 김기덕 특유의 방식으로 건드리는 바람에 다시금 경원의 목소리가 불거졌던 일을 떠올려보면, 확실히 〈사마리아〉와 〈빈집〉 간의 간극은 크게 느껴진다. 그렇다면 김기덕 표 영화는 〈빈집〉을 통해 드디어 거무튀튀한 도착증의 그늘을 가로질러 밝고 따사로운 햇빛 아래로 나아간 것일까? 〈사마리아〉는 단지 〈봄 여름 가을 겨울 그리고 봄〉과 〈빈집〉을 이어주는 큰 흐름 속에서 소소하게 돌출한, 낡은 버전 김기덕의 재탕일 뿐일까? 이 글의 대답은 '그렇지 않다'는 것이다. '도착증'이라는 렌즈로 김기덕의 영화 세계를 투과해보면 〈사마리아〉는 김기덕의 전작을 가름하는 핵심적 결절점으로서 기능하는 영화로 보이기 때문이다.

'바수밀다': 도착증적 욕망의 구조

'바수밀다'는 여고생이다. 동시에 그녀는 창녀다. 그녀의 본명은 재영. 단짝친구 여진과 유럽 여행을 목표로 차곡차곡 돈을 모으는 중이다. 이를 위해 재영은 원조 교제를 하고 여진은 마치 포주처럼 돈을 받아 챙기고 있다. 이 영화의 개봉 당시에 원조 교제가 사회문제로 떠들썩했다 하더라도 역시 이런 소재는 껄끄럽다. 이 영화로 김기덕 감독이 베를린 영화제에서 받은 감독상(은곰상)이라는 명예로도 창녀가 된 소녀를 보아야 하는 불편함은 가시지 않는다. 만일 재영의 원조 교제에 대해 사춘기의 가난과 우울로부터의 출구였다는 신파적인 핑계라도 주워섬길 수 있다면, 한결 여유로운 거리를 가지고 그 사태를 관조할 수 있을지도 모르겠다. 그녀가 그렇게까지 해서라도 대학에 가고자 한다거나 아픈 부모를 돌보아야 한다는 따위의 핑계 말이다. 하지만 재영이 원한 것은 고작 '유럽 여행'이라는 여흥일 뿐이다. 그러니 상식적인 관객이 보기에 재영은 그저 싹수가 노란, 한심하고 어이없는 여자아이에 지나지 않는다.

하지만 재영의 생각은 다르다. 그녀는 여진에게 자신을 '바수밀다'라고 불러달라고 말한다. 인도의 창녀인 바수밀다와 자고 나면 남자들은 다 독실한 불교 신자가 되었다면서. 의아해하는 여진에게 내놓은 재영의 대답은 이토록 간단하다. "창녀니까 섹스를 했겠지. 아주 행복한. 아니면 아주 깊은 모성애를 자극했거나. 남자들은 섹스 할 때 다 애기 같거든." 정말로 재영은 여진의 말대로 아저씨들과의 만남을 "즐기는 것 같"아 보인다. 그녀는 늘 해맑게 웃으며 남자들을 대하고 그 아저씨들이 하는 일에도 마음에서 우러나는 관심을 표한다. "잠깐 같이 있어도 같이 사는 거잖아." 재영의 이 진술은 그래서 더 의미심장하다. 적어도 그녀에게 원조 교제란 여진의 경멸 섞인 일갈에서처럼 "쓰레기 같은 놈들"에게 "당하는" 행위가 아닌 것이다. 그것은 섹스와 돈을 교환하는 "삭막한" 시간이 아니라 "좋은 오빠"가 노래도 불러주는 시간이고, 한 시간도 안 되는 만남에서도 더 이상 "시간은 중요하지 않"을 정도로 "좋아하는" 감정이 생기는 시간이다.

이쯤 되면 재영을 보는 우리의 시선은 불편함을 넘어 호기심으로 나아간다. 도대체 어떻게 이런 아이가 생겨났다는 말인가. 하지만 수수께끼는 풀리지 않고 난감함은 계속된다. 재영은 공중목욕탕에서 자신을 씻기던 여진에게 키스한다. 그러고 보면 이 아이는 성 정체성조차 모호하다. 어느 날, 모텔 방에 쳐들어온 경찰을 피하여 속옷 차림으로 2층 창문에서 뛰

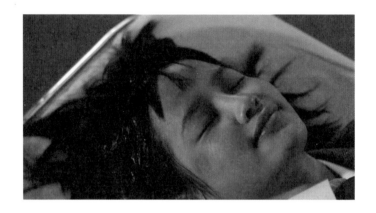

그림 1. 재영은 원조 교제를 하는 것에 대해 죄의식이 없다. 자신을 바수밀다에 비유하던 그녀는 경찰의 단속을 받고 창에서 뛰어내려 죽는다. 늘 웃던 그녀가 시체가 되어서도 똑같이 미소를 띠고 있다는 사실은 섬뜩함을 느끼게 한다.

어내리다가 재영은 그만 머리가 깨지는 중상을 입는다. 김기덕 영화에서 '머리'가 인간 존재를 대표하는 표상임을 기억하는 관객이라면 아마도 그 순간 재영의 죽음을 직감했을 것이다. 병원 침상에서 잠시 깨어나자마자 재영은 누군가를 데려와달라고 부탁한다. 그러나 여진이 자신의 처녀성을 주는 대가로 그 음악가 오빠를 데려왔을 때, 재영은 이미 숨을 거둔 뒤였다. 정녕 그녀는 바수밀다였을까. 자신의 몸을 찾은 남자들이 종내는 몸에 대한 욕망을 '여의게끔' 만들었다는 그 바수밀다 말이다. 안타깝게도 결과는 그와 달랐다. 나중에 여진이 그 남자들에게 연락했을 때, 그들 중 여진의 몸을 거부한 이는 하나도 없었으니까. 그렇다면 〈사마리아〉의 1부 격인 '바수밀다' 편은 바수밀다이고 싶었던 재영의 환상(으로서의 현실)에 관한 이야기가 아니겠는가.

영화 속의 인물이기는 하나 이러한 소녀의 존재는 실로 다양한 반응을 야기할 수 있다. 아마도 대다수의 (도덕적) 관객들은 그저 인상을 찌푸리며 외면할 것이고, 상당수의 사회학자들은 어린 소녀를 성매매의 구렁텅이로 몰고 간 한국 사회의 부조리한 교육 현실과 성교육 정책의 한계를 지탄할 것이다. 소수의 자유주의자들은 김기덕이 다시금 우리의 통념과 관습에 돌을 던졌다면서 지금이야말로 성인과 비성인의 경계를 구획했던 근대의 음모와 결혼 제도의 부자연스러움을 진지하게 재고해볼 때라고 역설할 수도 있다(하지만 우리는 이미 이처럼 낭만적이고 자유주의적인 기획이 얼마나 나이브한지를 푸코의 '억압 가설' 비판을 통해 확인한 바 있다). 그렇다면 21세기를 살아가는 라캉주의자에게 적절한 반응은? 아마도 그/녀의 분석은 바수밀다-재영의 욕망의 구조를 들여다보는 것에서 시작될 것이다. 영화 내내 시종일관, 심지어 시체가 되어서까지도 변함없던 그녀의 작위적인 미소는 어딘지 섬뜩하기까지 했다(그림 1). 도대체 바수밀다-재영이 진정 욕망했던 것은 무엇인가? 무엇이 그녀로 하여금 원조 교제도, 죽음을 무릅쓴 투신도 미소를 머금은 채 감행할 수 있게 했던가? 아쉽게도 〈사마리아〉의 '바수밀다' 편은 서사가 그리 촘촘하지 않다. 그럼에도 이 글은 텍스트 안팎에서 찾아낸 몇몇 단서들에 근거하여 다소 과감하게 재영-바수밀다의 욕망의 구조를 도착증적이라 규정하고자 한다.

어떻게 이런 주장이 가능한가. 이를 이해하기 위해서는 도착증적 욕망의 구조를 이해할 필요가 있다. 흔히 도착증의 증상들은 물신주의나 복장 도착, 노출증 등 일상생활에서 '변태'라고 불리는 일탈적 행동들로 나타난다. 당연히 도착증에 대한 일반적 반응은 경멸과 혐오로 점철될 수밖에 없다. 그러나 프로이트는 도착증에 "비난의 뜻을 포함시켜 쓰는 것"이 "부적절"하다고 지적한다.[5] 이와 관련하여 짚고 넘어갈 점이 있다. 도착증을 과연 성도착과 동일한 것으로 치부하는 것이 마땅한가의 문제다. '도착'이라는 표현을 인간의 잔인성, 악의적인 성격이나 행동에 대해 포괄적으로 적용하던 시대에, 프로이트는 오직 성욕과 연관해서만 도착이라는 표현을 사용함으로써 도착은 곧 성도착임을 분명히 밝혔다. 그렇다고 해서 프로이트가 도착증을 변태나 질환으로 취급하던 당대의 통념을 그대로 수용했다고 여겨서는 곤란하다. 사실은 그 반대다. 그는 유아 성욕에 의해 조직된 적이 있던 리비도의 고착으로 퇴행하는 것이 성인의 도착증으로 표현된다고 보았다. 아울러 이러한 도착증적 행위가 도착증자에게만 나타나는 것은 아니라고, 즉 "성욕 도착적 경향"은 "정신신경증적[정상적] 기질의 특성들 가운데 하나"라고 주장했다.[6] 그 근거로서 제시된 것은, 인간의 성행위가 정상적인 목적, 즉 생식이라는 목적만을 추구하지 않고 "성욕 도착으로 간주될 수 있는 행위"[7]를, 이를테면 전희와 같이 생식 외적인 쾌락을 위한 행위를 덧붙인다는 사실이었다. 이러한 관점에 따라 인간의 보편적 성욕 자체가 도착적인 것으로 정의된다. "신경증은 도착증의 음화negative"[8]라는 프로이트의 진술은 이러한 맥락에서 나온 것이다.

'프로이트에게로 돌아가자'고 주장하면서 '프로이트 안에 있는 프로이트 이상의 것'을 끄집어내고자 했던 라캉에게서도 유사한 주장이 확인된다. "도착증은 타자의 환상으로 가장하여 신경증자의 무의식 속에 존재한다"[9]는 진술이 그것이다. 하지만 라캉은 도착증을 성적 일탈 행동이 아니라 심리 구조의 한 범주라고 규정함으로써 도착증의 논리적 지평을 더욱 확장했다. 이러한 관점에 입각하면 심지어 전혀 도착적으로 보이지 않는 행동조차도 도착적인 심리 구조에서 나온 것이라고 해석할 수 있게 된다. 요컨대 프로이트와 라캉이 고심했던 것은 궁극적으로 도착증의 보편성이라는 문제였다. 물론 그 보편성의 그물에 걸리는 것이 모든 주체냐(프로이트의 경우), 모든 행동 영역이냐(라캉의 경우)라는 점에서 시각의 차이는 있었지만 말이다.

라캉의 관점을 취하게 되면 현상의 복잡성을 다룰 정신분석의 과정이 더욱 강조될 수밖에 없다. 그가 설명하는 도착증의 논리를 이해할 필요성이 이로부터 비롯된다.[10] 라캉에 따르면 도착증은 오이디푸스 콤플렉스를 해소하는 과정에서 주체가 '거세'를 다루는 방식의 특이성에서 비롯된다. 도착증적 주체는 대부분의 주체가 밟게 되는 신경증적 경로와는 다른 경로를 통과한다. 그 핵심은 바로 '부인否認'의 메커니즘이다. 신경증자는 자신이 어머니의 욕망의 대상인 남근[11]이 될 수 없고 어머니 역시 남근을 갖고 있지 않음을 받아들임으로써, 즉 거세됨으로써 상징적 질서로 편입된다. 이때 그/녀는 어머니의 욕망 대상인 상징적 남근을 가지고 있는 아버지에 대한 상징적 동일시를 겪는다. 하지만 도착증적 주체는 어머니에게 남근이 없으며 어머니가 욕망하는 것은 아버지임을 알면서도 어머니의 결여를 부인하고 거세되지 않은 어머니라는 환상을 강화한다. 이것이 저 유명한 "나는 알고 있어……, 그런데도……"라는 자기모순으로 요약되는 도착증의 논리다.

왜 이러한 고집 혹은 고착이 나타나는 것일까? 그것은 어머니로부터의 '분리'를 성사시켜줄 부성적 권위의 개입이 부분적으로 실패하기 때문이다. 아이에 대한 '유혹'으로써 전개되는 어머니의 리비도적 공모, 아버지의 존재에 대한 그녀의 애매한 침묵, 금지 규범을 부과하는 것에 대한 아버지의 의무 태만, 어머니에게 상징적 특권을 박탈당하는 것에 대한 아버지의 암묵적 방조는 결정적으로 아이를 도착적 동일시로 이끄는 요인이 된다. 이 과정에서 아이는 어머니와의 관계에서 이중적 불안에 노출된다. 아이를 도착증으로까지 유도했던 분리의 불안 못지않게 분리 불가능성의 불안도 아이에게는 위협적으로 작용한다. 여기서 분리 불가능성의 불안이란 어머니와의 직접적 관계 속에서 아이가 결국에는 결여 없이 전능한 어머니의 욕망에 삼켜지리라는 불안을 가리킨다. 아이는 이를 견디기 어렵다. 그뿐만 아니라 아이는 도착적 동일시 속에서 무제한 주어지는 향유와 정비례해 증가하는, 무질서의 척도인 "심리적 엔트로피"[12] 또한 견디기 어렵다. 따라서 스스로 욕망의 주체로서 존재하면서 무조건적 향유로부터 자기를 방어하기 위해 아이는 부권적 기능을 대체할 만한 것을, 궁극적으로는 "자기 자신의 욕망이라는 정언적 법"[13]을 필요로 하게 된다.

이러한 정신분석적 통찰은 도착적 일탈 행동들에 대한 통상의 관점을 수정하지 않을 수 없게 한다. 도착증적 행동들은 결코 어머니와의 남근적 동일시와 함께 분리 불안을 극복하면서 누리는 향유를 '유지하려는' 목적으로 나타나는 것이 아니다. 표면적으로만 보면 그처럼 도전적인 행동은 극단적으로 반사회적·초법적 자유를 구가하려는 의지의 표출이다. 하지만 '금지'와 그 금지를 상징화한 '법'을 위반함으로써 도착증자가 원하는 것은 역설적이게도 법의 존재에 대한 자기 확신이다. 라캉이 도착증을 아버지-판본père-version이라고 표기한 까닭이 여기에 있다. 자기 자신을 "타자의 향유의 도구"[14]로 만듦으로써 도착증자는 궁극적으로 부권적 기능을 충실하게 수행해줄 것을 호소한다는 것이다. 그러므로 도착증자의 모든 도전과 위반은 궁극적으로 아버지가 법을 선포하면서 도착증자의 자기 향유에 한계를 부과하게 하려는 시도다. 물론 도착증자가 최종적으로 자신에게 확신시키려는 법은 자신이 도전하고 있는 '아버지의 법'보다 우월한, 스스로 인정하는 유일한 법인 그 자신의 '욕망의 법'이다. 도착증자의 향유는 아버지의 법을 인정하고 그 한계를 설정하는 것과 그 한계를 넘어서는 자신의 욕망의 법 사이에서, 즉 소외와 분리 사이에서 이루어진다.

이러한 도착증의 심리 구조를 통해 재영이라는 인물을 보면 그녀의 이해할 수 없는 말과 행동을 상당 부분 설명할 수 있다. 재영을 도착증적 주체라고 규정하는 이유가 단지 그녀가 고등학생 신분으로 원조 교제를 일삼고 다니기 때문만은 아니다. 물론 그 사실만으로도 그녀가 이미 아버지의 법을, 구체적으로는 실정법을 위반하고 있음은 분명하다. 하지만 법의 위반은 도착증자만의 행동 양태는 아니므로 재영을 곧바로 도착증적 주체라고 진단할 수는 없다. 재영을 도착증적이라고 규정할 수 있는 이유는 재영이 여진에게 털어놓은 속내가 저 '부인'의 메커니즘에 들어맞기 때문이다. 다소 뜬금없던 '바수밀다'의 이야기가 그것이다.

재영은 자신과 남자들의 '만남'이 근본적으로 결여 없는 것일 수 없음을, 자신과의 원조 교제가 남자들의 욕망을 궁극적으로 만족시켜줄 수 없으며 따라서 남자들은 재영과 헤어진 후에도 끊임없이 다른 (어린) 여자들을 찾아 나설 것임을 잘 알고 있다. '그런데도' 재영은 기꺼이 그 남자들의 (성적) 욕망의 대상이자 도구로서 자신을 제공한다. 그러한 행동이 그들을 독실한 불교 신자가 되게끔, 즉 무한한 향유의 추구를 벗어나 불법佛法에 귀의하게끔 해주리라는 도착적 환상을 유지하고자 한다. '나는 바수밀다가 될 수 없음을 알아, 그런데도 나는 그들의 바수밀다일 수 있어…….' 이것이 바로 남근을 가졌다고 간주되는 타자에게 바수밀다-재영이 자신을 바치며 내세우는 도착증적 방어의 논리다.

자신을 타자의 욕망의 도구로 바치는 재영이 즐기는 방식은 그녀를 마조히즘적 주체로 의심하게 만든다. 가장 전형적인 도착의 구조를 보여주는 피학성 도착증자의 전략은 자신을 타자의 향유의 대상이 될 희생자로 만드는 것이다.[15] 타자는 자신의 욕망-대상이 적절한 거리를 유지하면서, 즉 사회-상징적 조화를 거스르지 않으면서 욕망되는 데 그치지 않고 그 조화의 선을 넘어 근접해오면서 상징계 안에서 용인될 수 없는 향유를 실현하고자 할 때 '불안'에 빠진다. 이때 도착증자가 기대하는 것은 타자가 불안을 해소하기 위해 욕망-대상이 된 도착증자에게 법을 부과하고 나아가 처벌을 가하는 것이다. 여고생인 재영에게 원조 교제는 자신의 도착적 환상을 실현하기에 더없이 적합한 만남의 형식이 아닐 수 없다. 원조 교제는 명백히 실정법과 도덕법을 위반하는 행동이기 때문이다. 비록 재영과 남자들의 성관계가 희생양에 대한 학대의 몸짓으로 얼룩져 있지는 않더라도 이미 그들 사이에서 성관계가 이루어졌다는 사실만으로도 상징계의 약속을 초과하는 것이다. 이는 재영이라는 욕망-대상을 향유한 남자들을 불안에 빠뜨리기에 필요하고도 충분한 조건이다. 여진과 접촉할 때 남자들이 보이던 극도의 조심성이 이를 반증한다. 물론 이 영화에서는 재영에게 법을 부과하는 타자가 그녀의 육체를 직접 향유한 남자들이라기보다는 상징적 권력 그 자체다. 즉, 너무도 전형적인 법 집행자의 표상인 경찰들이 모텔촌으로 단속을 나온다. 그러나 재영은 법의 '보호' 아래로 투항하기보다는 죽음을 불사한 향유로의 투신을 선택한다.

"너, 즐기는 것 같아"라던 여진의 지적이 아니더라도, 확실히 재영의 원조 교제는 그 어떤 교환가치로도 환원될 수 없는 순전한 즐김으로 보인다. 번 돈을 몽땅 여진에게 넘기는 것으로 보아 돈을 목적으로 삼는 것도 아니고, 부모나 선생에게 끼칠 충격이나 여파라고는 전혀 의식하지 않는 것으로 보아 모종의 반항심을 표출하는 행동도 아니다. 후일 미련 없이 창밖으로 몸을 날리는 것을 보면 재영에게 유럽 여행이라는 목표는 여진을 끌어들이려는 빌미에 불과할지도 모르겠다. 하지만 재영에게는 단 한순간도 법을 어기고 있다는 죄의식의 그늘이 없으며 오로지 자신의 욕망의 법에 대한 충실성만이 있을 뿐이다. "잠깐을 같이 있어도 같이 사는 거잖아." 얼핏 들으면 무언가 숭고한 사랑의 차원을 고백하는 듯 들리는 이 진술은 재영의 도착적 욕망의 법조문으로서만 합당할 뿐이다.

그렇다면 재영이 상연한 도착의 시나리오에서 여진의 역할은 무엇일까? 이를 파악하기 위해서는 도착증자에게 '비밀'과 '공모자'가 얼마나 긴요한지를 알아야 한다. 조엘 도르는 법의 위반을 실행하는 도착증자의 비밀은 기본적으로 말하고 행해서는 안 되는 것을 했다는 것을 감추기 위한 "진정한 비밀"이 될 수밖에 없다고 지적한다.[16] 도착증자는 이러한 비밀을 제3자와 공유함으로써 그/녀를 위반의 시나리오에 동참시킨다. 그 제3자가 비밀 준수 의무를 지킬 수 없게 되는 순간, 즉 도착증자의 비밀을 지켜주는 것에 대해 제3자가 심한 죄의식에 시달리게 되는 순간, 그 제3자는 비밀 준수의 의무를 위반하고 또 다른 사람에게 비밀을 폭로하게 된다. 이런 식으로 비밀은 "마치 어떤 금지도, 위반도 없는 것처럼" 은밀하게 순환된다. 애초에 비밀을 누설한 도착증자는 제3자가 비밀 폭로 금지의 약속

을 위반하기 위해 다른 누군가와의 만남을 조직할 때 최고의 환희를 맛보
게 된다.[17]

이제 우리는 재영의 원조 교제에서 왜 여진의 존재가 필수적인지를
이해할 수 있다. 여진의 불평에 따르면 애초에 재영의 부탁은 그냥 화장하
는 것만 도와달라는 것이었다. 하지만 어느 결에 여진은 재영인 척 전화하
여 남자들과 약속을 잡고 모텔 밖에서 망을 봐주고 그렇게 벌어온 돈을 관
리하는 등 원조 교제의 모든 과정에 깊이 참여하고 있다. 이처럼 여진이 비
밀을 공유하는 공모자로서 꺼림칙해하면서도 동시에 공범이 되어 있다는
사실은 정확히 재영의 도착적 시나리오를 실현해준다.

이 시나리오에서 여진이 맡은 기능은 두 가지다. 첫째, 여진이 언젠가
는 그 비밀을 폭로함으로써, 즉 금지의 위반자 대열에 동참함으로써 재영
을 기쁘게 해주는 기능이다. 하지만 영화는 여진이 비밀을 폭로하는 장면
을 보여주지 않으며, 그래야만 했을 상황을 얼렁뚱땅 서사에서 배제함으
로써 이 가능성을 회피한다(상식적으로 가정한다면 재영의 죽음을 수습하
는 과정에서 여진이 끝까지 비밀을 유지할 길이 없어야 맞다). 영화가 선
택한 길은 여진을 단순한 고발자가 되는 것보다 더 심각한 위반의 길로 몰
아넣는 것이었다. 결과적으로 여진을 금지의 위반자로 만들고자 했던 재
영의 기대는 성취된 셈이 되었다.

둘째, 재영에게 금지의 규정들을 부과함으로써 법의 존재를 환기하
는 기능이다. 비록 재영과 공모하고는 있으나 여진은 자신들의 행동이 정
당화될 수 없는 것임을 늘 의식하고 있다. 따라서 여진은 재영을 찾는 남
자들을 경멸하며 공격적으로 대하고 '거래' 후에는 일종의 의식처럼 재영
의 "불결"함을 목욕으로 씻어주려 한다. 또 그들의 직업을 묻거나 같은 차
에 타거나 함께 밥을 먹지 말라고 재영에게 단호하게 요구한다. "네가 없
으면 난 아무것도 못해"라는 재영의 고백은 그러므로 정확히 법을 수호하
는 존재에 대한 도착증자의 의존성을 드러낸다. 어쩌면 죽음을 목전에 두
고 재영이 여진에게 음악가 아저씨를 만나게 해달라 부탁했던 것은 비밀
이 순환하는 고리를 연장하기 위한 것이었을지도 모른다. 나아가 그의 향

그림 2. '사마리아' 편은 여진의 컴퓨터 모니터에 붙인 여진과 재영의 스티커 사진과 나란히 놓인 흐릿한 여진의 얼굴과 함께 시작한다. '바수밀다' 편에서는 순결함의 상징인 흰 두건을 썼던 여진이 '사마리아' 편에서는 왜상이 되어 나타난 것은 그녀가 기존의 상식적 관점으로는 이해할 수 없는 존재가 될 것임을 암시한다.

유의 비극적 결말(원조 교제했던 소녀의 죽음)을 목격하게 함으로써 마침내 금지의 법이 세워지게 하려던 것이었을지도 모른다. 하지만 법은 너무 늦게 도착했고 재영은 도착증자로서 세상을 떠났다. 여전히 미소를 띤 채 주검이 된 재영은 모두를 향해 마치 이렇게 선언하는 것만 같다. '나는 바수밀다다.'

'사마리아': 도착증과의 (불)가능한 연결의 방식들

〈사마리아〉의 두 번째 단락은 여진과 그녀의 아버지가 재영의 도착적 욕망에 반응하는 상이한 양상을 다룬다. 여진은 공감했고 여진의 아버지는 판단했다. 우리는 과연 누구의 손을 들어주어야 할까?

'사마리아' 편은 노트북 컴퓨터 모니터에 비친 여진의 얼굴의 왜상을 보여주면서 시작한다. 그 모니터에 여진은 재영과 함께 찍었던 스티커 사진을 붙이는데, 사진 속 재영과 여진은 눈만 드러나게끔 각각 빨간 두건과 흰 두건을 둘러쓰고 있다(그림 2). 잠깐 스쳐가는 정도의 시간만으로는 이 숏에서 누가 누구인지를 구분하기가 몹시 어렵다. 김기덕의 영화 세계 전체가 피력해온 일관된 믿음은 실재의 위상을 갖는 이웃과의 동일시를 통해 사랑이 발생한다는 것이다. 그 믿음을 구현하는 과정에서 김기덕이 주로 동원하는 이미지의 형식들이 있는데, 특히 우리의 시선을 잡아끄는 것은 왜상의 활용이다. 주로 물이나 유리, 깨진 거울 등을 매개로 만들어진 왜상들은 원근법적 시선으로는 포착할 수 없는 저 실재의 얼룩을 스크린 속에 끌어넣는다. 그러므로 김기덕 영화에서 어떤 인물의 얼굴(머리!)이 일그러지거나 단속斷續되는 순간은 그 인물이 자신의 증상이, 즉 그/녀의 일관된 상징적 정체성을 훼방하는 병리적 형성물이 곧 자기 존재의 중핵임을 깨닫기 시작하는 순간이다. 이러한 맥락에서 볼 때 '사마리아' 편이 여진의 일그러지고 흐릿해진 얼굴, 그것도 모니터에 비쳐 반전된 얼굴과 함께 시작된다는 것은 상당히 의미심장한 변화가 일어나리라는 예고와 같다. 그것은 이제 여진이 통념이나 상식의 눈으로는 제대로 볼 수 없는 존재, 정

그림 3. '바수밀다' 편에서 망을 보던 여진이 붉은 목도리를 하고 있고 모텔에
있던 재영은 흰 속옷을 입고 있다. 여진의 컴퓨터 모니터에 붙어 있는 사진 속
두건의 색채가 여진과 재영에게서 서로 바뀌어 있다. 이미 이 장면에서 여진이
붉은 목도리를 하고 있다는 사실은 '사마리아' 편에서 그녀가 유사 원조
교제를 선택하는 것이 결코 갑작스럽지 않음을 알려준다.

그림 4. 투신한 재영을 들쳐 업었던 여진이 재영의 피를 머리와 어깨에
뒤집어쓰고 샤워기 앞에 앉아 있다. 흐르는 물의 물성에 의해 재영의 얼굴은
다시금 왜상이 된다.

상과 비정상을 가르던 기존의 관점을 전도시켜야만 제대로 보이는 존재가 되리라는 암시다.

이로써 〈사마리아〉에서도 김기덕 특유의 동일시의 서사가 전개된다. 여진이 갑자기 재영처럼 행동하기 시작하면서 더 이상 여진과 재영을 위법과 준법의 기준으로 구분할 수 없게 되는 것이다. 사실 이는 '바수밀다' 편에서 여진이 재영인 척 아저씨들과 전화 약속을 잡아준다는 설정을 통해, 그리고 무엇보다도 여진의 투신 사건을 보여줄 때 나타났던 도상해석학적 전략을 통해 어느 정도 예견된 것이었다. 김기덕 영화는 푸른색, 붉은색(노란색), 흰색, 검은색에 일관된 의미를 부여하고 그것을 의상, 조명, 세팅 등의 미장센 디테일들에 정교하게 적용해왔다. 요컨대 푸른색은 현실의 연속성으로부터의 이탈을, 붉은색(노란색)은 상징화될 수 없는 리비도적 에너지의 분출을, 흰색은 상징화가 불가능한 추상적 순수를, 검은색은 죄의 발생과 상징화의 실패를 각각 표상한다.[18] 그렇다면 재영과 여진이 스티커 사진을 찍으면서 각각 빨간색과 흰색 두건을 쓰고 있다는 것은 결코 우연한 선택의 결과가 아니다. 재영은 리비도적 에너지를 뿜어내는 붉은색으로, 여진은 사회-상징적으로 용인되는 순수성의 담지자로서 흰색으로 표상되는 것인데, 이는 서사의 맥락상 충분히 이해할 만한 설정이다. 하지만 그 반대 설정이 적용된 장면도 있다. 모텔 밖에서 망을 보던 여진은 붉은 목도리를 두르고 있으며 투신하는 재영은 흰 속옷만을 입고 있다는 사실이다. 이러한 도상적 디테일들은 재영과 여진을 동전의 양면 같은 관계로 이해하게 해준다. 아울러 둘의 입장이 언제든 뒤바뀔 수 있음을 알려준다(그림 3). 결국 재영을 들쳐 업은 여진은 재영의 피를 온통 머리와 어깨에 뒤집어씀으로써 붉은 두건을 썼던 재영과 똑같이 붉은색 머리가 된다. 충격을 받은 여진은 옷을 입은 채로 샤워기 아래 앉아 울고 있다(그림 4). 김기덕의 영화에서 '물'의 물성은 언제나 상징적 질서 속에서는 부정당하는 것, 실현될 수 없는 것들과 함께 계열화되어왔다. 그러므로 여기서 그녀의 눈물과 머리 위에서 흘러내리는 물은 피를 씻어내는 정화의 수단이 아니다. 그것은 다만 피로 물든 재영의 붉은 얼굴을 왜상으로 일그러뜨리는 매개체일 뿐이다.

이러한 관점에서 보면 '사마리아' 편은 이미 예고된 재영/여진 쌍의 구분 불가능성을 좀 더 세밀하게 전개하는 보충 내지 부록에 가깝다. 재영이 모텔에서 아저씨를 기다리며 창밖을 내다보았을 때 거기에 교복을 입고 미소 띤 채 손을 흔들어주는 재영의 환영이 출현한다. 이는 과거 여진과 재영이 맡았던 역할을 전도시킨 것이다. 여진이 성관계 후 남자를 보며 맥락도 이유도 없이 배시시 웃어대는 것 또한 재영의 저 변함없던 미소의 확장판이라 할 만하다. 여관방에 재영이 아닌 여진이 있는 것을 보고 놀라는 아저씨에게 여진은 이렇게 대답한다. "제가 원래 재영이예요." 이 진술과 함께 작가 김기덕은 '네 이웃을 네 몸같이 사랑하라'는 정언명령의 기본 전제인 '나와 이웃 간의 최소한의 차이'마저도 부정해버리고 만다. 혹은 이웃 안의 저 적대적 타자성과의 완전한 동일시로 비약해버린다. 그의 다른 모든 영화에서 그러하듯 말이다.

이제 여진도 재영과 마찬가지로 도착증의 길로 들어섰다고 해야 할까? '사마리아' 편에서 여진은 재영이 만났던 남자들을 차례로 만나 성관계를 맺고 그들에게 이전에 받았던 돈을 되돌려준다. 그러한 심경의 변화를 우리로서는 헤아릴 길이 없다. 어찌 되었든 여진은 과거를 잊기보다는 더욱 철저히 되살려내는 길을 선택했다. 그러고는 한 명씩 성관계를 가질 때마다 수첩에 적힌 과거의 '기록'을 삭제해나간다. 이윽고 모든 기록이 지워졌을 때 여진은 삭제의 '흔적'을 간직한 수첩 자체를 버린다. 미루어보건대 여진에게 앞으로도 원조 교제를 계속할 의지는 없는 듯하다. 바로 여기에 재영의 원조 교제와 여진의 유사 원조 교제 간의 결정적인 차이가 있다. 재영의 즐김에는 확실한 '부인'의 논리와 자신의 '욕망의 법'에 대한 순수한 충실성이 있지만 여진의 경우에는 그러한 즐김도 욕망의 법도 모두 모호하기만 하다. 도착증자 재영은 정확히 '나는 타자에게 무엇인지'를 알고 있었다. 그렇기 때문에 그/녀는 자신을 남자들이 원하는 바로 그 향유의 대상-도구로서 제공함으로써 그들을 불안에 빠뜨릴 수 있었다. 하지만 여진에게서는 그러한 '지식'의 위치를 점하고 있다는 자신감도, 타자를 불안에 빠뜨리려는 의도도 딱히 두드러지지 않는다.

여진의 이해하기 어려운 선택을 어떻게 이해할 것인가? 여기서 잠시 살레츨을 경유하자. 그녀는 제니 홀저Jenny Holzer의 〈강간살인Lustmord〉을 비롯한 몇몇 마조히즘적 신체 (뚫기나 문신 새기기) 예술을 분석하면서 현실적 도착증자들과 도착증을 모방하는 신경증자의 차이를 지적했다.[19] 신체에 과도한 위해를 가하는 홀저의 작품은 표면적으로는 도착증의 증상과 구분되지 않는다. 하지만 살레츨은 홀저의 신체 예술이 "거세 의례를 가지고 공공연히 유희"하는 것이라고 해석한다. 그런 식의 무대화는 거세가 도입한 결여와 "타협하기 위해서", 결여를 "덮기 위해서", 자신들이 "법에 의해 표식되어 있는 것이 아니라는 것을 보여주기 위해서" 행해졌다는 것이다.[20]

분명 신경증자는 '아버지의 이름'을 상징적으로 떠맡으면서 "법과 욕망을 결합"[21]시킨, 즉 욕망에 대한 법의 부과를 받아들인 자다. 그런데 왜 새삼 이들은 내키는 대로 행동하면서 법의 표식을 은폐하고자 한다는 말인가. 살레츨은 그 이유를 후기근대 사회에 만연한, "권위에 대한, 상징적 질서의 권력에 대한, 이른바 타자에 대한 전적인 불신"[22]에서 찾는다. 후기근대적 주체들은 "타자가 아무튼 주체를 '속였다'는 것"[23]을 깨달은 자들이다. 그러나 그들은 그 깨달음을 단지 불평으로만, 나르시시즘적 자기 숭배로만 표출할 뿐, 아직까지 타자의 원천적 부재에 대한 깨달음으로는 연결하지 못한다. 자신들은 속지 않았다고 여기기에 오히려 오류를 범하는 자들, 자신들은 상징적 의례들을 믿지 않으면서도 남들은 그것을 믿고 있다고 믿기에 그 의례들을 따르는 자들, 이들은 모두 이데올로기의 노예다. 반면 홀저의 신체 예술은 주체에게 정체성의 옷을 입혀줄 타자란 존재하지 않는다는 사실을 다른 무언가로 덮으려 하지 않는다. 나아가 그의 작품은 주체가 필연적으로 자기 이야기의 "고안자"가 될 수 있도록, 그러나 유일한 재료는 "자기 자신의 피부뿐"인 상황으로 몰아간다.[24] 결국 홀저에게 신체란 "주체성의 궁극적 지점"인 셈이고, 그래서 그녀는 바로 거기에다가 원상태로의 복원을 완전히 불가능하게 할 표식을 새긴 것이다. 전통적 신체 절제가 공동체에 대한 복종의 양태였던 데 반해, 홀저의 신체 절제는 개체성을 전시展示하는 가운데 이루어지는 "육신의 반항"이다.[25] 살레츨은 이를 "상상적 시뮬라크르로부터의 탈출"이자 "신체 속에서 실재의 자리를 발견"하려는 노력이라고 읽는다.[26]

그렇다면 홀저의 경우를 참조하여 이렇게 가정해볼 수도 있지 않을까? 여진은 도착증을 모방하는 신경증자였고 그녀의 유사 원조 교제는 자신의 신체를 실재가 새겨지는 자리로 이용하는 방식이었다고 말이다. 여진은 재영의 원조 교제에서 사실상 공범이었다. 여진이 아빠에게 이유 없이 '시험 보기 싫다'고 말해버린다거나 매춘녀의 사진이 실린 전단지를 유심히 살펴보는 데서 드러나듯, 은밀한 욕망의 실재의 차원에서는 여진도 재영과 별로 다르지 않았다. 그럼에도 과거의 여진은 내심 재영을 단죄하고 있었다. 하지만 재영의 죽음 이후 여진은 스스로 재영이 되어 재영의 행적을 되감아가고자 한다. 그 역행의 시간은 여진이 자신의 욕망의 실재를, 또 재영과의 기억의 실재를 고통스럽게 자기 신체에 재기입하는 시간이다. 동시에 그것은 자기 자신에 대한 극단적 처벌이자 통렬한 속죄의 시간이다. 여진은 자신들이 받았던 돈을 남자들에게 돌려주면 재영이 즐겼던 그것이 원조 교제가 아닌 사랑의 선물 같은 것으로 변할 것이라고, 그럼으로써 아저씨들은 불안에서 벗어나 '편해지리라'고 믿는다. 그러니 여진은 재영에게도, 자신에게도 구원의 기회가 되는 그 시간을 허락해준 남자들에게 '고마웠다'고 말하는 것이다.

물론 우리의 상식에 따르면 여진의 이런 믿음은 완전한 착오다. 여진과의 성관계를 즐긴 남자들에게 그 성관계는 그저 법의 외설적 이면에서 즐긴 것일 뿐이다. 그래서 "도덕이고 지랄이고, 이런 게 행복 아니야"라던 남자는 여진이 모텔 방을 떠나자 곧바로 어진 또래의 딸에게 전화하여 외식을 청하는 '좋은 아빠'로 돌아갔고, 여진이 함부로 벗어 던진 옷을 잘 개켜놓던 남자는 그렇게라도 자신의 질서의식을 강요해야 했으며, "죽을 때까지 널 위해 기도하겠노라"던 남자는 그 착한 다짐 속에서 법의 신민으로서의 자의식을 확인했다.

그러나 여진은 재영의 죽음에 대한 죄의식을 '문자 그대로' 껴안는 쪽을 택했다.[27] 즉, 자신과 재영 사이에서 원조 교제의 형식을 통해 암묵적으로 체결되었던, "오직 도착적―마조히즘적―계약의 형태로서만 섹슈얼리티에 적용"되는 부르주아적 계약 관계[28]를 사랑의 논리로 혁신하고자 했다. "네 안에 있는 너 이상의 것(대상 a)"을 사랑하여 너를 잘라내는 게 아니라,[29] "사랑하는 자의 결핍/욕망에 자기 자신[사랑받는 자]의 결핍으로 응답"[30]하고 그 응답을 오로지 "능동적 선물"[31]로서 주고자 했다. 재영의 도착적 섹슈얼리티를 사랑의 논리로 윤색하고자 했던 여진을 또 다른 도착 증자의 탄생이라고 간단히 넘겨버릴 수 없는 이유가 여기에 있다. 오히려 여진은 고착된 (관습)법을 전도시키는 저 역설의 기표 '사마리아'[32]에 누구보다도 부합하는 방식으로 도착적 사태와 연결되고자 했던 사랑의 주체라고 보아야 하지 않을까? "모든 비밀과 모든 지식을 알고 또 산을 옮길 만한 믿음이 있을지라도 사랑이 없으면 아무것도 아니라"[33]던 예수의 선언을 급진화하여, 실로 자기가 '아무것도 아님'을 깨달은 '무無'가 됨으로써 (도착적) 비밀과 지식과 믿음의 체계 전체를 불미스럽게 만든 주체라고 보아야 하지 않을까?[34]

여기까지의 서사는 우리의 기시감을 자극한다. 한 남자의 도착적인 접근, 희생양이 되는 여자, 그러나 마침내 서로를 사랑하게 되는 둘. 이는 〈사마리아〉 이전의 김기덕 영화들이 한결같이 탐색했던 이야기의 얼개다. 특히 〈파란 대문〉은 창녀와 여대생 두 여자 사이에서 발생하는 우정을 다룬다는 점에서 〈사마리아〉의 자매편 같은 작품이다. 아픈 창녀를 대신해서 손님을 받았던 여대생과 스스로 재영이 되어 원조 교제를 했던 여진이 밟아갔던 사랑의 경로는 마치 도장을 찍어놓은 듯 일치하지 않는가.

그럼에도 〈사마리아〉는 〈파란 대문〉의 자기 복제라 할 수 없다. 두 작품의 차이는 특히 결말 부분에서 나타난다. 여대생과 여진의 선택은 상징계의 규범을 완전히 벗어나 자신의 삶을 파국 직전까지 몰아붙이는 것이었다. 〈사마리아〉 이전까지의 영화에서 김기덕은 그처럼 과격한 결말을 현실인지 비현실인지 알 수 없는 애매한 서사적 시공간 속에서 펼쳐 보였

그림 5. 재영이 죽었을 때 여진이 그랬듯이 우발적으로 살인자가 된 여진의
아버지 또한 피 묻은 머리로 물줄기 아래 앉아 왜상이 된다. 그가 상징계
안에서 받아들여질 수 없는 인물이 되었음을 알려주는 이미지다.

다. 어쩌면 그 애매함은 파국적 결말이 불러일으킬 공격적인 관객 반응에 대한 방어의 제스처였을지도 모르겠다. 그러나 〈사마리아〉는 이러한 방어막을 걷어내 버린다. 이 영화에서 김기덕은 두 결핍 간의 성공적인 만남을 몽환적으로 희석하지 않으며, 도리어 파국 이후로 서사의 지평을 넓히면서 파국과 과감히 정면대결하는 쪽을 택한다. 이것이 바로 〈사마리아〉가 김기덕 영화의 서사적 진화 과정에서 중요한 결절점이 되는 이유다.

자, 도착증자를 사랑하여 사이비-도착적 전략을 실행한 이 여인을 이제 어찌할 것인가. 이 질문에 누구보다도 먼저 응답을 강요당한 이가 바로 여진의 아버지 '영기'다. 직업이 형사인 그는 어느 날 모텔에서 발생한 살인사건 현장에 갔다가 우연히 건너편 모텔 방에서 남자의 품에 벗은 몸으로 안겨 있는 딸을 목격한다. 당연히, 우리로서는 감히 상상도 못할 충격이 그를 강타한다. 만일 당신이 같은 상황에 처한다면 어찌하겠는가? 이상하게도 이 아버지는 딸부터 잡도리하고 볼 여느 아버지의 길을 걷지 않는다. 대신 그는 딸을 탐한 남자들을 벌하기 시작한다. 딸에게로 가는 남자의 길을 막아 돌려보내고, 밀회의 순간을 훼방하며, 딸과 성관계를 맺을 뻔했던 남자를 찾아가 그의 가족들 앞에서 모욕을 줌으로써 그를 자살하게 만든다. 급기야는 잠시 딸을 눈앞에서 놓친 사이에 그녀와 성관계를 가진 남자를 우발적으로 살해하기에 이른다. 그 결과 아버지의 머리 또한 붉은 피로 물든 괴물이 되어버리고, 언젠가 그의 딸이 그랬듯이 그도 샤워기 아래 멍하니 앉아 있다. 흐르는 물줄기는 또 한 번 그렇게 얼굴을 타고 흘러내리며 왜상을 만들어놓는다(그림 5).

여진의 아버지가 형사라는 사실만큼이나 자명한 은유가 있을까. 그는 명실공히 법의 집행자다. 그에게 여진의 행각은 아버지로서나 형사로서나 결코 묵과할 수 없는 것이다. 하지만 이 독특한 사태의 난점은 그를 아버지로서도 형사로서도 행동할 수 없게 만든다는 데 있다. 그는 지금껏 그래왔듯이 범인들을 제압해서 법의 심판대 앞으로 끌고 갈 수가 없다. 딸을 법으로부터 예외적으로 지켜내야 하기 때문이다. 그러나 근대적 법의 보편성 아래서는 누구도 그 옛날의 왕처럼 공공연히 그러한 예외의 지점을 점유할 수가 없다. 그렇기 때문에 근대의 (신경증적) 주체는 상징적 법과 욕망의 이율배반 속에서 체현되는 분열로써 특징지어지는, 그리고 그러한 분열로 인해 동요하는 주체일 수밖에 없는 것이다.

영기의 대처는 절묘하다. 그는 도덕법과 실정법 간의 간극을 한껏 벌린 다음 그 애매한 단죄의 시공간 속에서 운신하는 길을 선택한다. 그것은 (도덕)법의 엄밀한 잣대를 적용하여 남자들을 벌하면서도 딸은 (실정)법의 눈 밖으로 빼돌리려는 나름의 비책이다. 하지만 빼돌려진 것이 과연 딸 하나뿐이었을까? 그것은 숭고함의 크기로 솟아오른 저 '사건'의 파도를 유리창 안쪽에서 안전하게 구경하듯, 남자들과 딸에게 치명상을 입히지는 않음으로써 제3자로서의 안전거리를 확보하려는 자구책은 아니었을까? 물론 우리는 이 전략이 완전히 실패했음을 알고 있다. 남자들을 오직 '말'로만 때리려던 의지는 간접적·직접적 살인들로 귀결했고, '말'로도 때리지 못했던 딸은 또다시 남자와 자버렸다. 그렇게 '사건'으로부터 가까스로 벌려놓았던 거리는 무화되고 급기야 아버지 자신이 범법자가 되어버렸다. 이제 딸의 문제는 아버지 자신의 문제가 되었고, 그토록 회피하고자 했던 부녀 관계에서의 파국은 도래하고야 말았다.

이러한 일련의 과정 속에서 확인하는 것은 아버지의 무능이다. 영기는 죽은 아내 대신 요리를 하고 딸의 아침잠을 깨우는 등 엄마의 역할까지도 충실히 수행하는 자상한 아버지다. 하지만 그는 정작 딸에게 가장 필요한 '안 돼!'라는 한마디를 못하는 아버지다. 시험을 안 보면 안 된다고, 아무 남자들하고나 자면 안 된다고 그는 말하지 못한다. 아침 등굣길에 딸에게 들려주려고 잊지 않고 이야깃거리를 챙기지만 그 이야기라는 것이 부녀의 삶과는 아무 상관이 없는 비현실적인 해외 토픽들이다. 우리는 이러한 영기에게서 자아-이상으로서의 역할을 회피하는 "허약한 형상의 현대적 아버지"[35]를 본다. 세상 모든 여자를 독점했던 '시원적 아버지'와는 대조적으로, 틸이데올로기의 시대라 불리는 오늘날 문제시되는 것은 바로 부권적 기능의 이러한 불능 혹은 실패다. 도착증자는 이러한 아버지 밑에서 출현한다. 어쩌면 여진이 도착증자 재영과 거리낌 없이 친해질 수 있었던 이

유도 영기의 아버지 기능이 마비되어 있었기 때문일 것이다. 〈사마리아〉의 '사마리아' 편은 현대의 아버지가 맞닥뜨린, 딸의 범죄와 그 자신의 범죄라는 이중의 난국을 펼쳐놓은 채 끝난다.

'소나타': 칸트와 사드 사이, 그리고 그 너머

〈사마리아〉의 마지막 편에는 '소나타'라는 제목이 붙어 있다. 김기덕 영화는 데뷔작부터 〈해안선〉에 이르기까지 언제나 서사의 종결이 파국 그 자체였다. 그나마 〈사마리아〉 직전의 〈봄 여름 가을 겨울 그리고 봄〉에 와서야 (아마도 동일한 파국을 낳게 될) 원점으로의 회귀로 종결했다. 그런데 〈사마리아〉는 재영과 여진과 영기가 각각 겪어야 했던 파국적 사태를 나열한 후 세 번째 편을 준비해놓았다. 이 사실만으로도 이 영화가 김기덕 서사의 진화를 분절하는 의미 있는 마디가 될 것임을 예감하게 된다.

그렇다면 왜 '소나타'인가. 김기덕은 '소나타'가 서민들의 대표적인 자동차 모델이자 템포라고 지적한다.[36] 실제로 '소나타' 편의 주인공은 사실상 자동차인 것처럼 보이기도 한다. 여진과 영기가 엄마 묘소를 찾고 시골집에서 하룻밤을 묵고 운전을 연습하고 여진이 깜박 꿈에 빠졌다가 혼자 떠나버린 아빠를 찾아나서는 그 모든 순간의 중심에 있는 것이 바로 자동차 '소나타'이기 때문이다. 부녀의 여행길에서 이 낡은 차는 두 번 진흙에 파묻힌다. 처음 차가 멈추었을 때에도 바퀴 밑에 돌을 받쳐서 자동차가 달릴 수 있게 한 것은 여진이고 두 번째 멈추었을 때에도 자동차를 책임져야 하는 것은 아버지 없이 혼자 남은 여진이다. 아버지와 딸의 이러한 차이는 그들이 숙박하던 집 마당에 있는 작은 배 위에서 각각 보여준 태도의 차이와도 상통한다. 여진은 물에 손을 내밀었지만 아버지는 묵묵히 구경만 하고 있다. 그렇다면 은유는 자명하다. '소나타'는 삶이고, 삶은 어찌 되었든 굴러가야 한다.[37] 아버지는 여진에게 운전 기술을 전수한 뒤 형사들이 몰고 온 차를 타고 떠났고, 아버지에게 버림받은 여진은 진흙탕에 처박힌 차를 떠안았다. 아버지는 법의 길로 나아갔고 여진은 꿈속에서 죽음을

그림 6. '소나타' 자동차가 멈출 때마다 그것을 다시 움직이게 하는 것은
여진이다. 숙박지의 작은 배에서도 여진은 흐르는 물에 손을 담그지만
아버지는 구경만 하고 있다. 강박증자 아버지는 법규를 지키는 길로 나아갔고
여진은 결국 달리지 않는 자동차나 물속 공간이라는 실재의 차원과 함께
남겨진다.

경험했던 그 물가에, 즉 실재의 차원에 남겨졌다(그림 6). 그렇게 유사-칸트-영기와 유사-사드-여진의 동행이 끝나면서 영화는 끝난다.

영기의 마지막 선택은 다소 갑작스럽고 당혹스럽다. 하지만 김기덕의 주인공들이 늘 죄의식에 예민한 존재들이었음을 감안하면 영기의 자수가 그렇게까지 의아한 일은 아니다. 그렇다면 영기의 선택은 양심의 추궁에 대한 정직한 응답일까? 언제나 행동의 결과보다 동기를 따져 묻는 정신분석의 눈으로 보면 대답은 '아니요'다. 영기가 법에 투항하는 이유는 "법의 외상적 과잉을 정상화하기 위해서"[38]라고 파악되기 때문이다. 히스테리적 주체는 끊임없이 '타자에게 나는 무엇인가'를 질문하면서 법의 준수를 주저한다. 도착증적 주체는 대용할 법을 만들어내고 지킴으로써 자신의 심리적 우주 내에 법이 부재함을 위장한다. 이들과 달리 강박증적 주체는 착실하게 법규를 따른다. 여기서 단 한 글자의 차이를 놓치지 말아야 한다. 강박증자가 지키고자 하는 것은 대문자 법의 무조건적 명령이 아니다. 그 명령에 따르는 것이 가져올 외상적 충격은 강박증자 역시 견디기 어렵다. 그래서 그는 그 충격을 완화하는 동시에 양심의 압력과 죄책감을 견디기 위해 '법규'를 지킨다. 그러므로 영기의 자수는 딸이 그렇게 된 것에 대한 무한한 죄의식의 구멍을 법규에 의한 응분의 처벌로 때우는 행동이다.

물론 영기의 머릿속에 들어갔다 나온 것도 아니고, 영기가 그런 식으로 죄의식을 떨쳐버리는지 아닌지를 어찌 알겠느냐고 되물어올 수 있다. 부연 설명을 위해서는 영기가 여진에게 왜 한사코 기적에 관한 해외 토픽들을 들려주고 싶어 했던가를 생각해볼 필요가 있다. 그가 여진에게 전한 기적 이야기는 세 가지다. 첫째, 프랑스 아비뇽 노트르담 성당 앞의 목재 예수상, 즉 너무 오래되고 썩어서 예수의 얼굴을 알아볼 수도 없고 팔도 한쪽이 떨어진 그 뿌리도 없는 나무 조각상에서 어느 날 갑자기 싹이 나왔다는 이야기, 둘째, 이탈리아 시골 마을 숲속으로 놀러간 소녀 세 명이 갑자기 하늘에서 눈부신 성모 마리아가 내려다보는데 그 눈부심에 정신을 잃은 상태에서 너무나 끔찍하고 처참한 지구의 종말을 환상으로 보았다는 이야기, 셋째, 테레사 수녀가 안수기도로 치유의 기적을 행한 수녀로서 바

티칸의 인정을 받았다는 이야기가 그것이다. 여진이 묻는다. "아빠는 기적을 믿어?" 영기는 답한다. "기적이 일어났으면 좋겠어." 영기는 과연 어떤 기적을 고대한 것일까? 딸의 원조 교제를 알기 전에는 뿌리 없는 나무에서 싹이 나는 기적을, 알고 나서는 종말의 계시를 받는 기적을, 딸을 떠날 거라고 결심한 후에는 치유의 기적을 그는 이야기했다. 우리는 이 기적 이야기들 속에서 어떤 서사의 흐름을 감지한다. 딸이 아버지의 존재와 무관하게 스스로 잘 자라나기를, 자칫하면 다 망쳐버릴 수도 있음을 깨닫기를, 상처가 잘 아물어서 마침내 사회로부터 인정받는 존재가 되기를 바란다는 서사 말이다.

이 서사에서 놓치지 말아야 점이 있다. 아버지 영기는 애초부터 딸의 성장과 관련하여 자신의 역할을 배제한다는 점이다. 이 이야기들을 들려줄 때 딸이 잠들어 있더라도 상관없었던 것은 이 때문이다(처음과 마지막 이야기의 경우). 심지어 깨어 있는 딸에게는 오히려 아무 이야기도 못 하다가 딸의 거듭된 요청에 입을 떼보지만 결국 흐지부지 이야기를 마치고 만다(두 번째 이야기의 경우). 그러므로 제시간에 음악과 함께 딸을 깨우고 밥을 해주고 도시락을 싸고 학교에 데려다주는 이 모든 생활 규칙들의 준수는 딸에 대한 근원적인 책임의식의 회피를 가리려는 영기의 강박증적 전략이라고 여기지 않을 수 없다. 무능한 아버지, 다만 기적의 힘으로 모든 것이 잘 돌아가기를 바라지만 진심으로 기적을 믿지는 않는 아버지. 영기는 오늘날 "오이디푸스의 아이들"[39]이 견뎌내야 하는 아버지의 초상이다.

〈사마리아〉를 김기덕의 전작 속에서 특권적 위치에 놓을 수 있는 것은 바로 여진이라는 인물 때문이다. 김기덕은 "〈사마리아〉는 한국 사회의 증상에 관한 영화이며 이미 누구도 자유로울 수 없는 공범이라는 이야기"[40]라고 밝혔다. 영화의 디에게시스diegesis적 세계로만 국한시켜놓고 보면 실로 '공범'으로서의 죄의식을 온전히 감당하는 유일한 인물은 여진이다. 이미 우리는 여진이 실재적 기억을 가장 외밀한[41] 피부(자궁)에 각인시키는 유사-마조히즘적 전략을 통해 사랑을 실천했음을 확인했다. 물론 그처럼 과도한 선택을 문제 삼는 견해도 얼마든지 있을 수 있다. 과연 그것

을 바람직한 정신분석적 윤리의 기획이라면서 만천하에 권장할 수 있겠는
가? 하지만 〈파이트 클럽〉 주인공의 자기 구타를 대하는 지젝의 입장은 여
진의 손을 들어주는 듯 보인다. 지젝은 자기 구타의 계기란 주인에게 마조
히즘적이고 리비도적인 애착을 갖게 하는 주체 안의 어떤 것을 스스로 '때
리는' 경험이라면서 이러한 경험의 필요성을 주장한다.

> 첫 번째 교훈은 우리가 자본주의 주체성으로부터 혁명적 주체성으
> 로 직접 갈 수는 없다는 것이다. 위험을 무릅쓰고 고통 받는 타자를
> 향해 직접 손을 뻗는 행동으로 먼저 추상성을 부수어야 한다. (……)
> 이것은 우리의 정체성의 핵을 부수는 것이기 때문에 매우 폭력적으
> 로 보일 수밖에 없다. (……) 다른 수준도 작용하고 있다. 주체가 똥
> (배설물)과 자신을 동일시하는 것인데, 이것은 잃을 것이 없는 프롤
> 레타리아의 입장을 채택하는 것과 같은 일이다. 순수한 주체는 오직
> 이런 근본적인 자기 타락의 경험을 통해서만, 내가 똥을 싸도록, 나
> 에게서 모든 실체적 내용을 비우도록, 나에게 약간의 위엄을 부여할
> 수 있는 모든 상징적 뒷받침을 비우도록 타자가 나를 때리도록 허
> 용/자극할 때에만 나타난다.[42]

내가 나(의 정체성의 중핵)를 때리고 남이 나(의 상징적 위상)를 때리게 한
다는 〈파이트 클럽〉의 서사는 주체성을 확립하는 과정이 그만큼 폭력적일
수밖에 없음을 가리킨다. 그러므로 이 영화가 무대에 올린 물리적 폭력성
은 일종의 은유다. 하지만 지젝의 분석이 겨냥한 바를 단순히 고통의 수사
학이라고만 보아서는 안 된다. 권력 기제에 대한 종속은 육체적 관행들의
망에 구현된다. 따라서 지젝은 "지적인 사유만으로는 종속을 없앨 수 없"
으며 해방은 마조히즘적 성격을 띠는 "육체적 공연으로 상연되어야 한다"
고 강조한다.[43] 이러한 관점에서 보면 여진의 선택은 결코 철없는 사춘기
소녀의 일탈이 아니다. 그것은 오히려 해방을 향한 자기 소멸, 즉 '주체적
궁핍'[44]을 향한 몸부림에 가깝다.

　같은 맥락에서 세르쥬 앙드레는 도착증적 전략을 성차의 문제에 적용한다. 우선 라캉이 '대문자 여자 같은 것은 없다'면서 실증적으로 일관되게 규정되는 여성성은 없다고 주장하는 동시에, 상징계 내에서의 그 불가능한 주체성의 차원에 여성적 위치를 부여했음을 기억하자. 어떻게 이 불가능한 여성성에 도달할 수 있는가? 앙드레는 도착증이 여성적 향유의 영역에 접근하는 "우회"의 길일 수 있다는 "역설"에 주목한다.[45] "여자들 자신으로부터는 여자의 향유에 대해 아무것도 알아낼 수 없기 때문에 우리는 여성적 향유에 대한 모방적 캐리커처를 제공해주는 도착자의 담화를 검토해야만 한다"[46]는 것이다. 이러한 주장을 펼치기 위해 앙드레는 "남자가 여자 자체La Femme를 원할 때 그는 도착증의 장場 주위를 맴돌지 않고는 그녀에게 도달할 수 없다"[47]는 라캉의 진술에 의존한다. '실패함으로써'라는 단서와 함께 이 진술은 도착적 전략의 절차적 필요성을 함축하는 것으로 들리기 때문이다.

　도착적 위치와 여성적 위치의 유사성은 분석가 담화[48]를 나타내는 수학소의 상층부가 도착증의 공식(a◇8)을 재생하는 것에서도 유의미하게 드러난다. 그러므로 지젝이 "도착증자의 위치는 분석가의 위치와 섬뜩할 정도로 가깝다"[49]고 진단하는 것도 무리는 아니다. 환상과의 관계에서 분석가의 위치와 도착증자의 위치는 일견 유사하다. 분석가는 분석주체가 자신의 환상을 투사하는 텅 빈 스크린으로서, 즉 분석주체의 대상 a로서 기능한다. "환상의 한 가지 전도된 효과"[50]를 보여주는 도착증자 역시 **타자**의 환상 시나리오에 맞추어 자기를 (노예적) 대상으로서 제공한다. 도착증자가 이처럼 자신을 **타자**의 향유의 대상으로 바치는 이유는 "그 환상에 의해서 진정되지 않는 향유가 무엇인지 느끼기 위해서", "[타자의 육체]는 자신이 사용하는 도구를 통해 획득히는 것을 넘어서 향유하는가"를 알기 위해서다.[51] 마조히스트는 그런 다른Other 향유가 '있다'고 대답함으로써 남근적 향유 너머의 (여성적) 위치를 공유한다.

　그러나 도착적 위치와 여성적 위치, 도착적 주체화와 여성 주체화는 결코 동일하지 않다. 양자 사이에는 분명히 환원 불가능한 차이가 있다. 무엇보다도 거세와 관련한 차이가 결정적이다. 마조히스트는 '거세에의 종속'과 '거세의 부정' 사이에서, 여성 주체는 '부분적인 비종속의 긍정'과 '거세의 부정의 부정' 사이에서 분열한다.[52] 따라서 도착증자는 거세를 부인하는 데 반해 여성 주체는 거세를 비전체화한다. 도착증자와 분석가가 담화 구조 내에서 대상으로서의 지위를 공유하는 듯 보임에도 불구하고 바로 이러한 차이로 인해 도착증자는 대상-수단이 되는 반면, 분석가는 대상-공백으로서 주어진다. 다시 말해, 도착증자는 주체(파트너인 타자)의 환상을 확증하는 역할을 수행하는 반면, 분석가는 주체(분석주체)가 환상 시나리오에 의해 가려진 타자 속의 결여를 깨닫고 환상에 대해 최소한의 거리를 획득('환상의 횡단')하도록 유도하는 역할을 수행한다. 라캉의 정신분석 이론은 이처럼 분명하게 도착적 전략의 의의와 한계를 밝히고 있다.

오늘날 도착을 특별히 더 초점화해야 하는 이유는 "아버지의 실패에 의해 공포스럽게 열린 세계" 속에서 도착이 제공하는 위반과 저항이 법과 아버지에 대한 "자유를 약속"하는 것처럼 보이고,[53] 사드가 종종 "혁명적 영웅, 즉 용기 있는 인간, 도덕적 인간"[54]이라는 오해를 받기 때문이다. 그러나 '향유에의 의지'를 끝까지 밀어붙인 사드가 구현하는 것은 "외관적 급진성"[55]에 불과하다. 도착증자의 반란은 법을 분쇄하려는 시도라기보다는 법을 확립하고 제대로 기능하게 만들려는 노력이기 때문이다.

사드에 대한 라캉의 관심은 "칸트를 사드와 함께"[56]라는 슬로건으로 널리 알려져 있다. 라캉은 정념적(병리적) 동기로부터 완전히 자유로우며 어떤 목적과도 무관하게, 보편타당하게 행위하라는 정언명령으로서 부과되는 칸트의 도덕법칙이 "정념의 대상에 대한 폐기일 뿐만 아니라 그 대상의 희생이자 살해"로 귀착되는 "순수 상태의 욕망"과 다르지 않다고 본다.[57] 일반적인 의미의 희생이란 주체가 타자의 욕망 대상인 '자신 안에 있는 자신 이상의 것'을 상실하는 제스처를 통해 희생할 만한 무언가를 가지고 있는 자신의 가치를 재확인하고, 그 희생에 힘입어 결여를 채우고 완전해질 타자의 현존을 확신하려는 노력이다. 하지만 순수 욕망에 입각한 희생은 욕망 대상을 얻기 위한 희생이 아니므로 욕망 대상의 필요성 자체를 폐기한다. 즉, 그러한 희생은 더 이상 타자에게 의존하지 않는다. 초자아적 명령에 따르는 도덕적 실천과 구분되는 '정신분석의 윤리'를, 즉 '쾌락 원칙'의 한계에 갇히지 말고 그 너머에서 선das Gute을 추구할 것을 제안했던 라캉이 칸트를 윤리의 핵심을 간파한 자로서 특별 취급한 것은 이러한 맥락에서 당연한 것이다.

하지만 '칸트를 사드와 함께' 읽어야 하는 이유는 역설적이게도 칸트의 정언명령 안에 이미 "사드적 덫"[58]이 내속되어 있기 때문이다. 사드야말로 어떠한 최소한의 정념적 고려도 없이, 또 그러한 정념적 고려를 해도 좋은지에 대한 어떠한 의심과 주저함도 없이 비인간적인 법의 실현에 헌신한 인물이다. 한마디로 사드는 칸트를 "완성"하며 "칸트의 진리(진실)을 생산"하는 인물이다.[59] '사드는 칸트의 진리'라고 알려진 이 명제를 지젝은 '사드는 칸트의 증상'이라고 번역한다. 사드적 도착은 윤리의 핵심을 의지의 문제로 바꾸어놓은 칸트의 윤리적 타협의 증상이라는 것이다.[60] 칸트는 자신의 철학적 돌파의 귀결, 즉 절대적 과잉은 법 자체의 과잉이라는 귀결을 회피했으며 도덕법칙 자체가 무한한 폭력적 과잉을 특징으로 삼는다는 점을 직면하려 하지 않았다. 지젝이 보기에 사드는 궁극적으로 법의 위반으로 나타날 수밖에 없는 '법의 순수한 윤리적 힘'을 과도한 범죄적 방탕함을 통해 '법의 와해 가능성'으로 번역하고자 했던 인물에 불과하다. 그래서 사드는 칸트의 직접적인 진리일 수가 없으며 오직 칸트의 증상으로, 칸트의 "그로테스크한 캐리커처"[61]로 머물 수밖에 없다.

이처럼 사드적 도착 못지않게 칸트적 도덕법칙도 쾌락 원칙의 일상적 지배를 무너뜨리는 욕망의 과도한 힘과 변증법적으로 결합되어 있다면, 그리하여 법의 준수와 법의 위반이 모두 초자아의 비난과 연결되어 있다면, 정신분석의 윤리는 '법과 욕망의 변증법'과 어떤 관계를 맺어야 하는가? 라캉은 사드가 사형선고를 거부하고 자신의 범죄를 사죄했음에 근거하여 "사드는 욕망과 법이 서로 묶여 있는 지점에서 멈추어버렸다. (……) 더 이상 나아가지는 않았다"[62]고 비판한다. "법의 한계들을 넘어서"는 곳에서라야 "한계 없는 사랑의 의미 효과"가 나타날 수 있기 때문이다.[63] 법 너머에서 사랑할 가능성은 레이너드 식으로 말하자면 "라캉이 칸트와 사드 양자에서 동일하게 발견하는 순수 욕망을 지탱하려는 기획"[64]일 것이다. 지젝 식으로 말하자면 '너 자신의 욕망을 양보하지 말라'라는 정신분석적 준칙을 금지의 위반이라는 수준에서가 아니라 윤리적 의무의 수준으로 고양시키라는 명령일 것이다.[65] 또 밀러 식으로 말하자면 "법의 사실이 법의 지평에 속하지 않는다는 것을 폭로"하는 '법의 완성'일 것이다.[66] 누구의 말로 번역하든, 정신분석의 윤리로서의 사랑은 가능하다.

지금까지 신경증자의 도착적 전략이 갖는 윤리적 의미와 도착증자의 위반의 전략이 갖는 윤리적 한계를 검토했다. 이처럼 긴 논리의 궤적을 그려온 이유는 저 실재의 공간인 '물속'에 처박힌 '소나타'와 함께 홀로 남겨진 여진에게 무슨 말을 건넬 수 있을까를 궁리해보고 싶어서였다. 아버지도 친구도 없는 세상에서 이제 여진은 어떻게 살아야 할까. 이 텅 빈 현재의 공간에서 여진은 재주체화라는 막중한 과제를 요구받는다. 아버지가 떠나기 전, 여진은 잠깐 잠들어 있는 동안 아버지에게 목 졸려 죽는 자신을 보았다. 〈사마리아〉 이전까지의 김기덕 영화였다면 아마도 그 장면이 꿈인지 상상인지를 끝내 미지로 남겨둔 채 서사를 종결지었을 것이다. 그러나 이 영화는 그 몽환적 플래시포워드flashforward가 명백히 여진의 꿈이었다고 선언하며 현실로 돌아와 여진을 몰아붙인다. 여진의 꿈은 실재의 푸른색, 아버지가 놓아준 운전 연습용 자갈길은 욕망의 노란색. 푸른 재킷에 노란 목도리를 두른 여진에게서 시작된 숏이 익스트림 롱 숏으로 멀어지며 영화는 끝난다. 그 순간, 물안개가 피어오르는 아름다운 배산임수의 풍경은 여진에게 주어진 두 죽음 사이의 영역, 곧 아테atē로 바뀐다. 꿈속에서 겪은 실재적 죽음과 현실에서 겪어야 할 상징적 죽음 사이에서 여진은 갈 곳을 잃었다. 아름다운 풍경을 내러티브 현실의 위중함과 함께 배치하는 김기덕 영화의 '아이러니적 공간화'가 다시금 빛을 발하는 순간이다.

이 대목에서 누군가는 이런 의구심을 품을 수도 있다. 분명 여진은 재영이 죽은 이후 유사도착적 전략을 통해 사랑의 주체로 재탄생하지 않았던가. 무슨 주체화가 또 필요하다는 말인가. 라캉의 대답은 이러하다. "다시encore!" 여성성의 문제를 다룬 『세미나 20』의 제목이 '앙코르'인 것이 과연 우연일까? "타자와의 관계는 (……) 항상 다시, 다시 (……) 써져야 한다."[67] 이것이 바로 지젝이 바디우에게 이의를 제기하며 정신분석은 '정신종합'이 아니라고 주장하는 이유다. 분석이란 '새로운 조화'를 정립하는 사건이 아니기 때문이다.[68] 김기덕 자신은 이 영화의 서사가 기승전결의 구조라기보다는 "기결승전쯤" 된다고 밝혔다.[69] 이는 작가 역시 여진이 도착증적 전략을 택하고 자기 처벌에 임하는 부분, 즉 여진의 주체성에 나타난 변화를 전체 서사의 '결'로 여긴다는 뜻이다. 다시금 김기덕과 라캉주의의 우연한 일치에 놀라지 않을 수 없다.

도착적 부르주아에서 히스테리적 시민으로

최근 라캉주의 그룹에서 도착적 주체성에 주목하는 이유는 후기자본주의적 주체의 전형적 양상이 도착성을 띠게 되었다는 진단 때문이다. 지젝은 자본주의의 시장 메커니즘에 사로잡힌 부르주아bourgeois와 보편적인 정치적 영역에 참여하는 시민citoyen의 관계가 도착증과 히스테리의 관계와 같다고 규정한다. 오늘날 도착증적 심리기제의 지배를 받는 주체들은 기꺼이 타자의 대상-도구가 되고자 한다. 그들의 자기 정당화의 논리는 간단하다. 자신은 오직 타자가 원하는 것을 했을 뿐이니 "이의가 있으면 타자에게 가서 말해보라"[70]는 것이다. 이처럼 법의 뒤에 숨은 채 피상적인 자유를 누리는 이들은 비록 노골적으로 외설적·위반적 행동을 하지 않는다 하더라도 위험한 도착성의 감염자임에 틀림없다. 법의 준수라는 면에서 '정직한 도덕군자들'로 나타나는 도착적 주체들은 후기근대의 탈이데올로기적 시대정신 속에서 진정한 주체성, 즉 자기 욕망의 추구를 윤리적 의무로 받아들이는 주체성의 형성을 좀먹는다. 그러므로 상품 물신주의와 함께 횡행하는 외설적이고 도발적인 이미지들만을 도착증에 대한 비난의 대상으로 삼아서는 안 된다. 이런 이미지들은 단지 더 근본적이고 심각한 도착성의

문제를 가려주는 방패로서 기능하는 것일 뿐이다.[71]

　　도착증의 닫힌 원환고리에 사로잡힌 주체를 어떻게 히스테리화할 것인가, 즉 어떻게 그/녀를 결여와 질문의 주체로 바꿀 것인가는 오늘날 무엇보다 절박해진 정치적 과제다. 이에 부응하듯, 김기덕 영화들은 끊임없이 상징적 법에 의문을 제기하며 자기 결정권을 갖고자 하는 주체들을 선보였다. 그동안 여러 비평들이 그의 영화를 '도착증적 작가정신'의 표출이라고 진단했다. 하지만 이 글의 분석은 〈사마리아〉가 목표로 삼는 것이 단지 도착증을 전시하는 것에 그치지는 않음을 알려준다.

　　〈사마리아〉에서 던져진 '재주체화'의 과제는 그 이후의 작품들에서 점점 더 구체적으로 실현되어간다. 〈빈집〉의 선화는 결국 남편에게로 돌아가고, 〈활〉의 소녀는 배에서의 삶을 접고 뭍으로 가며, 〈시간〉의 세희는 애인 지우를 위해서가 아니라 자기 자신을 위해 재수술을 선택한다. 또 〈숨〉의 홍주연 역시 가족들과 함께 집으로 돌아간다. 이들의 선택은 원점으로의 회귀가 아니라 출발점과 종착점 사이에 열린 시공간 속에서 주체성의 어떤 질적 변화를 겪는 과정이다. 일종의 성장 드라마처럼 보이기까지 하지만 이 과정은 결코 인물들의 트라우마적 실재를 현실로부터 배척하는 데 성공함으로써 자아를 재통합하고 안정화하는 과정이 아니다. 그것은 오히려 인물, 기억 등으로 형상화되는 실재적 차원을 그 안정된 시공간에 도입함으로써 자기 자신을 포함한 모든 것을 탈중심화하는 과정이다(이것이 바로 〈사마리아〉의 후속작인 〈빈집〉이 〈사마리아〉의 서사적 진화인 이유다). 이러한 '탈구'의 과정에서 주로 여성 인물들이 보여주는 유사-도착적 전략들의 특징과 의미에 관해서는 또 다른 분석이 필요하다.

4 〈빈집〉

거울놀이와 유령 연습이 여자를 자유케 하리라

불가능한 거울상의 가능한 진실

대개 김기덕의 영화가 그러하듯이, 〈빈집〉(2004) 역시 상식 수준에서는 쉬
이 납득하기 어려운 영화다. 태석은 왜 남의 빈집에서 집주인 코스프레를
하며 살아가는가? 선화는 왜 그리 선뜻 무단 침입자인 태석을 따라나서며,
왜 결국은 폭력 남편의 집으로 되돌아오는가? 또 왜 선화는 그토록 천연
덕스레 남의 집에 들어가서 자고 나오며, 왜 집주인 부부는 그런 그녀를 내
버려두는가? 무엇보다도 어떻게 태석은 종국에 보이지 않는 존재가 될 수
있으며 어떻게 선화만이 그런 태석을 볼 수 있는가? 도대체 어떻게 성인
남녀의 몸무게 합이 0이 될 수 있다는 말인가?

이런 질문들에 대해 '이건 영화니까'라는 손쉬운 대답으로 응하는 것
만큼 비생산적인 회피의 길은 없을 것이다. 그것은 탐문해야 할 모든 (불)
가능성을 영화라는 거울상의 환영illusion적 본질로 환원하는 태도다. 그러
나 "모든 진실은 허구의 구조를 갖는다"[1]고 보는 라캉에 따르면 허구야말
로 무의식적 욕망의 층위에 있는 진실이 드러날 유일한 무대가 아니던가.
그런 의미에서 〈빈집〉은 김기덕의 몇몇 전작前作들이 그러했듯이 그 비현실
적 혹은 탈현실적 전개를 통해 진실에 접근하면서 우리를 끌어들이는 영
화다.[2] 물론 여기서 가리키는 진실이란 정신분석적으로 규정되는 진실이
다. 의식적 표면에 드러난 사실이 아니라 무의식적 이면에 가려진 진실, 뫼
비우스의 띠처럼 언제든 뒤집혀 현실 속으로 침입할 수 있는 진실, 그럼으
로써 삶을 근원적으로 교란하고 주체(성)의 형식과 내용을 전복시키는 진
실, 그런데도 우리의 언어로는 절반밖에는 말할 수 없는 그 진실 말이다.

물론 그러한 진실과 관계하는 영화가 어찌 해 아래 〈빈집〉 하나뿐

이랴. 〈빈집〉이 특히 눈길을 잡아끄는 까닭은 그러한 진실의 존재를 서사의 차원에서뿐만 아니라 이미지의 차원에서도 흥미로운 방식으로 도해하기 때문이다. 나아가 남성 주체와 여성 주체가 의식과 무의식 사이에서, 시선look, eye과 응시gaze, regard[3] 사이에서 분열된 채로 진실과 관계하는 상이한 방식을 놀라운 직관 속에서 묘파하기 때문이다. 그러므로 〈빈집〉을 '치유'의 여정으로 읽는 것은 이 영화를 정확히 거꾸로 이해하는 것이다. 이 영화는 정신분석에 관한 영화이지 결코 정신종합에 관한 영화가 아니다.[4] 즉, 이 영화는 분석의 끝에서 만나는 자유에 관한 영화이지 결코 방황의 끝에서 찾는 안정에 관한 영화가 아니다.

바로 이 점이 〈빈집〉을 김기덕의 전작全作의 역사 속에서 도드라지게 만든다. 〈빈집〉 이전의 영화들에서는 인물들이 자신의 증상을 폭발시키다가 자멸하거나 혹은 극적인 자리바꿈을 통해 적대가 해소되고 공존하게 된다는 식의 결말이 대부분이었다. 그것은 어찌 보면 뫼비우스의 띠가 꺾이는 바로 그 (불)가능한 순간에 이야기가 일단 정지한 채로 시급히 막을 내리는 것과 같았다. 하지만 〈빈집〉은 뫼비우스의 띠가 일단 꺾인 다음에 벌어지는 파국적 사태 이후로까지 이야기를 끌고 가서 '이제 과연 어떻게 살아가야 하는가'의 문제로 더 깊이 들어간다. 이는 분명 전작前作들이 보여준 미궁으로부터의 진일보다.

이 글에서는 이러한 진일보를 '거울놀이'의 관점에서 해명하고자 한다. 이러한 접근법은 명백히 자크 라캉의 〈라스 메니나스〉 분석과 광학 모델에 빚지고 있다. 라캉의 이미지론이 스크린, 응시, 거울, 프레임, 몽타주 등의 개념을 통해 구성되는 방식을 〈라스 메니나스〉만큼 압축적으로 보여주는 작품은 없다. 이 획기적인 회화 작품에 대한 라캉의 분석은 그가 만들어낸 독특한 광학 모델과도 상통한다. 이는 동시대에 미셸 푸코가 『말과 사물』에서 선보였던 분석과도 확연히 차별화된다. 이 글은 라캉의 회화 분석과 광학 모델을 새로운 영화의 존재론으로 번역하고 이를 〈빈집〉의 이해를 위한 토대로 활용할 것이다. 이를 위해 어떻게 〈빈집〉이 유령적 시각성을 유리창이라는 인터페이스-스크린을 통해 장면화하는지를 검토할 것이다. 아울러 주인공들의 수수께끼 같은 행동과 그것을 시각화하는 방식, 그들의 최종 선택의 성구분sexuation적 의미를 라캉의 변형된 광학 모델에 등장하는 '수평거울'에 빗대 헤아려보고자 한다.

두 개의 거울 사이: 유령적 시각성과 인터페이스-스크린

이십대 후반쯤 되었을까. 태석은 알 수 없는 남자다. 영화의 말미쯤에 가서야 "배울 만큼 배운 놈"이라는 정보가 나올 뿐이다. 그는 제법 값나가 보이는 BMW 오토바이를 몰고 다니며, 그가 대문에 붙여둔 전단지를 하루 종일 걷어내지 않는 빈집에 무단으로 침입한다. 그렇다고 태석이 도둑이나 강도는 아니다. 그는 오히려 주인이 남긴 빨래를 해준다든지 고장 난 가전제품 등속을 고쳐놓는다. 적어도 집주인이 없는 동안만큼은 태석이 그 집의 주인이다.

사건은 그가 선화의 집에 침입했을 때 발생한다. 아무도 없을 듯했던 그 저택에는 남편 민규에게 맞아 얼룩덜룩 부어오른 선화가 남아 있었다. 물론 태석은 선화가 자신을 지켜보는 줄 모르는 채 늘상 하던 대로 지내고 있다. 선화는 그런 태석을 따라다니며 훔쳐본다. 문자 그대로 주객이 전도된 상황이다. 이는 〈빈집〉이라는 제목이 일차적으로 은유하는 바를 정확히 축도縮圖한다. 집을 가족이나 가정의 물질적 구현이라 할 때, 학대 받는 선화의 존재는 그 집에서 사실상 없는 것과 마찬가지이고, 그처럼 마땅히 있어야 할 관계나 사랑이 없는 가정은 어찌 되었든 '빈집'이라는 것이다.

현재 이 집에 '사는' 이는 누구인가. 자폐적 거주자인 선화인가, 능동적 침입자인 태석인가. 둘 모두가 이 집에 제대로 속해 있지 않다는 점에서 그들의 존재는 유령과도 같다. 이들의 유령성을 보여주는 〈빈집〉의 정교한 표현은 이 영화의 가장 빼어난 성취 중 하나다. 이러한 유령성의 세공이 왜 중요한가? 라캉에 따르면 현실reality은 언제나 현실로부터 배척되어 상징화되지 않는 부분, 즉 현실 속의 간극 혹은 구멍으로 존재하는 실재the Real를 중심으로 구성된다. 꿈, 말실수, 농담 등으로 누설되는 무의식의 차

그림 1. 빨래를 너는 태석을 유리창 안쪽에서 바라보는 선화. 숏 배치의 순서와
숏 2의 미장센은 보는 주체로서의 선화의 수동적 위치를 드러낸다.

원, 현실을 가르는 적대에 의해 사회-상징적 위치를 할당받지 못하는 존재
들이 모두 실재와 동일한 위상학적 위치를 공유한다. 이 실재의 차원이 현
실로 틈입할 때 취할 수 있는 위장의 하나가 바로 유령이다. "유령은 (상징
적으로 구조화된) 현실로부터 달아나는 그것" 혹은 "현실 자체가 그 '억압'
위에 세워지는 재현 불가능한 X"에 "육체성을 부여"받은 존재다.[5] 자연히
유령의 시공간은 상징적 질서의 상궤를 벗어난다. 이러한 맥락에서 블리스
쿠아 림은 베르그송에 입각하여 "유령적 시간"을 탐구하면서 "[귀신 등에]
홀리는 것의 시간성은 (……) 근대적인 시간 의식의 선형적 진전을 거부"
하며 "동질적 공간을 망치는 것"과 연결되어 있다고 주장한다.[6]
　　〈빈집〉에서 선화의 유령적 시간은 태석의 출현과 함께 시작되며, 이
질적 공간성은 거실의 커다란 창 위에 압축적으로 재현된다. 그림 1의 미
장센은 선화와 태석이 이 집에서는 유령 같은 존재일 뿐임을 잘 보여준다.
숏 1은 빨랫감을 너는 태석을 보여주는 선화의 주관적 시점 숏이고 숏 2는
선화와 태석을 하나의 숏 안에 응축한 객관적 숏이다. 일반적인 봉합의 원
리는 보는 주체를 보여주는 객관적 숏과 그 대상을 보여주는 주관적 시점
숏의 순서로 이어가는 것이다. 하지만 순서를 뒤집은 이 편집은 '보기'의
주체인 선화의 위상을 훼손한다. 보는 위치로 선화를 이끄는 태석이 선재
하고서야 비로소 선화는 보는 자가 되는 셈이기 때문이다. 숏 2의 미장센
은 이를 더욱 명징하게 구획한다. 그녀의 존재는 거실 유리창과 화면의 절

그림 2. 유리창을 경계로 해서 인물들의 육체성과 유령성이 드러나는 방식의
변화는 집의 의미가 거주지에서 가정으로, 다시 사랑의 공간으로 바뀌어감을
보여준다.

반을 차지하는 벽과 캔버스라는 삼중의 벽으로 가로막혀 있으며 그마저도
유리창에 얼비치는 태석의 모습으로 얼룩져 있다. 이 숏은 두 인물 모두를
유리창 이편과 저편에서 부유하게 함으로써 이들이 이 집에 귀속될 수 없
는 존재들임을 드러내는 참으로 인상적인 숏이다.

　출장 갔던 민규가 돌아와 선화를 추궁하고 이를 이 집에 다시 찾아
온 태석이 바라보는 상황에서도 이와 유사한 미장센을 볼 수 있다(그림 2).
이 장면의 편집 역시 상당히 흥미롭다. 맨 처음에는 유리창을 경계로 집 안
의 부부와 집 바깥의 태석이 나뉘어 있고, 그다음에는 유리창에 세 인물 모
두가 어른어른 비치는 상태로 나타난다. 마지막으로는 어둠 속에서 골프
채를 휘두르는 태석을 남편이 유리창을 통해 바라보고, 실내에 있는 선화
가 유리창에 비친 태석의 옆쪽에 희미하게 드러나는 숏이 이어진다. 유리
창을 경계로 안팎을 나누는 처음 숏은 단순히 이 주소지의 거주자와 외부
인의 차이를 드러낼 뿐이다. 하지만 그다음 숏은 세 인물의 유령적 현존을
통해 민규-선화 가정의 취약함을 증명한다. 마지막 숏은 사랑의 관점에서
볼 때 결국 셋 중에서는 남편이 국외자임을 암시한다.

　이러한 전개는 또 다른 흥미로운 점을 누설한다. 유리창이라는 매개
로 인해 가능해진 육체성과 유령성의 공존 혹은 대비 속에서 선화와 태석
은 명백히 유령성과 결부된 존재로 나타나며 앞으로 그들의 공동의 적이
될 민규는 오히려 유령성을 상실하고 자명한 육체성을 띠게 된다는 사실
이다. 그림 2의 세 번째 숏을 보라. 선화는 분명 공간적으로는 민규와 같이
실내에 있음에도 불구하고 저 유리창의 프레임 속에서는 태석과 같이 희
끄무레한 얼룩으로 등장한다. 육화된 존재가 속한 빛의 공간에서는 비육
체적/탈육체적 존재가 속한 어둠의 공간을 보기 어렵다. 이처럼 민규와 선
화-태석의 관계는 이율배반적이며 따라서 양자의 평화공존은 불가능하다.
〈빈집〉은 그 사이-공간에 처한 선화가 자신의 존재 방식을 스스로 결정하
기 위해 유리창-거울의 반사를 뚫고 유령의 세계로 태석을 따라 들어가게
되면서 펼쳐지는 이야기다. 이제부터 선화는 스스로 욕망하고 향유하기
위해 자기 자신의 시간과 공간을 획득하게 될 것이다.

206

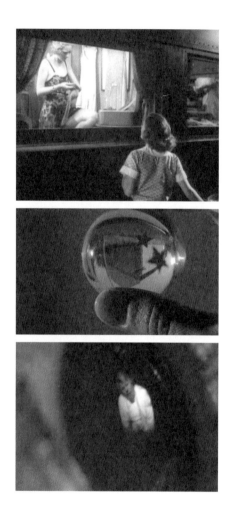

그림 3. 지젝이 꼽는 인터페이스-스크린의 사례들. 윗줄부터 〈강박관념〉
〈베로니크의 두 개의 삶〉〈블루〉. 인물들이 속해 있던 현실의 (이데올로기적)
정합성은 새로운 관점으로의 이행을 강제하는 인터페이스-스크린(유리창,
유리공, 눈동자)의 등장으로 인해 무너지게 된다.

이처럼 시공간의 분열을 보여주는 매체로서 유리창을 형상화하는 방식은 즉각 지젝의 '인터페이스-스크린' 개념을 떠올리게 한다. 라캉은 주체가 의식과 무의식 사이에서 분열하듯 주체의 시각성 또한 시선과 응시 사이에서 분열한다고 보았다. 따라서 그는 원근법적 소실점과 관계하는 시선의 차원과 달리 사영 기하학의 무한점과 관계하는 응시의 차원은 '표상'이 아니라 '표상의 대표자Vorstellungsrepäsentanz'로서 스크린 상에 기표화된다는 (회화) 이미지론을 구성했다. 지젝의 인터페이스-스크린 개념은 바로 라캉의 스크린 개념을 영상 매체에 적용한 것이다.

지젝은 1970년대 유럽을 풍미했던 봉합 이론을 후기 라캉의 논리에 입각하여 설득력 있게 재해석한다.[7] 고전적 봉합 이론의 핵심은 어떻게 영화의 편집이 진실을 억압하고 이데올로기적 효과를 발생시키는가를 설명하는 데 있었다. 즉, 숏 1에서 숏 2로 편집하는 시선 교환의 경제 속에서 두 숏 사이에 있다고 가정되는 부재자the absent one가 억압/봉합되며 이러한 형식으로 인해 관객은 영화가 유도하는 의미의 효과에 포획된다고 보았다. 반면 지젝은 봉합이 실패하는 경우에 주목한다. 객관적 숏(숏 1)이 시점 숏(숏 2)을 의미화하거나 특정 주체에게로 귀속시키지 못하게 되면 "자유로이 떠다니는 응시의 유령"[8]을 불러일으키게 된다는 것이다. 지젝이 언급하는 사례는 억압되어야 하는 부재자를 대리하는 무언가가 숏 2에 출현함으로써 숏과 역 숏이 하나의 숏에 응축되어 유령적 성격을 띠는 경우다(그림 3). 여기서 인터페이스-스크린으로 등장하는 유령적 차원은 등장인물이 속한 세계의 동질성을 무너뜨리고 그 세계에서 작동하던 이데올로기적/환상적 효과 또한 무산시킨다.[9] 응축된 숏 안에 나타나는 인터페이스-스크린 속의 세계로 초점을 옮기려면 인터페이스 스크린 외부에 맞추어진 관점을 포기해야 하기 때문이다. 마치 〈대사들〉에서 삐딱하게 놓인 해골("결여의 기능을 상징화하는""남근적 유령"[10])의 왜상을 제대로 보기 위해 고개를 기울이게 되면 대사들이 속한 원근법적 현실이 온통 일그러져버리고 마는 것처럼 말이다(1부 2장 그림 2 참조).

물론 앞서 나온 〈빈집〉의 사례와 지젝의 사례들 사이에는 분명한 차이가 있다. 지젝의 사례에서는 차창, 유리공, 동공 등으로 나타나는 인터페이스-스크린이 상징적 현실에 뚫린 구멍처럼 실체화되어 있기 때문에 양자 사이의 경계가 명확하다. 반면 김기덕의 사례에서는 화면 전체가 유리창으로 매개되어 있기 때문에 상징적 현실 전체가 이미 인터페이스-스크린에 포섭되어 있다. 그 때문에 지젝의 사례에서는 오직 상징적 현실과 유령적 실재의 두 차원이 병치되어 있지만, 김기덕의 사례에서는 사실상 세 차원이 병존한다. 유리창의 저편/이편에 있다고 가정되는 상징적 현실, 인터페이스-스크린을 통과해서 보이는 유리창 저편의 유령적 실재, 인터페이스-스크린 위에 흐릿하게 비치는 유령적 실재가 그것이다. 이러한 관점에서 보면, 그림 1의 두 번째 숏에 나오는 선화의 이미지는 비록 화면상에서는 전혀 유령성을 띠고 있지 않지만 이미 유리창 저편의 상징적 선화와 유리창 위에 희미하게 떠오르는 실재적 선화로 분열된 채 중첩되어 있는 셈이다. 이 경우 양자 간에는 최소차이만이 존재하므로 그녀는 결국 하나의 인물처럼 보이고 그 분해(분열) 가능성 역시 논리적으로만 존재한다. 반면 그림 2의 세 번째 숏에서는 유리창에 매개되어 있지 않은 상징적 민규의 모습이 프레임 좌측을 점유함에 따라 유리창-스크린을 매개로 드러나는 주체의 분열이 좀 더 이해하기 쉽게 구조화되어 있다. 즉, 이 사례에서 화면은 유리창에 매개되어 있지 않은 상징적 민규, 유리창-인터페이스상의 실재적 민규와 실재적 선화, 유리창-인터페이스에 분열/중첩되어 있는 상징적/실재적 태석이라는 세 겹의 층으로 구조화되어 있다.

그러므로 이제 지젝의 인터페이스-스크린 개념을 확장할 필요를 느끼지 않을 수 없다. 라캉의 〈대사들〉 분석에 의존하여 시선과 응시의 차원의 병치를 그대로 영화의 미장센에 적용하는 방식만으로는 응시의 차원이 작동하는 좀 더 다층적인 양상을 포섭할 수 없기 때문이다. 이러한 한계를 극복하고 새로운 접근법을 찾아내는 데 라캉의 〈라스 메니나스〉 분석은 좋은 참조점이 된다.[11]

〈라스 메니나스〉는 얼핏 상당히 사실적인 묘사로 보이지만 미술사에서는 수수께끼 같은 구성으로 유명한 작품이다(그림 4). 이 작품에 관한 비평 중 가장 널리 알려진 것은 푸코의 것이다. 『말과 사물』에서 푸코가 내놓은 설명은 일견 타당해 보인다. 화면 속의 화가 벨라스케스는 〈라스 메니나스〉라는 그림 속의 상황 전체를 마주 보고 있는 왕과 왕비를 화면 속 캔버스에 그리는 중이며, 관객은 거기에 있는 왕과 왕비의 존재를 화면 스튜디오의 맨 안쪽에 걸린 거울에 비치는 모습으로 미루어 알 수 있다는 것이다(그림 5). 〈라스 메니나스〉가 모든 공간, 모든 주체에게 미치는 절대 왕정의 편재적 시선을 그려낸 작품이라는 푸코의 관점은 1969년의 글[12]에서 봉합 이론 논쟁을 개시했던 장-피에르 우다르에게 직접적인 영향을 끼쳤다. 영화와 같은 대중문화에서도 이데올로기적 시선은 언제나 이미 작동하고 있다는 자신의 주장을 뒷받침하기 위해 우다르는 푸코를 언급했다.[13]

하지만 1970년대 유럽 영화 이론의 네 중심축(소쉬르, 알튀세르, 라캉, 브레히트) 중 하나였다고 이야기되는 라캉은 정작 1966년에 이루어진 푸코의 설명에 설득되지 않았다.[14] 스튜디오의 맨 안쪽에 있다고 가정되는 거울과 국왕 부처가 있으리라고 가정되는 공간 간의 거리를 감안할 때 거울에 비친 왕과 왕비의 크기는 계단을 오르고 있는 니에토 벨라스케스의 절반 크기 정도로 줄어야 비례가 맞는다는 것이 그 일차적인 이유였다.[15] 대신 라캉은 새로운 가설들을 제시한다. 하나는 푸코의 가설에서 왕과 왕비가 있다고 가정되었던 곳에 대형 거울이 있으며 화면 속의 벨라스케스는 그 거울에 비친 인물들을 그리고 있다는 것이다(그림 6). 하지만 라캉은 이 가설이 "매혹적"이고 "호소력 있다"고 평가하면서도 거기서 어떤 모순을 찾아낸다.[16] 화면 속의 벨라스케스는 오른손잡이이므로 이것이 거울상이라면 실제 벨라스케스는 붓을 왼손으로 들고 있어야 하는데 그가 왼손잡이였다는 역사적 증거를 찾을 수 없다는 것이다.

이어서 라캉은 대형 거울 가설이 성립하기 위해서는 국왕 부처가 결코 거울의 위치에 있을 수 없다고, 즉 가정된 대형 거울, 국왕 부처, 화가 벨라스케스 중 적어도 둘을 동시에 동일한 장소에 놓아야 하지만 이러한 상황 역시 결코 가능하지 않다고 설명한다.[17] 먼저 국왕 부처가 대형 거울과 같은 쪽에 서 있어서 뒤쪽의 소형 거울에 비친다고 가정하는 경우, 대형

그림 4. 디에고 벨라스케스, 〈라스 메니나스〉, 318×276cm, 캔버스에 유화,
1656년, 프라도 미술관.

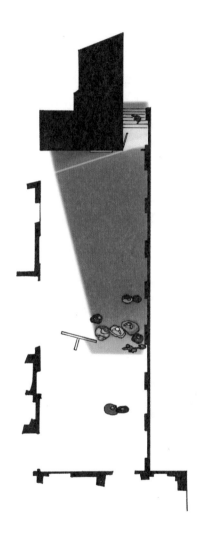

그림 5. 국왕 부처(맨 앞쪽의 두 원)가 전체 상황을 지켜보는 위치에 있다는
푸코의 관점에서 현장 상황을 위에서 내려다보는 관점으로 도해한 그림.
© Brendan Shea

그림 6. 진체 싱황 잎에 대형 거울이 있고 〈라스 메니나스〉는 벨라스케스가 그 거울에 비친 형상들을 그린 것임을 보여주려는 모형들. 인형을 활용한 첫 번째 모형은 왕과 왕비의 존재를 대형 거울 쪽에 배열하지 않음으로써 그렇게 했을 때의 난국을 피해가며, 두 번째와 세 번째 모형은 왕과 왕비가 거울에 비친 것이 아니라 창문 뒤쪽에 있다고 가정한다. 두 번째 모형에서 맨 앞에 있는 검은 벽이 대형 거울이고 그 뒤의 구멍 뚫린 벽은 그림의 프레임을 짜기 위해 필요한 것으로 보인다. © Nigel Konstam, Philippe Comar

거울에는 국왕 부처의 등과 뒤통수가 반사될 것이고 이를 저 그림 속 벨라스케스가 그대로 그린 것이 〈라스 메니나스〉라면 그 구성은 현재 우리가 보는 〈라스 메니나스〉와 달라질 수밖에 없다. 그렇기 때문에 그림 6의 첫 번째 모형에서도 국왕 부처를 대형 거울 앞쪽에 배치할 수 없었던 것이다.

한편 〈라스 메니나스〉에서 벨라스케스의 위치는 캔버스 뒤쪽이기 때문에, 그가 대형 거울을 마주 보고 있다고 가정할 수밖에 없다. 그렇다면 남은 가능성은 국왕 부처와 벨라스케스 모두가 거울을 마주 보는 위치에 있는 상태다. 즉, 그림 6의 두 번째와 세 번째 모델에서처럼 국왕 부처가 거울상으로 등장하는 것이 아니라 그 위치에 실재하는 창문 밖에 있다고 가정하는 것이다. 이러한 가정은 국왕 부처가 등장하는 거울상에서 심연화mise-en-abyme 현상, 즉 마주 보는 두 개의 거울이 서로를 반영하면서 무한히 액자 구조를 전개하는 현상이 나타나지 않는다는 점[18]을 해명할 수는 있다. 하지만 국왕 부처를 보여주는 프레임 내부가 흐릿한 빛으로 묘사되어 있음은 벨라스케스가 그 프레임을 창문의 유리가 아니라 거울로 보이도록 그렸다는 뜻이다. 자연히 거울 대신 창문을 가정할 가능성은 기각된다.[19]

그럼에도 불구하고 라캉은 "해석의 다중성"을 위해 이 거울을 범죄자 조사실에 있는 것 같은, 한 면만 거울로서 기능하는half mirror 창문이라고 생각해볼 가능성을 제시한다.[20] 당시 궁정에는 큰 방 옆에 붙어 있으면서 엿보기를 위해 쓰이던 연결부connector 공간이 있었으며 현재 왕과 왕비 또한 그곳에서 화가의 스튜디오를 들여다보는 중이라고 가정할 수도 있다는 것이다. 동시에 라캉은 국왕 부처를 비추는 뒤쪽의 거울이 "이 그림 속에서 수수께끼 같은 형식으로 현존"[21]한다고도 주장한다. 다시 말해, "거울은 뒤쪽에 있으며 또한 우리[관람객] 쪽에도 있다"[22]고, 즉 큰 거울과 작은 거울이 동시에 있을 수 있다고 덧붙여 혼란을 초래한다. 그러면서도 그림 6의 첫 번째 상황을 염두에 둔 듯, 〈라스 메니나스〉 속에서 벨라스케스가 뒤집힌 화폭에 그리고 있는 모델은 국왕 부처가 아니며 "이 그림 속 그림은 [〈라스 메니나스〉라는] 그 그림 자체, 즉 우리가 보고 있는 그것"[23]이라고 여러 차례에 걸쳐 확언한다. 그렇다면 정녕 라캉은 이 난해한 그림을 놓고 자기모순에 빠져 오락가락한 것일까?

이러한 구성의 속임수를 이해할 유일한 방법은 〈라스 메니나스〉가 원근법적으로 구성된 사실화라는 대전제를 버리는 것이다. 그래야만 푸코와 라캉의 차이, 즉 이 작품을 "거울 속의 리얼리즘적 광경sight이라는 관점에서 분석"하는 방식과 "광학적 외양들의 기만에 관한 편집증적인 초현실주의적 통찰insight과 함께 조우"하는 방식의 차이를 이해할 수 있다.[24] 여기서 '편집증적인'을 '분열적인'으로 번역하게 되면 〈라스 메니나스〉의 정신분석적 독법은 본격적으로 전개될 수 있을 것이다. 〈라스 메니나스〉는 의식과 무의식, 시선과 응시 사이에서 분열하는 시관적scopic 주체의 존재를 그러한 분열이 포획되는 장으로서의 스크린의 기능과 결합시키면서 그 분열의 구조를 드러내는 작품이기 때문이다.

라캉의 분석을 총괄해보면 〈라스 메니나스〉는 여러 쌍의 이율배반적 관계들의 집합이다. 관람객이 보고 있는 그림으로서의 〈라스 메니나스〉와 그 그림 속 캔버스의 쌍, 스페인 국왕 필리페 4세 부부가 비치는 뒤쪽의 소형 거울과 전경의 캔버스(창문)의 쌍, 스튜디오를 빠져나가고 있는 니에토 벨라스케스와 캔버스 뒤쪽에 있는 화가 디에고 벨라스케스의 쌍, 빛이 쏟아지는 중심부의 마르가리타 공주와 왼쪽 반암부의 화가 벨라스케스의 쌍, 국왕 부처와 마르가리타 공주의 쌍이 그것이다. 지금부터 순차적으로 라캉이 어떻게 이러한 쌍들을 발견하고 또 설명하는지를 따라가보자.

라캉이 〈라스 메니나스〉를 높이 평가하는 결정적인 이유는 이 작품이 그가 '주체의 전복' 혹은 '주체의 변증법'이라 부르는 절차를 유도한다고 보기 때문이다. 여기서 주체란 이 그림의 공간에 '사로잡히는' 관람객을 가리킨다. 무엇보다도 주체를 이 작품에 "묶어놓는" 것은 엎어둔 트럼프와도 같은 저 캔버스다.[25] 저 트럼프-캔버스를 보려면 주체 역시 자신의 패를 내려놓아야 한다. 즉, 자신이 저 캔버스에 무엇무엇이 그려지고 있다고 [무의식적으로] 연상하는지를 스스로 인식해야 한다. 이렇게 주체가 자신의 카드(트럼프)를 내려놓는 방식은 이 그림의 효과가 형성되는 데 필수 요소가 된다. 이처럼 호기심을 가진 주체를 함정에 빠뜨리는 이 트럼프-캔버스의 존재로 인해 〈라스 메니나스〉를 보는 경험은 '충동drive의 메커니즘'을 시연하는 작업이 된다. "주체로부터 주체로의 왕복 여행" 혹은 "순환"에서 나가는 여행과 돌아오는 여행은 같지 않다.[26] 그 여행에서 자신이 무엇에 연루되어 분열되어 있는지를 파악하게 된 주체는 뫼비우스의 띠의 구조와 유사하게 앞쪽(의식: 여기서는 〈라스 메니나스〉라는 그림 자체)에서 시작하여 뒤쪽(무의식: 여기서는 〈라스 메니나스〉 안의 캔버스)에 봉합될 것이기 때문이다.

앞서 언급했듯 상황 전체를 비추는 대형 거울이라는 가정에 입각하여 우리는 이미 이 캔버스에 그려지고 있는 그림이 사실은 우리가 보고 있는 〈라스 메니나스〉라는 그림 자체임을 잘 알고 있다. 의식과 무의식, 시선과 응시, 현실과 실재가 맺고 있는 뫼비우스의 띠의 구조는 〈라스 메니나스〉라는 작품과 저 '그림 속 그림'의 관계 속에서도 정확히 반복되고 있는 셈이다. 라캉은 시관적 충동이란 "본질적으로 이질적인 차원의 현실들 간의 몽타주"[27]라고 설명하면서 〈라스 메니나스〉의 구조를 "원근법적 몽타주"[28]라고 요약한다. 이는 〈라스 메니나스〉라는 작품의 원근법적 외양 속에서 작동하지만 이 그림을 재현 기능으로부터 자유롭게 해줄, 〈라스 메니나스〉 자체와 (사실은 우리가 보고 있는 것과 동일한 것이 그려지고 있을) 저 캔버스의 이접의 논리를 지적한 것이다. 라캉은 이를 〈라스 메니나스〉에서의 첫 번째 순환이라 칭한다.

원근법과 몽타주의 이율배반적 관계는 거울과 창문/그림의 은유로도 확장된다. 라캉은 양자 간에는 "어떠한 구조적 관계도 없다"고 단언한다.[29] 거울 속에는 "실제 세계에서와 같은 원근법이 있을 뿐"[30]이고 따라서 "대상 a를 포착할 수는 없"[31]다. 반면 창문은 "타자의 욕망의 차원에서 기꺼이 응시라 불리는"[32] 것이고 그림 속에는 "대상 a의 장소 및 대상 a가 주체의 분열과 맺고 있는 관계가 모두 각인될 수 있"[33]다. 그러므로 "재현의 구조"[34]는 창문/그림과 거울이 분열하면서 완성된다. 〈라스 메니나스〉에서 이러한 거울의 기능을 수행하는 것은 국왕 부처가 비치고 있다고 가정되는 소형 거울이고 창문/그림의 기능을 수행하는 것은 전경의 캔버스다. 라캉은 종종 이 캔버스를 창문이라 부르면서 저 소형 거울과 캔버스를 "한 짝"[35]으로 간주한다.

이러한 분열의 구조는 상이한 위상학적 지위를 갖는 여러 인물들의 쌍으로도 표현되어 있다. 특히 그림 속의 화가 벨라스케스는 여러 대립쌍의 축으로서 기능한다는 면에서 눈길을 끈다. 무엇보다도 그는 화면 밖 어딘가를 물끄러미 바라보는 자신의 응시를 통해 〈라스 메니나스〉라는 그림을 지탱시키는 동시에 관람객을 그의 응시의 대상으로 사로잡는, "응시를 위한 덫"[36]으로서 존재한다. 이처럼 특별한 방식으로 그림 속에 화가가 직접 등장하는 사태를 라캉은 "나쁜 그림" "세계에 대한 나쁜 개념화"라고, 그런 자화상을 그린 벨라스케스를 "나쁜 화가"라고 규정한다.[37] 하지만 이 '나쁜'이라는 표현에는 역설이 있다. 라캉이 보기에 그림 속의 벨라스케스는 마치 이렇게 묻는 듯하다. "당신들은 내가 지금 이 물감과 이 오일과 이 붓으로 자화상을 그리려 한다고 믿습니까?"[38] 나쁜 화가가 그리는 것은 단순히 초상화가 아니다. 나쁜 화가는 세계 속에서 "우리가 그렇게 존재한다고 가정되는we are supposed to be 소우주의 대우주"[39]를 보기 때문에 세계를 나쁘게 개념화하는 자다. 그러므로 벨라스케스가 그린 자화상은 "그 어떤 좋은 자화상에서 이루어진 것 이상의 것"이다.[40] 즉, 그것은 화가의 "현존재Dasein" "환영Mirage" "거울 속의 자기 자신"[41]이 아니라 "유령 같은 형식으로 만들어낸"[42] "판타스마고리아적 인물"[43]이다. 그렇기에 화가는 자신의 초상을 창문-캔버스를 향하게끔, 바깥쪽을 향하게끔, 다른 인물들이 형성하는 횡선의 틈, 간격, 통로 중에서도 중앙의 틈에 배치한 것이다.[44] 그가 비록 그림을 그리는 중인 듯한 제스처를 취하고는 있지만, 붓을 뺐을 때 화폭에 닿을 만한 거리 안에 서 있는 것은 아니라는 점도 저 그림 속의 화가 벨라스케스를 '틈'에 속한 인물, 즉 "부재의 상태로 그 [그림] 속에 있"[45]는 인물로 보게 만든다.

스튜디오를 나가려다 말고 돌아보는 듯한 자세를 취하고 있는 인물은 니에토 벨라스케스다. 라캉이 그를 "[벨라스케스를] 복제하는"[46] 인물이라고 규정한 까닭은 단지 그가 화가 벨라스케스와 동명이인이라서가 아니다. 니에토 벨라스케스가 화가 벨라스케스의 친척이며 그를 궁정화가로 추천함으로써 화가에게 상징적 위치를 부여해준 인물이라는 사실, 〈라스 메니나스〉의 소실점(원근법 상의 중심점)이 정확히 니에토 벨라스케스의 팔꿈치 부근이라는 사실은 이 그림이 구성하는, 각각 상징계와 실재의 차원에 속하는 것의 이항 대립적 쌍들 중 중요한 한 가지를 구성하게 해준다. 요컨대 니에토 벨라스케스는 화가 벨라스케스의 상징계적 짝과도 같다는 것이다. 시선의 주체인 니에토 벨라스케스는 이미 "너무 많이 보았기에 떠나는"[47] 중이다. 반면, 화가 벨라스케스의 응시는 아마도 이 그림이 존재하는 한 무한히 계속될 것이다.

　　다 보았기에 떠나려는 이가 있는가 하면 아직 아무것도 못 보았기에 '내게 보여줘'라고 말하며 울어버리려는 이도 있다. 바로 화면 중앙의 마르가리타 공주다. 그녀가 보여달라는 것은 저 뒤집힌 캔버스에 그려진 그림이다. 하지만 라캉의 상상에 따르면 저 그림 속 화가는 공주에게 "당신은 내가 당신을 응시하고 있는 곳에서 나를 보지 못합니다"[48]라고 대답하고 있다. 공주와 화가의 상호 관계가 불가능한 이유는 본시 그림이란 재현(표상)이 아니기 때문이다. 재현(표상)으로서의 세계는 보여질 수 있다. 그것은 반영적 형식으로 나타나며 고전적인 개념에서의 투명한 주체에 의해 지지된다. 하지만 그림은 표상이 아니라 표상의 대표자다. 즉, 그림은 "표상의 영역에서 [충동을] 대표하는 것"[49]이자 "소외의 과정을 통해 원억압되는 기표"[50]가 등장하는 무대다. 〈라스 메니나스〉에서 이러한 역할을 담당하는 것은 뒤집힌 캔버스다. 이 캔버스는 "그림 속에서 우리가 원근법을 구성하게 해주는 이 지점으로 환원되지 않은 채, 그러나 주체가 이 현전하는 대상 a[캔버스]를 둘러싸고 그 자신의 분열 속에서 지탱되는 지점"[51]으로서 존재한다. 공주의 '보여줘'가 실현될 수 없는 것은 이것 때문이다. 공주는 시선의 주체로서 그림을 보고자 하지만 저 캔버스의 그림은 응시의 관점을 취해야만 볼 수 있는 것이기 때문이다. 심지어 이 그림 속 그림은 "과포화된 용액 속의 크리스털"[52]처럼 아예 〈라스 메니나스〉라는 그림 전체를 표상의

대표자라고 천명해버리기까지 한다. 라캉은 뒤집힌 캔버스를 둘러싼 공주
와 화가 사이의 불가능한 관계를 '두 번째 순환'이라고 부른다.

이제 이 모든 논의를 촉발시킨 국왕 부처에게로 돌아가자. 라캉이 보
기에 그들은 편재적·전지적·전시숲적인 데카르트의 신과 똑같은 기능을
가진 존재다. 그렇기에 그들의 형상은 화가의 유령적 형상과 달리 정말로
빛나고 있다. 이들의 시각은 "타자의 기능에 상응"[53]한다. 〈라스 메니나스〉
의 형상들이 참여하고 있는 왕조적 질서의 (원근법적) 재현은 바로 그들
의 응시를 가정함으로써만 유지되고 있다. 하지만 저 거울이 국왕 부처의
불가능한 현전을, 저 원초적 장면primal scene[54]을 담게 된 것은 "공상가가 아
닌 리얼리즘 화가는 없"[55]기 때문이다. 즉, 국왕 부처가 거울에 비치고 있
다는 벨라스케스의 '상상'이 저 스튜디오의 원근법적 재현에 개입했기 때
문이다.

그렇다면 국왕 부처는 정녕 모든 것을 보고 있는 것일까? 라캉은 전
지전능한 신이라는 개념에 의문을 제기한다. "이 신은 신을 믿을 수 있습
니까? 혹은 이 신은 자신이 신이라는 것을 알고 있습니까?"[56] 우리가 보는
모든 것이 우리를 속이지 않기 위해서는 '신이 자신은 편재적이며 모든 것
을 본다고 속인다'는 단 하나의 조건이 필요하다. 이러한 신의 존재를 에
고의 존재와 연결시키는 페넬롱François Fénelon의 신학에 기대어 라캉은 근
대적 주체로서의 사유하는 주체(코기토, cogito)에 대한 비판으로, 나아가
'신은 죽었다'고 선언한 니체 비판으로 나아간다. 신을 "환영의 순수한 절
합articulation"[57]으로 보는 라캉의 논리에서 핵심은 "왕의 텅 빈 눈"[58]을 지적
하는 데 있다. 이 모든 재현이 왕의 눈을 위해서 생산되었으나 정작 왕은
눈 뜬 장님과도 같다는 것이다. 만일 국왕 부처가 저 소형 거울의 위치에
있는 것이 맞다면 부처는 오직 다른 인물들의 등반을 볼 수 있을 뿐이다.
하지만 이 인물들은 그저 그림으로만 존재할 뿐이므로 실체로서의 등을
갖고 있지는 않다. 라캉은 바로 이 점에 빗대어 왕의 눈의 무능력을 드러낸
다. 그렇다면 그 위치에서 국왕 부처는 혹시 맞은편 캔버스(관객에게는 뒤
집혀 있는 캔버스) 위의 그림을 볼 수 있지는 않을까? 그럴 가능성은 없다.

이 그림 속 그림의 오른쪽 부분이 〈라스 메니나스〉라는 그림 전체의 바깥
쪽으로 빠져나와 있기 때문이다. 라캉은 이러한 배치를 두고 "적절한 의미
에서 잘, 진실하게"[59] 그려져 있다고 지적하면서, 그림을 볼 수 없는 국왕
부처의 "눈먼 시각"[60]을 재확인한다.

　타자는 결코 완전하지 않다. "타자가 구성하는 기표들의 보고寶庫에는
언제나 빠진 기표가 있다."[61] 라캉은 1961년부터 "상징적 남근은 타자 속에
있는 기표의 결여의 장소에서 나타나는 것"이고 "욕망 그 자체의 현전"이라
고 진술한다.[62] 〈라스 메니나스〉에서 국왕 부처=타자의 이 빠진 기표, 즉 그
들의 눈멂으로 표현된 결여를 나타내는 동시에, 보고자 하는 그들의 욕망의
기표인 남근에 해당하는 존재가 바로 "소녀=남근"[63]인 마르가리타 공주다.
흥미롭게도 라캉은 관람객의 응시를 사로잡는 이 아름다운 소녀가 "그림의
중앙에 감추어진 대상"[64]을, 즉 '다리'를 갖고 있음에 주목한다. 청중에게 드
레스에 감싸인 소녀의 다리를 상상하게 해놓고서 라캉은 "분석가의 변태적
정신상태 때문이 아니라"[65]고 부연한다. 맞는 이야기다. 상징적 남근은 "거
세가 단행한 베어낸 자국"[66]임을 아는 이에게는 보이지 않는 소녀의 다리
만큼 이 그림에서 타자의 결여, 거세된 남근, 주체의 구조적 등록에서의 틈
fente, slit을 잘 연상시키는 것은 없을 것이기 때문이다.

　지금까지의 논의를 요약해보자. 〈라스 메니나스〉는 벨라스케스가 왕에
게 시연한 "전적으로 환상에 의존하고 있는 이 세계의 무대setting"[67]인 동시에
"[화가의] 응시 속에 있는 창문의 이러한 현전화presentifying"[68]의 공간이다.
화가 벨라스케스가 환상의 무대를 시연하기 위해서는 두 개의 거울을 가
정할 필요가 있었다. 거울 단계의 거울을 상기시키는, 전방에 있다고 가정
된 대형 거울과 그 거울에 비친 상상적 환영을 상징적으로 보증해주는 타
자-거울이 그것이다. 그 두 개의 거울 사이에는 또 다른 〈라스 메니나스〉
가, 즉 〈라스 메니나스〉의 분신-캔버스가 놓여 있다. 아울러 원근법적 공
간에 포섭되어 있는 여타의 인물들과는 다른 차원을 점유하는 화가 벨라
스케스의 초상도 배치되어 있다. 이것들은 모두 라캉이 거울과 대조하여
창문으로 은유한 저 열린 틈들이다. 결국 〈라스 메니나스〉의 화면은 거울

상과 유령적 간극의 이율배반적 몽타주라 할 수 있다.

이상의 분석에 입각하면 〈라스 메니나스〉와 〈빈집〉의 평행적 관계를 읽어낼 수 있다. 〈빈집〉에서 본 그림 1과 그림 2의 상황은 정확히 〈라스 메니나스〉의 배치에 부합한다. 물론 영화에서는 대형 거울의 역할을 하는 유리창의 물성이 좀 더 시각적으로 선명하게 드러나지만 말이다. 여기서 누군가는 상상적 거울인 큰 거울과 상징적 타자의 작은 거울 두 개를 가정하게 했던 〈라스 메니나스〉와 달리 그림 1과 그림 2의 상황에서는 거울 같은 표면이 하나밖에 없지 않느냐고 반문할 수도 있다. 이 질문에 대해서는 〈라스 메니나스〉의 두 거울은 〈빈집〉에서 하나의 창문-거울로 통합되어 있다고 답하고자 한다. 〈빈집〉에는 환영적인 국왕 부처의 역할을 담당하는 존재가 민규라는 실체로서 존재하면서 유리창을 통해 두 사람을 직접 들여다볼 수 있기 때문이다. 아마도 〈라스 메니나스〉의 화면 속으로 〈빈집〉이 들어간다면 태석은 화가 벨라스케스의 위치에, 선화는 공주의 위치에 서게 될 것이다. 하지만 영화는 그 활인화活人畵, tableau vivant와도 같은 부동성에 머물지 않는다는 점에서 회화와 다르다. 이제 영화는 민규를 쓰러뜨린 태석을 따라 선화가 저 허울뿐인 집을 나와 또 다른 빈집들을 돌아다니게 되는 상황으로 나아간다. 다음 장에서는 이 집 없는 커플이 두 개의 거울 사이로부터 나오면서 발생하는 사태의 의미를, 그리고 마침내 거울 밖으로 나오기 위해 선택했던 남성적 길과 여성적 길이 정신분석적으로 어떠한 차이에 입각한 것인지를 헤아려보고자 한다.

거울 밖으로: 원근법적 세계의 분열과 촉각적 시각성

잠시 태석이 선화를 만나기 전으로 시간을 되짚아보자. 영화는 세 가족이 여행을 떠나 비어 있는 아파트에 잠입한 태석을 보여준다. 태석을 실재의 차원의 육화로 보는 이유는 그가 오직 상징계의 결여를 의미하는 빈집만을 점유할 수 있기 때문이다. 상징계는 실재를 배척함으로써만 그 상상적·환상적 현실을 유지할 수 있다. 따라서 태석과 이율배반적 관계에 있는 집주인들은 누구도 자신의 공간을 태석과 공유하고자 하지 않는다. 그들이 돌아온 순간, 집은 더 이상 비어 있지 않으며 태석은 발견되는 즉시 얻어맞거나 쫓겨나야 한다. 하지만 실재의 침입은 언제나 상징계에 치명적인 결과를 남기게 마련이다. 마치 태석이 고쳐놓고 간 장난감 총을 쏜 아이로 인해 엄마가 비명을 지르게 되는 순간처럼 말이다.

　이 아파트의 거실에는 커다란 가족사진이 걸려 있다. 무릇 모든 가족사진은 그 가족의 온갖 실재적 문제들을 덮어두고 가장 인위적인 행복의 분위기를 조성한 상태에서 찍히게 마련이다. 그러나 그러한 행복은 취약하기 짝이 없다. 마치 그들이 사는 공간에 미처 고치지 못한 물건들과 미처 빨지 못한 빨랫감들이 널려 있듯이, 가족사진 밖의 세계에서 그들은 불신하고 불화한다. 태석은 그 행과 불행의 낙차를 수선하는 인물이다. 소실점과 무한점이 최소차이로만 구분되듯이 그는 집주인과 최소차이만을 갖는 인물로서 빈집을 점유한다. 태석은 집주인의 옷을 입고 집주인의 음식을 먹고 집주인의 침대를 쓴다. 그러면서 고장 난 물건을 고치고 빨래를 하고 화분을 돌본다. 그 와중에 그가 늘 하는 일은 그 집에 걸린 사진을 배경으로 자신의 사진을 찍는 것이다. 이 무슨 기묘한 기록 정신이란 말인가? 영화 내내 말이 없는 태석이니만큼 그는 이러한 행동에 대해 한마디도 직접 설명해주지는 않는다. 그러나 그가 만들어내는 미장센은 이미 우리에게 그가 말하려는 바를 충분히 전달해준다.

　라캉에 따르면 원근법의 논리는 세계에 대한 전시全視적 역량을 보장받은 투명한 주체를 전제한다. 물론 이러한 주체성은 허구에 불과하다. 원근법적 소실점은 언제나 사영 기하학의 무한점과 분열을 일으키며, 따라서 원근법적 세계는 언제나 이미 탈구되어 있기 때문이다.[69] 이러한 관점에서 보면 태석의 기록 행위는 명쾌하게 해석된다. 요컨대 그의 사진 찍기는 자신이 점유했던 공간들을 기록해두려는 단순한 수집벽이라기보다는 그 공간의 위상을 전도시키는 효과가 발생하는 순간으로 읽힌다. 위선적인 가족사진의 프레임 안에 태석이 합쳐져 새롭게 찍힌 프레임은 저 환상-가정이 배척했던 실재가 엄연히 외존外存, ex-ist함을 드러낸다(그림 7). 이때 화면

222

그림 7. 실재적 존재인 태석은 인터페이스 스크린 기능을 하는 액정 화면에
자신의 모습을 함께 담은 사진을 찍음으로써 '빈집'을 채운 실재의 존재를
가시화한다.

그림 8. 태석을 따라 집을 나오는 선화. 배경과 의상의 색채 등에서는 김기덕
영화들에서 계열화되는 도상들의 해석적 의미가 반복된다.

은 액자의 프레임에서 디지털 카메라의 프레임으로 초점을 이동함으로써 태석이 가족들과 함께 등장하는 인터페이스 스크린을 특권화한다. 이는 유령적 존재인 태석이 집주인 가족마저 흐릿한 유령으로 전치시켜버리는 순간이다.

그러므로 선화가 태석을 따라나섰다는 것은 단지 아름다운 중산층 아줌마의 충동적 가출을 의미하는 것이 아니다. 그것은 선화의 삶에서 일어날 모종의 위상학적 전도를 예고한다. 김기덕의 다른 영화에서도 보았던 이런저런 도상적 단서들이 이러한 예고의 도구로 제시된다(그림 8). 마치 자신이 없으면 선화의 삶도 없다는 양, 선화가 입을 옷 하나까지도 모두 관장하려 하는 민규는 선화를 상대로 폭력적인 가부장으로서의 역할을 자임하는 인물이다. 민규의 군림 아래 있는 질서로부터의 단절을 가장 먼저 알려주는 기표는 터널과 물이다. 탈현실의 푸른 불빛을 밝히며 이동하는 태석의 오토바이는 리비도적 에너지와 욕망의 색채인 주황 불빛이 밝혀주는 터널을 지나온다. 그 뒤에 앉은 선화는 남편의 세계에서 입던 검은색 옷을 벗어 던지고 붉은 계열에 속하는 분홍색 옷을 입고 있다. 마침내 그들이 멈춘 곳은 어느 푸른 호숫가. 태석은 그 물로 자신의 이동수단을 닦는다.[70] 또 그들이 처음 찾아가게 된 오피스텔 건물의 입구에는 자유의 날개를 활짝 펼친 여인상이 세워져 있다.

태석과 선화가 맨 처음 들어간 빈집은 공교롭게도 한때 모델이었던 선화의 누드 사진을 찍은 사진작가의 오피스텔이다. 그곳에는 하필 선화가 예전에 찍었던 누드 사진이 걸려 있다. 민규의 집에 있던 그녀의 사진 액자와 사진집을 상기시키는 이 사진 속 선화의 몸은 현실 속 '매 맞는 아내 선화'의 검붉게 부어오르고 터진 몸이 아니라 요염하고도 도도한 '모델 선화'의 몸, 즉 민규의 환상 속에 있는 선화의 몸이자 태석을 일순간에 매료시켜 자위의 상대로 삼게 만든 몸이다. 한마디로 욕망의 심급에서 최상의 교환가치를 갖는 몸이다. 선화에게 그 몸은 다시금 회복하고픈 노스탤지어의 대상일까? 아니다. 선화는 그 사진을 조각내서 풀기 힘든 퍼즐처럼 만들어버린다. 그렇게 그녀는 원근법이 지배하는 세계를 부정한다.

그림 9. 선화는 자신의 누드 사진을 퍼즐 조각처럼 바꿈으로써 원근법적
세계의 논리를 거부한다. 선화의 집에서 선화의 사진 앞에서 사진을 찍었던
태석은 선화의 조각난 몸을 다시 인터페이스 스크린에 담는다. 네 번째 사진은
선화의 집에서 처음으로 태석이 선화를 카메라에 담는 순간이다.

태석은 민규의 집에서 선화의 사진을 배경으로 사진을 찍었듯이 이제 조각난 선화를 자신의 인터페이스 스크린의 세계 안으로 맞아들인다 (그림 9). 자신의 사진을 조각냄으로써 원근법적 세계를 벗어난 선화는 또 다른 사진을 찍는 태석 옆으로 슬쩍 다가가 붙어선다. 이제 태석의 카메라는 선화의 얼굴도 함께 담기 시작한다. 사진작가의 집 다음에 들어간 권투 선수의 집에서는 아예 선화의 손에 카메라가 들려 있다. 그런데 이 집에서는 카메라가 액정 화면에 초점을 맞추게 되면 위압적인 권투 선수의 형상이 그나마 흐릿하게라도 남아 있지 않고 검게 사라져버린다. 이는 가히 상징계를 완전히 지워버릴 만큼 실재의 차원이 흘러넘치는 순간이다 (그림 10).

액정 화면을 인터페이스 스크린으로 활용하는 이러한 미장센은 다시금 〈라스 메니나스〉를 떠올리게 한다. 관객이 보는 프레임 전체에 담긴 피사체의 모습은 디지털 카메라의 액정 화면 속에서 그대로 반복되기 때문이다. 그렇다면 액정 화면은 〈라스 메니나스〉 속의 뒤집힌 캔버스에 해당하지 않겠는가? 물론 이 상황은 〈라스 메니나스〉와 완전히 동일하지는 않다. 〈라스 메니나스〉의 뒤집힌 캔버스와 달리 그림 10의 액정 화면은 관객을 향해 있고, 180도 법칙을 깨고 관객을 정시하는 이는 그림 속 벨라스케스의 위상을 공유하는 태석이나 선화가 아니라 애초부터 카메라 렌즈를 바라보고 사진을 찍었을 모델들이다. 하지만 이러한 차이들에도 불구하고 그림 7과 그림 9, 그림 10의 미장센은 시관적 주체를 화면 속에 포획해 들이는 '응시의 덫'이 기능하는 방식을 모자람 없이 보여준다. 〈라스 메니나스〉의 복잡한 구조 속에서 길을 잃은 관람객이 그림 속 그림, 화가, 공주를 통해 첫 번째, 두 번째 순환을 경험하는 가운데 '보는 주체인 동시에 보여지는 대상'으로서의 분열을 그림 속 인물들과 공유하게 되듯이, 이 숏들 또한 디에게시스 공간 외부에 있는 객관적 관찰자로서의 관객이 환영임을 폭로하면서 관객을 분열시킨다. 이처럼 영화의 시각장과 관객의 장이 서로 뫼비우스의 띠처럼 물고 물리는 관계 속에 놓이게 되면, "나는 내가 나를 보고 있는 것을 보았다"[71]라는 진술이 가리키는 총체화된 코기토적 시각성

그림 10. 선화는 자발적으로 태석의 인터페이스 스크린의 세계로 들어간다.
두 번째 집에서는 아예 선화의 손에 카메라가 들려 있다.

의 보유자라는 관객의 위상은 침식당하지 않을 수 없게 된다.

권투 선수의 집에서 선화에게는 의미심장한 결단이 이루어진다. 태석에게 부탁하여 머리카락을 자르는 것이다. 김기덕의 영화에서 머리는 인간 존재의 환유다. 폭력의 흔적으로 얼굴이 얼룩덜룩해진다든지, 머리에 꽃핀을 꽂아준다든지, 같은 침대에 머리를 기대고 잠든다든지, 아예 머리를 천으로 감싸버리거나 목을 매는 식으로 김기덕의 영화는 중요한 서사적 계기에서 머리의 도상적 의미를 활용하곤 한다. 기억해보라. 〈빈집〉에서 선화는 자신의 누드 사진을 잘라 뒤죽박죽 섞어놓을 때에도 얼굴 부분만큼은 분할하지 않는다(그림 9). 만약 그랬다면 그것은 장차 선화가 상징계의 언어를 완전히 벗어나 광기에 빠지게 되리라는 예고일 것이다. 그러므로 태석의 손으로 자신의 머리카락을 잘라내도록 한다는 것은 선화가 자신의 온 존재를 태석에게 맡기겠다는 선언이나 마찬가지다. 태석은 선화의 머리를 자신의 어깨에 기대게 함으로써 선화를 받아들이겠다는 답을 대신한다(그림 11). 이윽고 두 사람이 잠자리를 같이한 다음 날, 태석의 골프공이 끈에서 풀려나 자동차 속 여성의 얼굴을 타격한다. 우발적 가해자가 되고 나서 우는 태석의 머리를 이번에는 선화가 감싸준다. 그 후 찾아간 삼청동 한옥, 주인 부부의 사진 옆에서 키스하면서 두 머리는 하나로 이어진다.

이들이 들른 그다음 집은 허름한 아파트다. 집주인 할아버지는 이미 사망해 있었다. 선화와 태석은 노인을 염해 매장한다. 이 주인 없는 집에서 이들은 진짜 주인이 되어 살 수 있을까? 상징계는 횡적으로뿐만 아니라 종적으로도 이어져 있다. 노인의 아들 부부가 들이닥치던 날, 태석은 체포되고 선화는 귀가 조치된다. 형사에게 맞는 태석을 선화는 취조실 유리창 밖에서 바라본다. 이제 그들은 그림 1과 그림 2의 상황을 뒤집은 위치에 있다. 즉, 화면 전체가 유리창으로 매개되어 있는 가운데, 공권력의 손아귀 아래 있는 태석은 상징적·실재적 존재로 이중화되어 유리창 안쪽에 있고 선화는 유리창 표면에 유령처럼 떠올라 있다. 이는 선화의 귀가가 태석과 함께 길에서 획득한 자유를 포기하는 계기가 되지 않을 것임을, 선화의 보

228

그림 11. 김기덕 영화에서 머리는 인간 존재를 환유한다. 선화는 태석에게
머리카락을 자르게 한다. 둘은 서로의 어깨에 머리를 기대어 운다거나
키스함으로써 사랑을 키워나간다.

그림 12. 형사에게 맞고 있는 태석을 취조실 유리창 바깥에서 바라보는 선화.
이 미장센은 그림 1과 그림 2에서의 둘의 위치를 뒤바꿈으로써 유령적 선화의
위상을 확증한다.

수적인 재상징화와 재안정화를 의미하지는 않을 것임을 짐작하게 해준다 (그림 12).

그렇다. 선화는 유령이 되어 집으로 돌아왔다. 앞으로 선화와 민규 간에 어떤 식으로든 관계가 가능하기는 한 걸까? 아니, 그 전에 물어야 할 질문 하나. 도대체 선화는 왜 꼭 민규에게로 돌아가야만 했을까? 고작 남편의 뺨을 때리려고? 물론 영화는 "당신 없는 동안 당신 집에 생활비 넉넉하게 보냈어"라는 민규의 대사를 통해 선화에게 어떤 속사정이 있으리라고 말해준다. 그러나 이는 우리를 충분히 설득하지 못한다. 여전히 젊고 아름다운 그녀가 왜 좀 더 당당하게 홀로서기를 선택할 수 없다는 말인가? 하지만 이를 김기덕의 또 하나의 반反페미니즘적 여성관의 증거로서 서둘러 채택하기 전에, 먼저 태석의 변화가 의미하는 바를 생각하면서 잠시 우회해보자.

결국 선화가 집으로 돌아와 있는 동안 태석은 감옥에 갇힌다. 선화는 다시 검은 옷으로 갈아입고 태석은 새로이 푸른 수의를 입는다. 흥미롭게도 〈빈집〉은 이 새로운 서사적 국면을 새로운 거울의 존재론과 함께 전개한다. 갑자기 민규가 유리창-거울 안쪽으로 들어가기 시작한 것이다. 확실히 민규가 선화를 대하는 태도는 훨씬 유연해졌다. 그러나 불만을 폭발시킬 대상이 선화에서 태석으로 바뀌었을 뿐, 민규의 폭력성은 본질적으로 변하지 않았다. 그렇다면 민규를 시각화하는 방식의 변화는 무엇을 의미하는가? 그 의미는 〈빈집〉이 지금부터 태석과 선화를 시각화하는 방식과의 비교를 통해 상대적으로 규정될 수밖에 없다. 영화는 민규를 유리창 안으로 집어넣는 것과 반대로 태석을 유리창 밖으로 빼내기 시작한다. 태석이 민규에게 당하는 숏에서 배경에 놓인 교각의 이미지는 마치 두 개의 거울 사이에서 나타나는 심연화 현상처럼 보인다. 그렇게 해서 생겨나는 공간은 말 그대로 심연의 공간이고 상징적 현실에서는 불가능한 실재의 차원이다. 그렇다면 감옥에 간 태석이 자신을 상대의 시야 범위 밖에 숨기는 훈련을 하다가 이윽고 누구에게도 보이지 않는 존재가 된다는 저 불가능한 서사도 납득이 가지 않는가? 이제 태석은 중력의 세계로부터 자유로운

그림 13. 선화의 귀가와 함께 민규는 갑자기 유리창 안의 인물로 시각화되기
시작한다. 반면 태석은 심연의 공간 속으로 사라지게 된다.

진짜 유령이 된 것이며, 굳이 유리창이라는 실재의 스크린을 통해 매개될 필요조차 없게 된 것이다. 결국 선화조차도 제게 다시 나타난 태석을 보기 위해서는 거울 앞으로 그를 데려가야 한다(그림 13).

이 거울의 기능은 무엇인가? 앞서 나왔던 유리창과는 무엇이 다른 가? 이 거울은 라캉의 광학 모델에 나오는 수평거울을 연상시킨다. 그것은 상상적 거울도 상징적 거울도 아닌 실재적 거울이다. 이를 이해하기 위해 라캉의 광학 모델을 살펴보자(그림 14).[72] 라캉은 부아스Bouasse의 1947년 실험을 재구성하면서 오목거울 앞에 평면거울을 배치했다. 이는 별개의 꽃병과 꽃다발이 오목거울 상에서 합쳐져 만들어낸 이미지가 맞은편 평면거울에 비쳐 이미지의 이미지, 즉 가상적virtual 이미지를 형성하게 만들기 위함이었다.[73] 이 도해에서 별개의 꽃병과 꽃다발이 실재라면 오목거울 상에서 마치 꽃병에 꽂힌 꽃다발인 듯 보이는 이미지는 상상적인 것이고 그 상상적 이미지가 다시 평면거울에 비친 것은 상징적인 것이다. 따라서 꽃병과 꽃다발이 하나로 합쳐져 보이도록 눈이 자리 잡아야 하는 각도의 내부가 곧 상징계다. 또 평면거울은 상상적인 것을 상징적인 것이라고 보증해주며 주체의 환상을 실현시키는 타자에 해당한다.

이 실험은 분열된 주체가 상징적 현실 속에서 살아간다는 것이 왜 상상적인 것에 기초해 있는지, 왜 타자-거울의 보증을 순진하게 믿고 따라서는 안 되는지를 잘 드러낸다. 라캉은 마르가리타 공주의 드레스 모양에서 그의 광학 모델의 꽃병을 떠올렸다. 그러고는 공주의 이미지가 "실재적 이미지이기도 하고 거울로 인해 실재적 이미지가 가상적인 것 속에 포착된 것이기도 하다"[74]고 설명한다. 사실 모든 주체는 '오목거울이 상상적으로 형성한 이상적 자아'와 '타자의 거울이 상징적으로 매개한 자아 이상' 간의 타협 속에서 살아간다는 점에서 '두 개의 거울 사이'는 저 공주뿐만 아니라 모든 인간의 삶의 조건이기도 하다. 이러한 '오인'의 구조를 어떻게 극복할 것인가? 라캉은 평면거울을 천천히 90도 회전시켜 눕히고 주체의 눈은 S_1에서 S_2(I)로 180도의 궤적을 그리며 옮겨가 보라고 제안한다(그림 15). 이제 I 지점을 향해 이동하는 동안 주체는 오목거울에 비치던 뒤집힌 꽃병

232

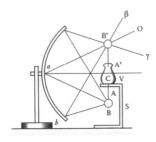
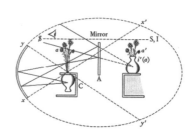

그림 14. 윗줄부터 부아스의 실험, 그리고 이를 응용한 라캉의 광학 모델 및 그 모델의 모형. 눈이 그려진 위치에서 평면거울을 내려다보면 마지막 사진에서처럼 오목거울에 비쳤던 '꽃병 속 꽃다발'이 평면거울에 되비친 것을 확인할 수 있다. © Stijn Vanheule, Frontiers Media SA

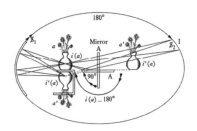

그림 15. 정신분석적 치유의 과정을 보여주기 위해 고안된 변형된 광학 모델.
직립해 있던 평면거울을 눕히고 S_1에서 S_2의 위치로 시점을 옮겨가는 동안
주체는 오목거울의 상상적 꽃병+꽃다발이 사라지는 것을 경험하며 S_2의
위치에 왔을 때 수평거울에 비스듬히 비친 꽃병+꽃다발의 가상적 이미지를
볼 수 있게 된다. © Stijn Vanheule, Frontiers Media SA

의 환영이 사라지는fading 것을 경험하게 된다. 이렇듯 꽃이 꽂힌 꽃병이 평
면거울이 아니라 오목거울에 비치는 것을 보게 되면 주체는 이 이미지가
상상적인 것이었음을 깨닫는다. 대신 S_2의 위치에서 주체는 오목거울에 비
친 상상적 이미지와 함께 새로운 가상적 이미지가 마치 "물에 비친 나무의
그림자가 꿈의 뿌리들을 그 나무에게 주듯이"[75] 수평으로 눕힌 평면거울에
형성되는 것을 보게 된다.

　　평면거울을 눕힘으로써 타자의 위치에 정신분석가가 대신 들어서게
하는 이 변형된 광학 모델은 정신분석적 치료의 효과를 보여주기 위해 고
안된 것이다. 라캉에 따르면 분석 치료는 궁극적으로 "주체가 그 인물[자
신]의 이상들의 환원 너머의 이 지점에 이르기 위해, (……) 그가 욕망하는
것을 과연 그 자신이 원한 것인지 여부를 알게끔 다시 태어나기를 요청받
는"[76] 것이다. 다시 말해, 자신의 욕망이 혹여 타자의 욕망을 욕망한 것은
아니었는지를 점검하고 주체가 타자의 욕망으로부터 스스로를 분리시키
게 하는 것이 정신분석의 목표다. 라캉은 이를 정신분석이 요청하는 "윤리
의 철저한 분해 수리"[77]라고 표현했다. 이는 타자의 도덕률에 철저하게 복
속되는 것을 의무로 삼는 일반적 윤리의 통념을 거부하겠다는 뜻이었다.

그림 16. 유령-선화와 유령-태석은 거울 속에서 만날 수 있다. 이때의 거울은 그림 15의 수평거울에 해당한다. 하지만 민규가 거울 속에 나타나자 선화는 분열되고 유령-선화는 거울 밖으로 나간다.

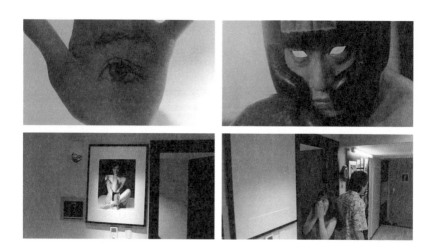

그림 17. 눈으로는 보지 못하는 것을 손은 볼 수 있다. 태석은 출옥 후 이전에 찾아갔던 집에 다시 가서 사진들을 조작함으로써 눈의 불능을 응징한다.

다시 〈빈집〉으로 돌아오자. 〈라스 메니나스〉 분석에서 분명 라캉은 거울과 창문을 위상학적으로 대립시켰으나 이때 그 자신의 광학 모델에 나오는 수평거울은 고려에 들어 있지 않았다. 하지만 그림 16의 첫 번째 숏에서 선화가 태석을 보기 위해 마주 서는 거울은 〈라스 메니나스〉에서의 캔버스-창문에 해당하는, 변형된 광학 모델에서의 수평거울과 동일한 위상학적 위치에 있는 거울이다. 그래서 유령-태석은 그 거울 속에서 가시화될 수 있었다. 그러나 태석과 위상학적 위치가 다른 민규가 거울 속에 나타나게 되면 태석은 거울 밖으로 나갈 수밖에 없다. 선화 역시 그림 16의 두 번째 숏에서처럼 민규가 거울 속에 자리 잡을 때 거울 안의 선화와 거울 밖의 유령-선화로 이중화됨으로써 거울 밖으로 자신의 유령성을 방출하게 된다. 여기서 태석의 '사라짐'과 선화의 '이중화'의 차이는 이들을 성구분sexuation하는 데 결정적으로 중요한 대목이다. 잠시 후 이 문제로 돌아올 것이다.

이 장면에서 하나 더 눈여겨볼 점은 선화가 태석의 '얼굴'을 만져본다는 사실이다. 김기덕의 영화에서 머리와 함께 특권화되어 있는 또 다른 신체 부위가 바로 손이다. 머리가 인간 존재의 핵심이라면 손은 개인과 개인의 만남과 사랑을 중재하는 기관이다. 거리를 두고 대상을 보는 눈으로는 실제로 아무것도 보지 못하지만 직접 살갗을 만지는 손으로는 눈의 불능을 넘어설 수 있다. 눈은 기하광학적 원근법의 세계와 관계하지만 손은 "기하광학적 세계에서 삭제되어버린 것",[78] 때로 왜상적 이미지로 묘사되는 세계와 관계한다. 이러한 관점에서 보면 왜 태석이 감옥에서 "유령 연습"[79]을 하면서 손바닥에 눈을 그려 넣는지, 왜 출옥한 뒤 권투 선수의 사진에서 눈을 오려내는지를 이해할 수 있다(그림 17). 그것은 손으로 보는 자인 태석이 눈을 뜨고는 있으나 보지 못하는 자들에게 내리는 나름의 응징이다. 이렇게 〈빈집〉은 언어와 침묵을 대립시킨 것처럼 시각성을 촉각성과 대립시킨다. 이때 김기덕의 촉각성은 시각성이 놓친 다른Other 향유를 가능하게 하는 것이라는 점에서, 시각성의 대리보충을 함축하는 벤야민의 촉각성과는 구분되는 것이다.

그림 18. 선화는 남편과 연인 중 누구를 상대하고 있는 걸까. 세 사람의 해괴한 공생은 계속된다.

드디어 우리는 이 영화에서 가장 선정적이고 난해한 대목에 도달했다. 바로 선화가 남편의 어깨 너머에 있는 태석과 키스하는 장면이 그것이다. 이 장면은 세 개의 숏으로 구성되어 있다. 먼저 자신들의 사진 앞에서 부부가 나란히 서고, 민규를 바라보며 "사랑해요"라고 말하는 선화를 민규가 감격해서 끌어안음과 동시에 선화가 손을 뻗어 태석을 찾으며, 민규의 어깨 너머로 선화가 태석과 키스한다. 그때 카메라는 인물들에게 더 다가감으로써 배경에 있는 민규와 선화의 가족사진을 프레임 아웃시킨다. 명백한 의도가 엿보이는 프레이밍이다. 세 사람의 이처럼 해괴한 공생은 다음 날 아침 식탁에서도 반복된다(그림 18). 이는 "선화가 정신착란에 빠진 것으로도 보인다"[80]고 할 만큼 비상식적인 상황이다. 더욱이 엔딩 숏에서 선화와 태석이 올라간 저울의 눈금은 0이 되는데(그림 19), 이 또한 결코 있을 수 없는 일이다. 이 '존재의 영도'를 굳이 현실적으로 해석하자면 정성일처럼 "선화의 자살"[81]이라고 보는 게 맞을 것이다.

하지만 이 글의 처음부터 주목해온 유령적 시각성의 관점에서 보면 이 엔딩 신은 전혀 갑작스럽지도, 이상하지도 않다. 태석이 감옥에서 본격적으로 자신의 실체성을 지워가는 동안 선화 역시 유령처럼 살기를 연습했다. 북촌 한옥에 다시 찾아가 주인이 멀쩡히 지켜보는데도 그 집 소파에서 잠을 청하던 그녀를 어찌 '미쳤다'고 일축하겠는가(그림 19). 그러므로 〈빈집〉의 결말은 비극의 미적 포장이라기보다는 이 영화가 일관되게 추구해온 유령적 주체성과 자유의 상태를 보여주는 것이라고 이해해야 마땅하다.

하지만 여전히 하나의 질문은 남아 있다. 선화는 왜 가부장적 체제 아래서 남편의 경제력에 의존해 살아가기를 선택한 것처럼 보이는가? 물론 귀가 후의 선화는 이전의 삶의 패턴을 벗어난 것처럼 보인다. 남편의 규제와 폭력에 대해 수동적 침묵으로 응하기보다는 적극적 맞대응을 통해 저항하기 때문이다. 하지만 자신을 때린 남편에게 똑같이 폭력적으로 화답하는 선화의 모습은 그녀가 누리게 된 진정한 자유의 능력과는 상관이 없다. 우리가 관심을 기울여야 할 것은 그녀가 동시에 두 명의 남자와 함께 살 것을 추구한다는 점이다. 바로 이 점이 선화와 태석의 결정적 차이

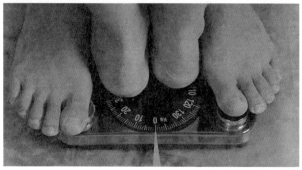

그림 19. 남의 집에 당당히 들어가서 자고 나오는 선화 또한 유령 연습 중이다. 그리하여 엔딩 숏에서 태석과 선화의 몸무게 합은 0이 된다.

다. 태석은 **타자의 지배** 아래 있는 세계와 단절하기 위해 상징계를 완전히 벗어날 것을 선택한다. 하지만 선화는 태석처럼 현실을, 즉 집을 떠나 자유로워지는 길을 선택하지 않는다. 오히려 그녀는 태석을 집의 필연적 간극이나 균열로 받아들임으로써 자기 봉쇄적인 집을 자유롭게 만드는 길을 선택한다.

아마도 누군가는 태석이 선화보다 결국 더 자유롭지 않겠느냐고 반문할지도 모르겠다. 그러나 짐작하건대 라캉이라면 태석이 누리는 자유는 상상적이라고, 심지어 종속적이라고 대답할 것이다. 태석은 현실을 흠 없는 전체로 간주하기 때문이다. 왜 태석이 제대로 작동하지 않는 모든 물건들을 수리하고 더러워진 옷과 신발 따위를 모두 빨아놓겠는가? 자신이 침입한 공간이 완벽하기를 바랐기 때문이다. 왜 태석은 사정없이 맞기를 감수하면서도 보이지 않기를 원했던가? 자신과 같은 침입자들이 부재한 가운데 상징적 질서가 이상적으로 작동하기를 바랐기 때문이다. 상징계의 전체성에 대한 이러한 믿음을 라캉은 남성적 인식의 성격이라고 본다. 주인이 되어서든 유령이 되어서든 법적·규범적 질서 너머로 나아가려는 것은 궁극적으로 남성 주체가 대문자 법Law의 초월적 지배자로서 자리 잡으려는 욕망 때문이다. 그렇기 때문에 역설적이게도 남성의 자유는 여전히 상징적 현실에 결박될 수밖에 없다. 모든 초월은 초월하고자 하는 대상의 선재라는 전제조건이 있어야만 가능하기 때문이다.

태석의 선택에 대한 이러한 해석은 라캉의 성구분 이론에 의존한 것이다. 이 이론의 기본 전제는 남성 주체와 여성 주체의 차이란 서로 대립하거나 상호 보충하는 어떤 생물학적·실정적·상징적 차이들로 구성되는 것이 아니라 욕망과 향유를 다루는 역량과 관련한 차이라는 것이다. 다시 말해, 남성과 여성의 구분은 내속적 장애, 상실, 불가능성, 곤궁으로 나타나는 실재적 '차이 그 자체'에 대응하는 양태의 차이에 따라 이루어진다는 것이다. 남성은 차이를 보편성에 대립하거나 보편성을 보완하는 '예외'로 응결시킴으로써 세계를 '전체화'한다. 반면, 여성은 차이를 보편성으로부터 배제하지 않고 보편성 안에 포함시킴으로써 세계를 '무한화'한다. "아킬레

그림 20. 라캉의 성구분 이론은 두 개의 피자의 차이로도 설명해볼 수 있다.
예외가 되어 보편성을 벗어나고자 하는 욕망을 보여주는 전자는 남성
주체성의 자유를, 전체 안에서 전체의 보편성을 실패하게 만드는 후자는 여성
주체성의 자유를 보여준다. © Charles Nedder

그림 21. 이것은 과연 도시락일까, 편지일까? 여성의 향유는 전체(도시락)를
비전체(도시락을 편지로 바꾸면서도 동시에 도시락으로 남아 있음)로 만드는
데 있다. © 〈나의 사랑 나의 신부〉(1990)

스는 거북이를 지나칠 수 있을 뿐이다. (……) 그는 다만 무한에서 그를 따라잡는다"[82]는 명제는 차이 그 자체로서, 즉 보편성 내의 틈새와 심연으로서 존재하는 여성 주체성의 성격을 잘 드러낸다. 그리하여 남성은 "하나의 세계[보편성]를 구성하지 못하게 하는 [외부적] 금지"로서, 여성은 "하나의 세계를 구성하는 것의 [내적] 불가능성"으로서 정의된다.[83] 라캉의 유명한 명제인 '성관계는 없다'는 이러한 금지와 불가능성의 이율배반으로 인해 남성과 여성이 어떠한 관계도 맺을 수 없음을 요약하는 주장이다.

그러므로 남성과 여성의 자유는 다를 수밖에 없다. 남성에게 자유란 총체화된 집합을 부정indefinite 집합으로 바꿀 부정negation과 모순에 해당하는 '빼기로서의 예외'의 위상에, 즉 "타자의(또는 타자에 대한) 환원 불가능한 차이"의 위치에 자리 잡는 것이다. 반면, 여성에게 자유란 전체집합 안을 무한집합으로 바꾸어놓는 '내재성으로서의 예외'의 위상, 즉 "타자 내부의 환원 불가능한 차이"의 위치에 자리 잡는 것이다.[84] 전자는 보편성과 예외로 이루어진 닫힌 집합의 틀을 유지함으로써 궁극적 자유의 실현을 가로막는다. 하지만 후자는 전체 안에 무한한 균열이 도입된 '비전체not-all'로서의 열린 집합을 상정하기 때문에 타자의 지배 질서가 실패하는 지점에서 다른 향유를 누릴 자유의 무한한 가능성으로 이어질 수 있다.

좀 더 단순한 설명을 위해 사례를 들어보자. 그림 20은 두 개의 피자를 보여준다. 하나는 한 부분이 잘려나간 피자이고 하나는 페페로니 조각들로 미소 짓는 얼굴을 표현한 피자다. 첫 번째 피자에서 잘려나간 부분은 이를테면 남성 주체의 자리다. 그 한 조각이 있든 없든 피자라는 전체의 보편성은 변하지 않는다. 두 번째 피자 속의 페페로니 조각들은 이를테면 여성 주체의 자리다. 이 조각들은 피자의 내부에서 피자라는 보편성을 위협한다. 이 미소 띤 페페로니 조각들 때문에 이 피자는 피자의 형식을 취한 편지나 그림이 될 수도 있기 때문이다. 당신이 그림 21의 뚜껑을 열었다고 치자. 당신은 이것을 그저 먹을 것으로만 여기겠는가? 그/녀의 마음이 '문자letter'로 찍혀 있는 이것을? 라캉의 교훈은 단순하다. 만일 당신이 근본적으로 자유로운 주체로서 기존의 의미화 체계를 변화시키고자 한다면 남성

242

이 아니라 여성의 길을 취해야 한다는 것이다.

태석이 남자이고 선화가 여자라는 생물학적 성차를 부인할 사람은 없을 것이다. 하지만 더 중요한 것은 정신분석적 성구분의 논리에 입각해서도 태석은 명백히 남성이고 선화는 여성이라는 점이다. 우리는 영화의 첫머리에서부터 이 두 사람이 어떻게 유령화의 길을 걸어왔는지, 다시 말해 상징계와 불화하면서 실재의 위상을 선택했는지를 지켜보았다. 그런 가운데 태석을 화가 벨라스케스와, 선화를 마르가리타 공주와 동일시했다. 그들이 마지막에 비현실의 색으로 계열화되는 푸른색 옷을 입고 있다는 것은 그러한 선택이 기존의 사회-상징적 질서와 맺게 될 비타협적 관계를 드러낸다. 그러나 영화의 마지막에 와서 제시되는 이들의 유령적 삶의 방식은 많이 다르다. 태석은 상징계에서 빠져나간 예외로서, 선화는 상징계 내의 예외로서 존재하기를 선택했다고 보이기 때문이다.

그러므로 출근길의 민규가 선화에게 "아무나 문 열어주지 말라"고 말하는 것은 참으로 공허해 보인다. 그의 집은 그의 아내가 누구보다도 환영하는 유령적 존재 혹은 응시 자체가 되어버린 태석과 이미 공유되고 있기 때문이다. 여성-선화의 사랑이 셋의 사랑으로 표현되는 것도 이 때문이다. 선화는 민규의 시선을 보면서 동시에 그 시선과 최소차이를 갖는 응시 자체로서의 태석을 본다. 혹은 어떤 소리나 느낌 같은 "감성적 조짐들"[85]을 통해서도 태석을 감지한다. 이것이 바로 선화가 남편의 집으로 돌아와 살고 있다고 해서 그러한 선화의 선택을 가부장제와 타협한 무기력한 여성의 한계라고 질타할 수 없는 이유다. 그녀는 오히려 남편이 닫아걸고 싶어하는 집을 정녕 '빈집'으로, 즉 상징계의 실패를 드러내는 구멍으로, 결여로서의 사랑 혹은 무無를 향한 사랑으로 만들어놓았다. 그러므로 세 사람의 저 이상한 키스 장면은 위반적 사랑을 권장하는 작위가 아니라 여성적 주체로서 살아가는 법에 대한 정신분석적 '은유'로 읽어야 한다.

그런 의미에서 이 영화의 제목인 〈빈집〉은 확실히 역설적이다. 여기서 '비어 있음'이란 회피되거나 채워져야 할 상실이 아니라 오히려 추구되고 더욱 개방되어야 할 어떤 해방을 가리킨다. 선화는 바로 그러한 간극을 여는 주체다. 어떻게든 상징계 안에서 자신의 증상이자 상징계의 증상인 태석을 끌어안고 살아가고자 하는 선화야말로 결여를 받아들일 용기와 능력을 가진 존재이자 자신의 우주인 그 집에서 그 결여에 자신을 적응시켜 나가는 존재다. 가부장적 지배로부터 자신을 구할 수 없는 무력한 주부가 아니고 말이다.

2000년대 한국 영화의 남성성과 반사의 악무한을 넘어

누군가는 〈빈집〉을 김기덕의 전작에서 상대적으로 혐오와 폭력에 대한 자제가 느껴지는 영화라(서 좋다)고 생각할지도 모르겠다. 이 영화에는 강간, 살인, 인육 먹기, 동물 학대, 신체 절단 등을 보여주는 장면이 없기 때문이다. 게다가 계급성의 구분도 그다지 선명하지 않다. 태석의 BMW 오토바이는 노숙자 신세에 어울리지 않으며 남의 집에 들어갔을 때에도 그는 결코 돈이 될 만한 것에는 손대지 않는다. 정혜승은 〈빈집〉을 계급적 원한resentment의 '추상화'에 초점을 맞추는 영화라고 본다.[86] 이러한 견해는 아마도 계급이라는 사회학적 가치판단의 기준으로 김기덕 영화 전체의 일관성을 포착하려는 관점을 포기하지 않으면서 〈빈집〉의 애매모호한 온건함을 납득시키기 위한 타협책이었을 것이다. 하지만 정신분석적 관점에서 보면 〈빈집〉은 전혀 온건하지 않다. 아니, 김기덕의 어떤 영화보다도 급진적인 영화로 읽힌다. 왜 가부장제가 실패할 수밖에 없는지, 왜 상이한 계급 간의 융합이 불가능한지를 드러내는 표면 아래서 이 영화는 왜 태석의 욕망이 궁극적으로 가부장적 현실에 내속적인 양적 파열에 머무는지, 왜 선화의 욕망이 궁극적으로 자신이 속한 공동체의 비전체화를 통해 그 질적 파열로 귀결하는지를 너무도 전면적으로 대비시키기 때문이다.

그러므로 〈빈집〉은 전작인 〈사마리아〉의 서사를 한 걸음 더 끌고 나간 영화다. 선화는 〈사마리아〉의 결말에서 보았던, 아버지마저 떠나고 홀로 남겨진 여진이 그 이후 삶에 대처하는 모습일 수도 있다. 김기덕의 '귀가' 서사에서 남성 주인공들은 동시대 한국 영화에서 절망에 빠진 남자들

이 그러하듯 불패의 남성성을 재확립하려는 의지와 노력을 보여주지 않는다. 〈시간〉과 〈활〉에서는 심지어 남성 주인공들이 〈빈집〉의 태석처럼 자신을 유령화시키지 않고 여주인공의 '살아 있는' 선한 파트너가 되고자 할뿐더러, 이전과는 다른 신체나 기억을 갖게 된 여주인공에 맞추어 자신의 신체와 정신을 변화시키기까지 한다. 이처럼 남성이지만 여성적인 인물들을 탄생시키기에 이르렀다는 사실은 김기덕의 서사가 어떻게 작품에서 작품으로 이어지며 점점 진화해가는지를 잘 보여준다. 비록 상류층이나 중산층의 생활양식 안에 머물면서 그 어떤 잔혹한 현실 묘사 없이 이야기가 진행된다 해도 〈빈집〉 이후의 몇몇 영화들이 급진적 정치성을 띨 수 있는 이유가 여기에 있다.

선화 같은 여성 인물의 등장은 강력한 남성성의 재건을 추구했던 2000년대 한국 영화에서 무척이나 희귀한 사건이 아닐 수 없다. 2000년대 한국 영화를 일괄하여 하나의 결로 정리하는 것은 거친 시도다. 그러나 적어도 IMF 금융위기를 겪은 후 2000년대 초중반 한국의 사회적·문화적 환경 속에서 이른바 남성 장르 영화들에서 "위기에 빠진 남성성의 재구성을 시도"하는 현상은 시선을 끌 만한 것이었다.[87] 그러한 현상은 박찬욱, 봉준호, 김지운 등 장르적 상상력과 작가성을 얼버무리는 감독들의 영화[88]에서도 유사하게 나타났다. 2005년 이후 매년 한국 영화 흥행 1위를 차지했던 영화들의 목록[89]을 돌이켜보건대, 그 이후라고 해서 크게 다르지도 않았다.

이토록 남성성의 복원이 대거 추진된 이유는 무엇일까? 그것은 무엇보다도 상징계가 제대로 작동하지 않기 때문일 것이다. IMF 사태로 분명해진, 민주주의와 신자유주의의 불행한 결합으로 인해 주체에게 더 이상 신임할 만한 타자의 거울이 제공되지 않는 시대, 사적 복수가 횡행하고 퇴행과 광기와 재앙이 난무하는 시대, 이것이 2000년대 한국(영화)의 거친 초상이다. 그 속에서 시도되는 남성성의 재건은 한국 사회에서 자행되는 모든 잘못의 원인과 책임과 죄의식과 비난을 타자에게로 '반사'함으로써 회피하려는 안간힘으로 보인다. 어쩌면 이러한 '전가轉嫁'의 몸짓은 지금까지 그래왔듯 앞으로도 계속 전가傳家의 보도寶刀처럼 영화가를 휩쓸지도 모르겠다. 영화가 저항과 안착이라는 양가적 욕망을 동시에 자극하는 대중매체이기를 지속하는 한 말이다.

그러나 김기덕의 귀가 서사들에 나오는 주인공들은 낯선 자의 주거침입(〈빈집〉)이나 자기 아내의 외도(〈숨〉), 연인의 전면적 성형수술(〈시간〉)과 같은 '실재의 침입'에 직면했을 때 과감히 정반대의 선택에 몸을 던진다. 그들은 그것을 진정한 사랑의 사건으로 겪어내며 그 결과 자신의 성구분적 정체성을 변화시킴으로써 기존 상징적 질서의 근원적 재편을 시도한다. 그런 의미에서 이 인물들이 보여주는 주체화의 윤리는 불평의 정치, 고발의 정치를 넘어선다.

〈빈집〉은 2004년 베니스 영화제 은사자상(감독상)을 받았다. 동시에 채 십만 명이 안 되는 관객으로 2004년 한국 영화 흥행 60위를 기록했다. 이것은 성공의 지표인가, 실패의 지표인가. 적어도 이 글의 관점에서 〈빈집〉은 성공한 영화다. 그것은 이후 김기덕의 영화에서 '남성이지만 여성적인' 인물들의 출현을 위한 전환점이 되었으며 무엇보다도 반사의 제스처 없는 거울놀이가 어떻게 가능한지를 훌륭하게 입증했기 때문이다.

5 〈시간〉

가면 대신 공백을 사랑하기

2004년, 〈사마리아〉가 베를린 영화제 은곰상을, 〈빈집〉이 베니스 영화제 은사자상과 국제비평가협회상을 수상했다. 그것은 김기덕 영화들의 낮은 흥행 실적을 심리적으로 보상해주기에 충분한 기록이었다. 이후 2008년까지 김기덕은 〈활〉〈시간〉〈숨〉〈비몽〉의 순으로 매년 한 편씩을 꾸준히 발표하지만 애석하게도 전작에 비해 큰 반향을 불러일으키지는 못했다(그중 〈시간〉만이 시카고 영화제 플라크상을 수상했다). 그런데도 김기덕의 사랑의 서사는 이 영화들에서도 멈추지 않고 진전하고 있었다. 더 정확히 말하자면, 김기덕 영화가 끊임없이 시도해온 사랑의 실험은 이 영화들을 거치며 비로소 어떤 고비를 넘어서고 있었다. 특별히 곱씹어볼 만한 가치가 충분한 이 텍스트들이 그간 분석적 조명 밖으로 밀려나 있었음이 적이 안타까울 따름이다.

이 영화들이 넘어섰다는 고비는 무엇이고, 그중에서도 〈시간〉이 눈길을 끄는 이유는 무엇인가? 김기덕 영화에서 사랑이 가능하기 위한 조건은 자유로운 주체의 확립이다. 자신을 지배했던 편견과 억압으로부터 자유로워지지 않으면 사랑-사건은 결코 발생하지도, 성사되지도 않는다. 하지만 궁극적인 의미에서의 자유란 결코 보편적 시스템으로부터의 완전한 분리와 이탈을 가리키는 것이 아니다. 그러한 자유는 오히려 보편적 시스템을 온존시키는 효과를 낳을 따름이다. 진정한 자유는 보편적 시스템 내부에서 그 시스템의 완결적 작동을 불가능하게 하는 위치를 점유함으로써 성취된다. 라캉의 성구분 이론에 힘입어 전자를 남성적 자유, 후자를 여성적 자유라 규정할 때, 〈빈집〉에서 선화의 귀가는 확실히 여성 주체가 보편적 구조를 비전체화하면서 자유를 누리는 방식을 보여준 이채로운 서사적 선택이었다.

이렇게 '귀가'라는 모티브를 여성적 자유의 서사화로 읽을 때 〈활〉과 〈숨〉에서의 귀가 역시 〈빈집〉의 귀가와 함께 계열화될 수 있게 된다. 그런데 〈빈집〉과 〈활〉에서의 귀가는 오직 여주인공만의 것이었던 데 반해 〈숨〉에서의 아내의 귀가는 그녀의 외도 행각을 기꺼이 끌어안게 된 남편을 동반한다는 점에서 의미심장한 차이를 갖고 있었다. 〈시간〉은 바로 이런 계열화와 그 내부의 차이를 매개하는 영화다. 일견 이 영화는 귀가보다는 가출을, 사랑의 성취를 통한 삶의 속개보다는 사랑의 실패로 인한 죽음이라는 귀결을 말하는 듯 보인다. 그러나 이 영화에서 버클 구조[1]를 띠는 서사적 시간의 형식은 버클이 결합되는 부분에서 지금까지의 서사 진행 방향과는 반대 방향으로 전환하면서 전체 서사를 직선적 전개에서 원형적 전개로 바꾸어놓는 효과를 동시에 발생시킨다. 이러한 순환의 효과를 통해 결말의 의미는 성공적으로 이중화된다.

〈시간〉의 서사화 전략과 관련하여 눈에 띄는 또 다른 점은 '자유로운 주체'의 문제를 다루기 위해 성형수술이라는 모티브를 활용한다는 것이다. 즉각 가장masquerade이라는 용어를 떠올리게 하는 이 모티브는 〈시간〉이 정체성과 주체성의 문제를 어떠한 각도에서 초점화할지를 궁금해지게 만든다. 가장(혹은 가면무도회)은 사랑의 동학과 관련해서 이미 많은 이론가들에게 쟁점화된 바 있기에 더욱 그러하다. 요약하자면 이러한 모티브를 통해 〈시간〉이 우리에게 던지는 질문은 이런 것이 아닐까 한다. 사랑이란 결국 가면을 써야만 가능한 행위인가. 가면을 쓴 주체들에게 사랑은 과연 가능한가. 만일 가능하다면, 혹은 불가능하다면 그 이유는 무엇인가. 지금부터 이러한 질문들에 답을 해나가면서 〈시간〉이 세공해낸 사랑의 서사와 주체성의 개념을 숙고해보자.

사랑의 불가역성과 가면으로서의 얼굴
〈시간〉은 괘종시계의 묵직한 초침 소리와 함께 시작한다. 과연 제목에 걸

맞은 출발이 아닐 수 없다. 어째서 이러한 제목이 지어졌는지는 곧 여주인공 세희(박지연 분)의 대사들로 밝혀진다. "이 년 동안 계속 보니까 나 지겹지?" "맨날 똑같이 지루한 모습이어서 미안해." "맨날 똑같은 몸이어서 그렇잖아." 그녀의 미안함이 얼마만큼인가 하면, 앞서 카페에서 자신과 시비가 붙었던 예쁜 여자를 자신이라고 상상하면서 성관계를 하자고 애인 지우(하정우 분)에게 제안할 정도다. 그러나 막상 성행위가 끝난 후 그녀에게 남는 것은 절망뿐이다. 그래서 그녀는 남자친구가 타인을 상상하도록 허락하는 대신 스스로 타인이 되는 길을 선택한다. 과감한 얼굴 성형에 나선 것이다. "맨날 똑같은 얼굴이라서 미안해"라는 말은 한 치의 거짓도 없는 그녀의 진심이었다. 김기덕 영화에서는 늘 얼굴이 한 인간의 정체성, 나아가 그/녀의 존재의 대푯값을 갖는 신체 부위였다. 그러므로 세희의 선택은 단지 신체 일부의 변화가 아니라 궁극적으로 세희라는 존재 자체의 변화를 도모하는 행위라고 보아야 한다. 이제 세희는 새희로 다시 태어난다. 한 세월世을 살아온 여자姬 대신 '새'로운 생을 살아갈 여자로 거듭나는 것이다.

지구는 한결같이 자전과 공전을 반복하고 있지만 세희처럼 예민하게 그 횟수를 감각하고 또 그 감각을 뼈와 살에 새기는 사람은 없다. 그럼에도 그녀의 불안은 어느 정도는 공감할 만한 것이다. 사랑에 빠져본 이라면 누구라도 세희가 경험한 것과 유사한 종류의 시간 감각과 맞닥뜨린 적이 있지 않을까? 해 아래 새로운 것은 없다. 세상 만물, 세상만사는 매분 매초 변해가고 있다. 사랑이라 한들 대수랴. 그 사랑이 아무리 자신의 이상적 자아와 자아 이상을 통째로 뒤엎는 일대 '사건'이었다 해도 시간의 힘 앞에서 그 치열한 사건성은 결국 소모되거나 순치gentrify되고 만다. 그래서 혹자는 사랑의 호르몬인 도파민, 페닐에틸아민, 옥시토신, 엔도르핀이 동일한 상대와의 관계에서 최대 2~3년 동안만 분비된다는 과학적 발견을 근거로 사랑의 짧은 유효기간을 정당화하기도 한다.

이것이 바로 시간의 불가역성에 묶여 있는 사랑의 운명이다. 라캉 식으로 말하자면 대상에 도달한 욕망은 결국 또 다른 새로운 대상을 향한 환유적 욕망으로 대체된다. 동일한 대상을 향한 욕망을 처음처럼 유지할 길은 원천적으로 막혀 있다. 세희의 두려움과 불안은 이러한 인식에서 비롯된 것이다. 그러므로 세희가 더 예뻐지기 위해서가 아니라 오직 다르게, 새롭게 만들어달라며 성형수술을 감행한 것은 지우의 욕망 대상의 위치를 고수하기 위한 극단적인 리셋reset의 몸부림이다. 그녀는 낯선 육체를 입음으로써 지우의 욕망과 그 욕망이 도달하고자 하는 대상으로서의 자기 자신 사이에 새로운 거리를 벌려놓고자 했던 것이다.

여기서 이런 의문이 떠오른다. 세희와 새희는 동일인인가, 아니면 서로 다른 인물인가? 앞에서 언급했듯 김기덕 영화에서 '얼굴'이 존재 자체를 제유하는 것이라면 분명 세희와 새희는 전혀 다른 인물이어야 한다. 그러나 새희는 지우에 대한 모든 기억을 동일하게 유지하고 있다는 점에서 세희와 같은 인물이다. 따라서 세희의 얼굴 성형은 완전히 다른 존재가 되는 것이라기보다는 그저 다른 존재로 보이고 싶다는 욕망의 실현이다. 이 경우 새희의 얼굴은 세희의 가면인 셈이다. 얼굴은 이제 당신의 존재를 드러내거나 감추기 위해 얼마든지 갈아 끼울 수 있는 가면 같은 것이 되어 있는 것이다. 이러한 가정은 영화 〈페이스 오프〉(1997)에서부터 드라마 〈아내의 유혹〉(2008)까지 대중문화에서 친숙하게 활용되어온 소재다. 다만 오늘날에 와서는 성형술의 눈부신 발전으로 인해 주체와 그/녀의 얼굴 사이에 필연적으로 어떤 간극이 있으며 그 간극으로 인해 얼마든지 새로운 얼굴이 장착될 수 있음을 허구가 아니라 현실 속의 경험으로 확인할 수 있게 되었을 뿐이다.

존재와 얼굴 사이의 간극을 가장 적극적으로 해명하고자 한 것은 아마도 정신분석학일 것이다. 특히 라캉에게 자아란 주체가 스스로에게 최초로 부과하는 정체성의 가면과도 같은 것이다. 그는 자아의 구성이 거울 이미지로부터 시작해서 기표에 의한 주체화를 거쳐 도달하는 상상적인 과정이라고 주장한다.[2] 이 주장을 이해하기 위해서는 거울 단계와 거세 콤플렉스 이론을 이해할 필요가 있다. 이미 널리 알려져 있는 내용이기는 하지만 잠시 요약해보자. 거울 단계 이론은 채 두 돌이 되지 않은 아이가 거울 속의 자기 자신을 보며 '저게 나'임을 최초로 인식하게 된다고 설명한다.

물론 모든 거울상은 예외 없이 반전되어 있기에 그 거울상을 보고서 '저게 나'라고 인식하는 것은 오인이다. 그런데도 아이는 어머니로부터 분리되어 있는 통합적 형태의 이미지에서 자신이 동일시할 만한 만족스러운 통일성을 발견하고 그것을 자신의 이상적 자아로서 내면화한다. 이처럼 자아는 나르시시즘적 오인에 기초해서 형성되기 때문에 근본적으로 상상적일 수밖에 없다.

거울 단계 이론은 거울상과 나의 일대일 관계만을 설명한다는 점에서 주체성의 형성을 온전히 설명하기에는 기본적으로 한계가 있다. 사회적 주체로서 살아간다는 것은 나 아닌 또 다른 사람들과의 복잡한 관계 속으로 들어감을 의미하기 때문이다. 이와 관련해서 참조해야 하는 것이 바로 오이디푸스 콤플렉스와 거세 콤플렉스 이론이다. 이 이론은 아버지라는 제 3자가 어떻게 어머니-아이의 만족스러운 이자 관계에 개입하여 아이가 근친상간적 욕망을 극복하고 금지의 법을 받아들이게 만드는가를 해명해준다. 즉, 아이는 어머니가 욕망하는 (상상적) 남근[3]이 되고자 하지만 아버지가 자신이야말로 (상징적) 남근의 소유자이자 어머니의 욕망의 대상임을 밝히면서 아이가 시도하는 남근과의 상상적 동일시를 불가능하게 만들면, 어머니에게도 남근이 없으며 자신 또한 어머니의 남근이 될 수 없음을 깨달은 아이는 어머니의 남근을 갖거나 어머니의 남근이 되려는 모든 노력을 포기하게 된다는 것이다.[4] 이러한 포기의 다른 이름이 곧 거세다.[5]

여기서 초점은 상징적 남근이란 아이가 상징계로 진입하기 위해서 베어내야 했던, 어머니와의 이자 관계에서 누리던 향유의 기표라는 것이다. 상징계 내에서는 여전히 결여로 남아 있는 그 향유를 다른 대상과의 관계로부터 추구하기 위해 작동하는 것이 바로 욕망이다. 그런 의미에서 남근은 결여(베어낸 흔적)의 기표이자 타자(일차적으로는 어머니)의 욕망의 기표다. 라캉이 거세를 상상적 대상의 상징적 결여로 정의하는 근거가 여기에 있다. 남근과 거세에 관한 이러한 설명을 참조하면, 남근을 권력으로, 거세를 권력의 박탈로 간주해온 비평계의 통념이 사태를 완전히 거꾸로 이해하고 있음을 알 수 있다. 거세는 권력의 상실이 아니다. 거세는 결여된 남근의 자리를 채우기 위한 기표의 연쇄 혹은 "증식 작업"[6]으로 이어 진다는 점에서 오히려 권력의 획득으로 이어진다.

거세로 인한 (어머니로부터의) 분리의 경험은 주체에게 분명 트라우 마적인 계기다. 분리 이전에 향유와 연결되어 있던 주체는 분리 이후 언어 화된 주체가 경험하는 기표 연쇄 속에서, 즉 기표와 기표 사이에서 '사라진 다aphanisis'. "하나의 기표는 다른 기표를 위해 주체를 표상한다"[7]는 유명한 테제는 바로 이러한 사태를 가리킨다. 결국 사라진 주체 대신 상징계를 확 보하게 되는 것은 자아다. 라캉 정신분석은 사라지는 주체와 나르시시즘 적 환상으로서의 자아 간의 분열을 전제로 주체의 문제를 다룬다. 그러한 관점에서 보면, 가면 쓰기는 분열된 주체가 거세를 부정하기 위한 전술일 따름이다. 원천적으로 모든 사회적 인간의 얼굴 자체가 곧 가면의 기능을 수행한다. 입고 걸치고 쓰고 신고 드는 모든 유형의 것들, 나아가 모든 무 형의 자격과 지식까지도 가면의 완성에 동원되는 요소들이다.

물론 그 부정태도 성립한다. 가면은 나르시시즘적 환상을 실연하는 기능뿐만 아니라 은폐하고 싶은 욕망의 실재를 드러내는 기능을 수행하기 도 한다. 라캉은 나비 꿈을 꾼 장자를 예로 삼아 장자의 정체성의 근원에 는 장자 자신이 아니라 나비가 있음을 드러낸다.[8] 그런데 그 꿈에 나온 것 이 아름다운 나비가 아니라 흉포한 괴물이라면? 그리고 그 괴물의 형상을 그려낸 가면을 쓰고 장자가 사람들을 놀라게 만든다면? 이처럼 기괴한 가 면놀이 또한 얼마든지 가능하다. 실제의 장자는 괴물이 아니라는 알리바 이, 즉 '이러한 괴물성은 그저 가면에 지나지 않아'라는 알리바이만 주어진 다면 말이다. 존재의 진리는 이렇게 허구를 가장하여 표출된다.[9]

모든 가면은 '직접적으로 존재하는 나' 자체와 내가 가면을 통해 행 사하는 기능이나 상징계 내에서 영위하는 위치 사이에 언제나-이미 간극 이 존재함을 드러낸다. 이러한 간극을 설명하기 위해 지젝은 왕의 표장을 두르고서 권력을 행사하는 왕의 경우를 사례로 든다. 왕관과 홀笏 같은 외 적인 표장들은 '직접적으로 존재하는 나(왕)'의 본성의 일부가 아님에도 그/녀의 왕-기능을 떠맡는다. 즉, 그/녀가 신체에 부착하는 온갖 보충으로

서의 가면은 왕의 존재를 거세하고 그/녀를 왕이라는 기능으로 환원해버
린다.[10] 따라서 왕으로서 취하는 가면이 남근적인 것은 맞지만 이때 남근
은 그/녀의 권력의 기표가 아니라 결여의 기표다. 그 가면은 신체에 유기
적으로 통합되지 않고 돌출하는 과잉이라는 의미에서 "신체 없는 기관"과
도 같다.[11]

욕망의 악무한과 가면의 증식

이제 〈시간〉으로 돌아오자. 새희라는 가면을 쓴 세희에게는 어떤 일이 벌
어질까? 그녀는 과연 애초의 목표대로 지우의 사랑을 회복할 수 있을까?
세희가 갑자기 연락을 끊고 사라지자 방황하던 지우 앞에 어느 날 새희가
마스크에 선글라스로 온통 얼굴을 가린 채 나타난다. 새빨간 원피스에 검
은 윗옷을 입고 지우의 행선지인 배미꾸미 조각공원으로 가는 배에 오른
그녀. 여객실에서 지우에게 축구공을 굴리던 새희도, 조각공원에서 지우의
눈에 띄어 사진에 찍혔던 새희도 모두 지우의 눈앞에서 한순간 바람처럼
사라져버린다. 김기덕 영화에서 붉은색은 리비도적 에너지로서의 열정을,
검은색은 욕정과 죄를 함축한다. 또 공을 주고받는 행위는 공에 가둔 공기
처럼 상대를 자신과의 관계 속에 가두고 싶다는 의미에서 유혹을, 카메라
로 찍는 행위는 매혹적인 대상을 자신의 욕망의 세계로 들여옴을 함축한
다. 그러므로 두 인물이 말은 한마디도 주고받지 않았음에도 우리는 새로
운 여자로서 지우를 유혹하고자 했던 새희의 욕망이 지우로부터 확실한
응답을 받았음을 알 수 있다.

그러나 이 성공은 이내 장벽을 만난다. 지우와 새희의 또 다른 만남
이 이어지고 둘 사이에서 모종의 화학작용이 일어나던 중이있는데도 세희
의 이름으로 '사랑한다'는 내용의 쪽지가 지우에게 전달되자 지우가 동요
하기 시작한 것이다. 이제 둘의 관계는 셋의 관계로 바뀐다. 새희는 지우가
세희를 잊지 못하는 것도, 그럼에도 여전히 자신을 찾아오는 것도 모두 견
딜 수 없다. 세희와 찍은 사진을 자신과 찍은 것으로 덮어버려도, 고이 간

직한 쪽지 속 '세희'를 '새희'로 바꾸어 써도 불안은 사라지지 않는다. 심지어 지우가 자신의 이름을 부르는 소리마저 세희라고 들리는 것만 같다. 그 불안을 새희는 감추지 않는다. 세희가 다시 돌아오면 어찌할 건지를 성관계 도중에 물어볼 정도로 말이다.

새로. 시작하는 여느 커플들처럼 그들은 적당히 서로를 유혹하고 뒤쫓다가 마침내 정사에 이르렀다. 조각공원에서 찍은 사진 속 세희와 지우가 붉은색 옷을 입고 있듯, 새희와 지우의 정사가 이루어지던 날에도 둘은 붉은색 계열의 옷을 입고 있다. 두 쌍의 관계가 우열을 가릴 수 없이 동일한 열정의 표현임을 알 수 있다. 새희는 지우에게서 "새로웠어요. 이런 느낌 처음인 것 같아요"라는 고백까지도 이끌어낸다. 하지만 그녀는 행복하기는커녕 이상하게 슬프다며 눈물을 보인다. 그러고는 잠들어 있는 지우의 뺨을 느닷없이 때리고는 잠에서 깨어난 지우에게 다시 "사랑해요"라고 고백한다. 이처럼 이해할 수 없는 행태는 새희의 모순적인 심정을 잘 드러낸다. 그녀는 자기 자신을 질투하고 있기 때문이다.

새희와 세희로 이중화되어 있는 이 캐릭터를 놓고 보드리야르의 시뮬라시옹 개념을 적용할 수도 있을 것이다. 새희는 세희의 시뮬라크르이기에 세희의 리얼리티를 능가하는 하이퍼리얼리티를 갖고 있다고, 따라서 〈시간〉은 원본성originality의 권위가 무너진 포스트모던 사회의 단면을 폭로하는 영화라고 말이다.[12] 그러나 라캉의 관점에서 보면 새희로 변형된 얼굴은 물론이고 애초에 세희의 얼굴이 갖는 리얼리티조차 이미 어떤 환상의 시나리오 안에 포획된 것이다. 세희/새희에게 그 환상은 '사랑받는 여자'라는 이상적 자아와 연결되어 있다. 그러나 그녀가 생각하는 사랑이 차이를 향한 욕망에 묶여 있는 한, 세희는 새희를, 새희는 세희를 결여하며 따라서 서로를 선망할 수밖에 없다. 영화의 도입부에서 세희가 깨뜨린 액자 속의 미친 여자 같은 새희, 재수술한 새희, 세희의 가면을 쓴 새희는 애초에 세희가 품었던 욕망의 다양한 외양일 뿐이다(그림 1).

〈시간〉의 원형적 서사 구조는 이처럼 욕망의 악무한에 묶여 있는 세희/새희의 관계를 효과적으로 형식화한다. 이들 사이에서 무엇이 먼저이

254

그림 1. 세희와 새희의 다양한 외양들.

고 무엇이 나중인지, 무엇이 원본이고 무엇이 복제본인지를 가리는 것은
무의미한 일이다. 세희와 새희는 애초에 세희라는 이름의 '존재'가 거세 사
실에 대처하기 위해 만들어낸 상상적 거울상들이기 때문이다. 그러므로 우
리는 앞서 언급한 라캉의 테제를 '새희라는 가면은 세희라는 가면을 위해
주체를 표상한다'고 바꾸어 쓸 수도 있을 것이다. 이때 성형수술로 변형된
얼굴은 애초의 육체가 갖고 있던 결여에 대한 과잉적 보충이라는 의미에
서 세희의 남근 기표라고 간주할 수 있다.

결국 새희는 세희의 이름으로 지우에게 다시 만나자는 편지를 보낸
다. 이에 지우는 새희에게 이별을 통보하고, 새희는 기괴할 만큼 흥분해서
화를 낸다. 그러고는 지우와의 약속에 나가면서 세희의 얼굴 사진을 가면
으로 만들어 쓰고는 자신이 원래 세희였음을 드러낸다. "둘 다 너잖아"라
며 화내는 지우에게 새희는 자신은 과거의 그 여자가 아니라 새로운 여자
라면서 "가면을 벗기고 새로운 내 모습을 봐줘"라고 간구한다. 물론 지우
의 반응은 "너 미쳤어!"라는 한마디일 뿐이다. 결국 새희는 다시 자신을 성
형해준 병원을 찾는다. 하지만 "본래 모습으로 돌아가고 싶냐"는 의사의
질문에 고개를 젓고는 가면-세희를 조각조각 찢어버린다. 이러한 요구와
선택은 새희를 괴롭히던 타자로서 작동하는 세희라는 기원으로부터의 분
리라고, 그리하여 새희라는 통합된 자아가 마침내 확립된 것이라고 읽어
야 할까, 아니면 새희가 마침내 지우라는 욕망 대상에 대한 악무한적 욕망
을 종결시킨 것이라고 읽어야 할까? 그 의미는 놀랍게도 지우가 세희를 따
라 얼굴을 성형해버린 것에 대한 새희의 반응으로 파악할 수 있다.

김기덕의 영화에 익숙한 사람이라면 지우의 이러한 선택은 그리 놀랍
지 않을 것이다. 김기덕에게 사랑이란 언제나 사랑 대상과의 문자 그대로의
동일시였으니까 말이다. 이제 입장이 바뀌어 새희가 지우를, 아니 정우를
추적하게 된다. 이 대목에서 〈시간〉의 서사는 정확히 지금까지의 내용을 지
우와 새희의 입장만 바꾼 채 반복하는 거울 반영의 구조를 보여준다. 여기
까지만 보면 〈시간〉의 서사는 봉투 구조, 그것도 한쪽 면이 나머지 면을 비
추는 거울로 되어 있는 봉투 구조를 띠고 있다.

그림 2. 인물의 머리 부분에 꽂힌 압정의 위치와 색채는 새희라는 '존재'의
특별함을 드러낸다.

새희는 한사코 지우를 찾아내고자 한다. 하지만 그의 얼굴이 어떻게 변했는지 알 수 없으니 자신의 주변을 맴도는 모든 남자가 의심의 대상이 된다. 그가 지우인지를 확인하는 방법은 한 가지, 존재의 안테나와도 같은 손을 맞잡는 것이다. 김기덕 영화에서 시각은 눈을 뜨고도 진리를 볼 수 없는 존재의 무능력을, 촉각은 눈을 감고도 진리를 느낄 수 있는 역량을 의미한다. 그렇다면 왜 반드시 지우여야만 하는가? 그의 얼굴이 완전히 바뀌었어도 상관이 없다는 것인가? 적어도 새희의 대응 방식을 보면 그런 것 같다. 애초부터 새희의 욕망 대상은 다른 누구로도 대체할 수 없는 지우 한 사람으로 고정되어 있다. 과연 이러한 고착은 그녀가 환유적 욕망의 구조로부터 자유롭다는 증거일까? 대답을 잠시 미루고 일단 새희가 지우라고 여겨지는 그 수술남과 조각공원에서 다시 만나는 장면으로 가보자. 그의 작업실에는 그동안 그가 새희를 몰래 뒤쫓으면서 찍었던 사진들이 붙어 있다. 의도적으로 마치 '머리'핀처럼 꽂은 압정의 위치와 색깔(열정의 붉은색과 비현실의 푸른색 계열)은 지우에게 새희라는 가면 너머 그녀의 '존재'가 얼마나 특별한지를 드러낸다(그림 2).[13]

이 작업실 장면에서 새희와 수술남의 대화는 인상적이다.

새희   누구예요?
수술남   (조명을 끄며) 누군 게 뭐가 중요해요?
새희   (조명 켜지며) 누구예요?
수술남   (다시 조명을 끄며) 당신은 누구예요?
새희   (가까이 다가가) 지우 씨? (키스하며 암전)
        (조명 켜지면 새희, 성관계 후인 듯 침대에서 수술남에게 안겨 있다)
새희   지우 씨. 지우 씨.
수술남   저 아니에요. 제 이름은 정우예요.
        (키스하려는 정우를 뿌리치고 새희, 자신의 사진들을 떼어 뛰쳐나온다)

과연 이 수술남은 지우와 아무 상관이 없는 사람일까? 새희는 이미 그와 손을 잡는 행위 이상의 성적 접촉을 한 뒤임에도 왜 정우라는 이름에서 지우와의 차이만을 보는 것일까? 새희가 사랑하는 것은 지우의 무엇일까? 왜 새희는 지우가 세희 아닌 새희를 받아들였듯이 지우 아닌 정우를 받아들일 수 없을까? 선문답과도 같은 둘의 대화는 어둠 속에서 세희/새희라는 기표 너머를 보고 있는 정우의 사랑과는 달리 새희의 사랑은 상징계의 빛 안에서만 드러나는 '지우'라는 기표에 전적으로 의존하고 있음을 보여준다. 이처럼 '지우'라는 남근-기표에 속박되어 있는 새희는 자신이 그에게 제공했던 남근(수술한 외모)으로 인해 지우/정우의 사랑이 발생한 게 아니라면 지우/정우가 사랑하는 대상은 자신이 아니라고 여긴다. 그러니 그녀는 작업실 벽에 붙어 있던 자신의 사진을 찢어버리고 또 다른 지우를 찾아 나설 수밖에 없다. 하지만 지우와 정우 사이에서 '사라진' 주체를 '지우'라는 기표에 정박시키려던 새희의 안간힘은 그녀가 지우라고 추정하여 뒤쫓던 남자가 교통사고를 당하는 바람에 얼굴이 뭉개지는 순간 강제로 정리되고 만다.

여자의 가장과 가면 너머의 공백

상징화 자체가 정체성의 가면을 장착하는 과정이라는 생각은 라캉 이전에 이미 칸트에게서도 발견된다.[14] 라캉은 이러한 발상의 연장선상에서 가장[15] 이라는 개념을 도입하고 이를 남근이 됨으로써 거세의 외상에 대처하려는 여자들의 전략에 적용한다. 그 결과 가면 쓰기는 성구분sexuation의 문제로 전환된다.

우리는 여자가 남근이 되기 위해서, 즉 대타자의 욕망의 기표가 되기 위해서 여성성의 본질적 부분을, 특히 자신의 모든 속성을 가장 속에 던져버린다고 말하고자 한다. 여자는 자기 자신이 아닌 것으로 인해 사랑받는 동시에 욕망되기를 원한다.[16]

라캉이 도입한 가장이라는 용어의 원천은 조운 리비에르의 논문이다. 리비에르는 여자다움이란 남자처럼 되려는 자신의 은밀한 소망을 가리기 위해 쓰는 가면과도 같은 것이라고 보았다. 또한 직업적 성취를 이룬 지적인 여성은 아버지 같은 인물들father-figures의 보복이 있을까 불안하여 가면을 쓰게 된다고 설명했다.[17] 유능한 여자는 성차에 가해지는 불평등에 분개하면서도 훌륭한 아내이자 가정주부로서의 역할에도 충실하며 아름다움을 가꿈으로써 짐짓 자신의 지식을 감춘다는 것이다. 심지어 그녀는 자신의 지적인 능력을 보여준 후에는 무의식 중에 강박적으로 교태를 부리며, 남자들에게 자신의 남성성을 드러내야 할 때에도 마치 게임인 것처럼, 농담인 것처럼 표현한다. 이러한 방식의 가장은 유능한 여자들이 거세 콤플렉스에 대처하는 전략이다. 하지만 여기서 리비에르가 사용하는 거세 콤플렉스 개념은 아버지-형상이 지적인 여성의 남성성[남근]을 제거하고자 하는 것에 대한 두려움이라는 다소 단순한 함축만을 갖고 있다. 성차를 다루는 이러한 논리적 단순함은 '가장'의 논리를 비판하는 페미니즘 이론가들에게서도 유사하게 발견된다. 이리가레와 버틀러의 주장을 살펴보자.

> 정신분석학자들은 가면무도회[가장]가 여성의 욕망과 일치한다고 말한다. 나는 이런 말이 옳다고 생각하지 않는다. 나는 가면무도회를 여자들이 어떤 욕망을 되찾기 위해, 남성의 욕망에 참여하기 위해, 그러나 자신들의 욕망을 포기하면서 행하는 것으로 이해해야 한다고 생각한다. 가면무도회에서 여자들은 욕망의 지배 체계에 스스로 복종하여, 그러면서까지 '시장'에 남으려고 애쓴다. (……) 그것은 한 여성이, 게다가 '정상' 여성으로 되어가야만 한다는 믿음임에 반해, 남자는 처음부터 남자가 된다는 믿음이다. (……) 여성의 오이디푸스 콤플렉스, 궁극적으로 그것은 여성이 자기 것이 아닌 가치 체계들 속으로 들어서는 것이고, 이 체계에서 여성은 다른 사람들-남자들의 필요-욕망 환상으로 가려진 채로만 '모습을 드러낼 수 있고' 통행할 수 있다.[18]

남근이 '된다'는 것은 타자의 욕망의 '기표'가 된다는 것이고 또한 이러한 기표로 나타난다는 것이다. 다시 말해, 그것은 대상이 된다는 것, 즉 (이성애화된) 남성적 욕망의 타자가 될 뿐만 아니라, 그러한 욕망을 재현하거나 반영한다는 것이기도 하다. 이것은 여성적 타성alterity 안에서의 남성성의 한계가 아니라 남성적 자기-세공의 장소를 구성하는 하나의 타자an Other다. 그렇다면 여성에게 남근이 '된다'는 것은 남근의 권력을 반영한다는 것, 그 권력을 의미화하는 것, 남근을 '체현'하는 것, 남근이 침투할 장소를 제공하는 것이며, 또한 남근의 대타자, 남근의 부재, 결여, 남근의 정체성의 변증법적 확증이 '됨'을 통해 남근을 의미화하는 것이다. 남근을 결여하는 타자가 남근'인' 자라고 주장함으로써 라캉은 확실하게 갖지-않음의 이러한 여성적 위치에 의해 권력이 휘둘러진다고, 또 남근을 '갖는' 남성 주체는 이러한 타자에게 남근을 그것의 '연장된' 의미에서 확증하며 따라서 남근이 될 것을 요구한다고 주장한다.[19]

이리가레와 버틀러는 여성성이라는 명목으로 여자를 남자의 욕망의 대상으로 환원하는 사회적 압력을 비판한다. 처음부터 남자로 존재하는 남자와 다르게 여자는 여자가 '되기' 위해 남자의 욕망에 맞추어 가장해야만 한다는 것이다. 특히 버틀러는 구체적으로 라캉의 '가장' 이론을 지목하여 이성애 중심적·남근 중심적인 '노예의 도덕'이라고 일축한다.[20] 그런데 버틀러의 논의를 읽다 보면 그가 라캉의 개념들을 이해하는 방식의 자의성에 놀라지 않을 수 없다. 앞의 인용문에서만 해도 라캉에게 상징계의 규칙 일반을 가리키는 타자the Other 개념을 소외되고 배제된 타자an Other라는 의미로 오용한다. 그러고는 여성을 그러한 소외 속에 있는 타자라고 규정하고, 반대로 남근을 여성의 대립항으로서의 남성 혹은 권력과 동일시한다.

그러나 라캉에 따르면 여자가 남근이 되고자 하는 것은 거세의 외상을 처리하기 위해서다. 물론 거세의 외상은 남자와 여자 모두에게 똑같이 주어지는 사태다. 다만 여자는 타자의 욕망과 사랑을 불러일으키는 남근이 됨으로써 존재의 근본적인 결여를 틀어막고자 하고, 남자는 결여를 틀어막기 위해 남근을 가지고자 한다는 차이를 보일 뿐이다. 이때 남근은 결코 어떤 실체적인 권력의 은유가 아니다. 남근은 오이디푸스 콤플렉스를 극복하는 과정에서 상실한 향유, 상징계에서는 결코 온전히 회복할 수 없는 향유의 기표다. 따라서 여자가 남근이 되고자 해도 남근이 특정한 실체성을 띰으로써 표현될 수 있는 것도 아니고 남자가 남근을 갖고자 해도 특정한 실체성을 가짐으로써 충족될 수 있는 것도 아니다. 남근이 결여의 기표인 한, 여자는 가면 쓰기를 통해 마치 스스로 남근인 양 위장할 수 있을 뿐이다. 물론 남자가 여자에게서 절단해서 가져오고자 하는 바로 그 남근도 결국은 그녀가 갖고 있지 않은 '그녀 안에 있는 그녀 이상의 것'이다. 다만 남자는 그것을 그녀의 보물agalma인 양 자신의 환상의 구조 속으로 끌어올 따름이다. 요컨대 남근은 결코 남녀 사이에서 주고받을 수 있는 구체적인 어떤 것이 아니다.

아울러 라캉이 가장 속으로 던져지는 "여성성의 본질적 부분"이라고 표현한 것 역시 상징계 안에서 기표화될 수 있는 구체적인 여성적 성격이나 특징을 가리키는 것이 아님에 유의해야 한다. 라캉의 성구분 이론에서 여성이란 남성적 질서로서의 상징계의 완결적인 작동을 실패하게끔 만드는 내적 적대를 가리킨다. 그러므로 버틀러의 힐난과는 반대로 라캉에게 여성은 아버지의 법에 대한 복종이 아니라 법의 한계이자 불가능성과 연관되어 있다. '성관계는 없다'는 라캉의 악명 높은 테제는 이러한 맥락에서 나온 것이다. 남자와 여자 사이에 관계가 가능하다면 상징계는 영구적으로 변화될 수 없을 테니까 말이다.

세희가 새희가 되고자 했던 것은 그녀 나름의 '가장'의 전술이라 할 수 있다. 다만 이 경우 가장은 가면무도회를 위한 꾸밈새 정도가 아니라 아예 뼈와 살 자체의 재조합이라는 극단적 수준에서 이루어졌을 뿐이다. 그렇다면 이러한 변신은 어찌 되었든 사랑을 얻기 위한 정당한 노력인가? 지하철 3호선 압구정역의 벽면을 가득 채운 성형수술 모델들의 그처럼 간절한 '가장'의 노력을 우리는 어떤 시선으로 보아야 할까? 라캉은 그것을

그림 3. 주세페 아르침볼도, 〈도서관 사서〉, 97×71cm, 캔버스에 유화, 1566년, 스코클로스테르 성.

'남근적 향유'라고 부르면서 이를 남근 너머의 '다른 향유'와 구별한다.[21] 전자가 특정 성감대를 중심으로 기관화된 향유라면 후자는 전육체적인 향유, 따라서 무한한 향유다. 여기서 무한성이란 상징계의 한계마저 변화시킬 가능성, 다시 말해 상징계의 폐쇄된 전체성을 무한을 향해 열린 비전체로 만들 가능성을 가리킨다.

새희라는 가면은 근본적으로 남근적인 향유에 바쳐진 가장이다. 그런 한에서 새희가 지우라는 욕망 대상에 고착되어 있는 것은 결코 환유적 욕망의 구조를 벗어난 것이라고 볼 수 없다. 다만 세희/새희는 아직 지우라는 욕망 대상에 '도달'하지 못했기 때문에, 즉 그녀에게는 지우가 여전히 정복할 만한 부분이 남아 있는 존재이기 때문에 그를 계속해서 욕망하는 것일 뿐이다. 다른 여자들에 대한 세희의 과도한 질투가 이를 입증한다. 그러나 앞에서 언급했듯이 새희가 지우라고 가정했던 그 남자는 한순간의 사고로 (아마도) 죽어버렸다. 그 남자는 "누군 게 뭐가 중요해요?"라고 물었었다. 〈시간〉이라는 영화의 안타까운 답답함은 이 여자 저 여자 만나는 데 별 저항감을 보이지 않을 만큼 가볍던 지우 캐릭터의 이처럼 결정적인 변화가 서사적·시청각적으로 맥락화된 아무런 설득의 과정도 없이 툭 제시된다는 것이다. 이 영화의 만듦새가 김기덕의 다른 영화들보다 엉성해 보이는 이유는 여기에 있다. 그러나 어찌 되었든 이러한 지우/정우의 각성은 의미심장한 정신분석적 진실을 건드린다. 그림 3을 보자.

〈도서관 사서〉라는 제목의 이 그림 속 책들은 이 사람의 직업을 드러내는 동시에 얼굴로 보이도록 조합되어 있다. 하지만 일단 그 조합이 무너져버리면 아무것도 남지 않을 것이다. 이 그림에 대한 분석에서 라캉은 상징적 가면으로서의 '도서관 사서'라는 페르소나[22]는 중첩된 외양으로만 이루어져 있으며 그 이면에 어떤 실체를 감추고 있는 게 아님을 읽어낸다. 그럼에도 "페르소나의 이면에서 무엇이 지탱될 수 있는지를 알지 못하기 때문에" 역설적이게도 주체는 페르소나를 필요로 한다.[23] 존재의 중핵이 결국은 공백에 불과하다는 것은 주체에게 견딜 수 없는, 너무도 치명적인 진실이기 때문이다.

"누군 게 뭐가 중요해요?"라는 정우의 질문은 정확히 이 공백과 대면할 것을 요청한다. 더 이상의 가장은 불필요하다는 것이다. 그러므로 세희의 성형수술과 지우의 성형수술은 결코 같은 의미를 갖는 선택이 아니다. 세희의 성형수술이 여전히 기표의 세계 안에 봉쇄된 채로 새희라는 또 다른 기표를 획득하기 위해서라면 지우의 성형수술은 기표화될 수 없는 것으로서의 공백을 겨냥한 것이며 그 결과 공백이 덧대어진 얼굴로서의 정우를 탄생시킨다. 정우는 군이 자기는 지우가 아니라 정우라고 대답하여 새희를 크게 실망시킨다. 하지만 이는 새희에게 정우의 얼굴을 지우라는 동일성/정체성의 가면으로만 보지 말고 정우가 가면이듯 지우 또한 가면이었음을 알아차리라는, 이러한 가면의 연쇄가 역설적으로 드러내는 공백으로서의 주체를 보라는 요청일 수 있다. 그러한 맥락에서, 교통사고로 인해 형상을 잃고 피로 범벅된 지우/정우의 얼굴은 공백 그 자체의 현현으로 읽힌다.

정신분석은 일자一者가 언제나 공백을 동반하며 그 공백으로 인해 일자로서의 위상을 보존하지 못하고 분열될 수밖에 없음을 역설하는 학문이다. 의식은 무의식으로 인해, 자아는 주체로 인해 그러한 분열을 겪는다. 사랑의 구조도 마찬가지다. 그/녀의 존재를 사랑스럽게 만들었던 그 특별함에 대한 매혹을 그/녀가 별 것 아닌 사람이기도 하다는 인식과 결합해야만, 숭고함을 무無와 결합시켜야만 욕망의 층위를 넘어서 사랑을 이룰 수 있다. 사랑을 주고받는다는 것은 사랑 대상에게 있다고 간주되는 '보물'을 취하는 것이 아니라 공백이자 결여로서의 이 '무'를 취하는 것이기 때문이다. 그러나 정우가 교통사고를 당하기 전까지 세희/새희는 자신이 사랑한 지우라는 특별한 대상이 정우라는 결여의 기표와 겹쳐져 있음을 인정하지 못한다.

영화의 엔딩은 새희가 다시금 "아무도 못 알아보게" 성형수술을 받고 병원을 나와 세희와 부딪히는 장면이다. "처음부터 잘못된 것 같아요." 의사의 이 대사는 세희가 품었던 애초의 욕망 전부를 부정하는 선언처럼 들린다. 정우의 교통사고 이후부터 새희의 재수술에 이르기까지 영화는 계속해서 일그러진 새희의 얼굴을 클로즈업한다. 어쩌면 오몽이 '탈-얼굴'이라 불렀던 것에 준하는,[24] 혹은 들뢰즈가 '감화 이미지'[25]라 불렀던 것에 준하는 핏물, 눈물, 콧물로 얼룩진 새희의 얼굴은 더 이상 조화로운 자아의 얼굴이 아니라 그 조화를 깨고 왜상으로 출현하는 섬뜩한 주체의 얼굴이다. 그러고는 재수술을 결심한 후에 사진으로 찍히는 얼굴은 텅 빈 공백과도 같은 표정이다. 이윽고 수술에 들어가게 되면, 뜨고는 있었으나 공백의 진실을 보지 못했던 눈은 마치 없는 것처럼 덮여버린다. 이러한 클로즈업 숏들은 어떻게 새희가 가장으로부터 벗어나 정우처럼 공백의 존재가 되어가는지를 훌륭하게 축도한다(그림 4).

　재수술 이후 병원 문을 나서다가 새희는 급히 뛰어오던 세희와 부딪힌다. 새희가 들고 있던 액자가 깨지고 액자 유리를 깨뜨린 세희가 다시 끼워오겠다면서 사진과 액자를 집어 든다. 액자 속 인물은 수술 직전 찍었던 공허한 표정의 새희다(그림 4). 이때 얼굴을 마스크와 선글라스로 완벽하게 가린 새희의 얼굴은 얼굴 너머의 공백을 곧바로 상기하게 만든다. 그러니 그녀를 '새희+공백'이라고 여겨도 좋을 것이다. 깨진 액자 속 사진을 집어 드는 세희는 그러한 공백과의 동일시에 이르기 위해 자신의 무의식적 얼굴을 억압의 틀(액자)로부터 벗어나게 만든 것처럼 읽히기도 한다. 결국 깨진 액자와 사진은 세희의 손에 남겨진 채로, 새희는 무수한 얼굴들 속으로 사라진다. 그리고 엔딩. 영화는 이렇게 세희에게서 가장과 공백의 서사가 새롭게 시작될 것을 예고하면서 시간의 불가역성, 사랑의 불가역성을 거역한다.

가면 대신 공백을 달라!

오늘날 한국은 세계적으로 성형공화국의 명성을 떨치고 있다. 성형관광이 성행하며 유명인들의 성형 고백은 더 이상 스캔들이 되지도 않는다. 외모로 인해 심리적·현실적 문제를 갖고 있는 지원자를 선발하여 대대적인 성형수술 혜택을 부여함으로써 그녀의 삶을 변화시키겠다는 프로그램 〈렛미인〉은 시리즈로 제작될 정도로 호응을 얻고 있다. 이 프로그램의 논리는

그림 4. 새희는 조화로운 자아의 얼굴을 잃고 점점 더 왜상이 되다가 이윽고 공백의 표상에 가까워진다.

명확하다. 성형 이전의 나와 성형 이후의 나를 추와 미로, 비전 없음과 있음으로, 실패한 삶과 성공한 삶으로 대비하면서 그녀에게 남아 있는 삶의 시간이 후자의 위치에 있도록 축복하고 지원하는 것이다. 이러한 세태는 오늘날 보통 사람들의 삶 안에 가장의 논리가 얼마나 깊숙하게 침투해 있는가를 잘 보여준다.

　김기덕의 〈시간〉은 바로 이러한 현실을 소재로 도입하여 마치 가면 놀이를 보여주듯 인물들의 고뇌와 변신과 좌절과 각성을 추적하는 영화다. 특히 눈길을 끄는 점은 이 영화가 얼굴과 정체성, 주체성의 문제를 사랑의 구조와의 유비 관계 속에서 성찰하게 한다는 것이다. 정신분석적으로 보면 원천적으로 모든 사회적 인간의 얼굴 자체가 곧 가면의 기능을 수행한다. 가면과 함께 이루어지는 가장이란 시간의 불가역성과 욕망의 악무한에 묶여 있는 주체(특히 여성 주체)가 사랑을 받기 위해 취하는 일반적인 전략이다. 그러나 이러한 전략은 여전히 욕망의 층위에서, 즉 대상에 대한 환유적 접근 속에서 이루어진다는 점에서 사랑을 불가능하게 하는 전략이기도 하다. 사랑의 층위로 나아가기 위해서는 가면이 허구인 것이 아니라 얼굴의 기능 자체가 가면과도 같은 허구임을, 따라서 가면 너머에는 실체가 있는 것이 아니라 공백이 있음을 인식할 필요가 있다. 〈시간〉은 여주인공 세희/새희가 지우/정우와 관계를 맺으면서 왜 사랑에 실패할 수밖에 없었는지, 그럼에도 결국은 어떻게 가면의 공백에 직면하여 사랑의 주체로서 그 공백과 동일시하게 되는지를 서사화한다.

　김기덕의 전작이라는 맥락에서 보면 〈시간〉은 특히 남성 주인공이 여성 주인공에게 자극되어 그녀보다도 먼저 정신분석적 주체화의 길을 밟는다는 점에서 독특한 영화다. 물론 영화에서 생물학적으로 구분된 남성과 여성을 정신분석적 성구분에서의 남성과 여성으로 이해해서는 안 된다. 애초에 정신분석적 성구분이 생물학적 성차와 동일하지 않으며 정신분석적인 의미에서의 여성성이 반드시 생물학적 여성에게만 담보되는 것은 아니기 때문이다. 지우에서 정우로의 급진적 변화가 정신분석적 성구분의 논리를 위배하는 것이 아닐 수 있는 근거가 여기에 있다. 그런데도 수다한 대중 영화는 물론이고 김기덕의 이전 영화들에서도 대체로 생물학적 성차와 정신분석적 성구분이 거의 일치해왔음을 상기하면 확실히 〈시간〉이 보여준 남성 캐릭터는 독특하다. 남근 환상을 빠져나와 여성-주체화되는 길을 보여주는 데 성공하는 정우는 후속작인 〈숨〉에서 사랑을 성취하는 남편 (하정우 분) 캐릭터를 예고하는 인물이기 때문이다.

그러나 무엇보다도 인상적인 〈시간〉의 미덕은 오늘날 횡행하는 가장의 논리를 뒤집었다는 데 있다. 즉, 정체성과 사랑의 모든 비밀이 저 공백과의 아름다운 동행 속에 있음을 적극적으로 묘파한 데 있다. 그러나 욕망이 없으면 사랑의 시작이 불가능하듯, 저 모든 가장의 노력이 없다면 공백 또한 알려지지 않을 것이다. 왜냐하면 공백이란 가면이라는 허울semblance을 통해서만 비로소 가려질/가리켜질 수 있는 것이기 때문이다. 그런 점에서 〈시간〉이 여주인공의 일련의 선택을 통해 보여준 삶과 사랑에 관한 통찰은 가면놀이가 어떻게 사랑을 불가능하게, 동시에 가능하게 하는지를 드러내는 것이기도 하다. 이 점 하나만으로도 〈시간〉은 우리의 심화된 비평적 관심을 받기에 충분한 영화다.

에필로그 '피에타'(자비를 베푸소서)라고
기도할 자격

김기덕 감독은 1996년 데뷔 이후 거의 매년 한 편 이상의 영화를 자신의 필모그래피에 추가해왔다. 순정한 예술혼의 분출이었든 강박적 일중독이었든 그것은 대단한 생산성이었다. 그랬던 그가 〈비몽〉(2008) 이후 한동안 현장을 떠나 칩거했다. 〈피에타〉(2012)는 김기덕의 복귀작이었다.[1] 호평이 이어졌다. 베니스 영화제 황금사자상을 비롯, 수많은 국내외 영화제에서 이런저런 상을 받았으며 김기덕의 영화로서는 이례적이게도 육십만 명이 넘는 관객을 극장으로 불러모았다. 감독 자신의 행보도 전과는 달랐다. 예능 프로그램에서 그의 얼굴을 보게 될 줄이야.

김기덕의 영화를 꾸준히 보았던 사람들은 알 것이다. 〈피에타〉에 등장하는 인물들의 유형, 서사의 흐름, 도상의 요소들은 모두 김기덕 시스템에 이미 존재했던 것이다. 화해 불가능한 적대적 관계에 놓인 가해자와 피해자의 존재, 그러나 상대방의 치명적 결여와 동일시하는 과정을 통과하여 불가피한 적대는 사랑의 기적으로 이어지며, 자신이 가해자(피해자)인 동시에 피해자(가해자)임을 깨달은 인물은 혹독한 자기 처벌의 길로 들어선다는 이야기. 익숙하지 않은가. 〈피에타〉는 곧장 〈파란 대문〉과 〈사마리아〉를 연상시킨다.

김기덕 특유의 도상들 역시 이 영화의 도처에서 출몰한다. 강도의 침구가 '검정'과 '빨강'의 조합인 것, 미선(조민수 분)의 첫 옷차림이 '검정' 계열 외투와 '빨강' 치마인 것, '생닭'을 삶아 먹던 강도(이정진 분)가 '흰 토끼'와 '검은 장어'를 안 죽이고 키우는 것, 그 장어와 토끼를 미선이 죽음의 길로 내몰았던 것, 강도가 다트 판에 붙여놓은 여자의 '목' 부분에 칼을 꽂는 것, 미선의 아들이 '목'매달아 죽고 그의 시신이 '하얀' 냉장고 안에 보관되다가 '물'가에 묻히는 것 등등. 그뿐인가. 미선이 복수를 기원하면서도 "강도 불쌍해"라며 울던 날, 맨발의 미선이 꽁꽁 '언 물' 위에 서 있고 저 멀리 '흰 눈' 쌓인 풍경이 화면에 잡히는 것, 강도가 죽던 새벽, 어슴푸레한 새벽의 신호등이 '파란색'으로 빛나던 것. 이 모든 디테일은 결코 허투루 선택된 것이 아니다. 김기덕의 다른 영화들에서처럼 이 도상들은 삶과 죽음, 희망과 절망, 현실과 환상 간의 불가피한 간극과 난해한 교차를 드러내는 이항 대립의 요소들이다.

그러나 〈피에타〉는 자기 복제의 위험을 벗어나 김기덕 시스템 전체의 역사를 집약하고 결산하는 영화다. 흑백동색이라던 〈비몽〉의 주장은 이제 흑적동색, 백적동색으로 확장된다. 복수의 화신이던 미선이 입었던 붉은 치마가 강도가 일을 그만둔 뒤 흰 치마로 바뀌었다가 복수를 위해 죽으려 하면서 다시 붉은 치마로 바뀌는 것, 그녀가 짠 스웨터가 붉은색과 흰색의 어울림인 이유는 삶 본연의 에너지를 온전히 속죄와 자기 처벌의 윤리적 순결성과 합치시키겠다는 뜻이다. 직전 작품인 〈아멘〉의 여인이 강간으로 잉태된 아이를 결국 낳게 된다면 그 후 무슨 일이 벌어지게 될까 궁금했었다. 〈피에타〉라는 아이는 김기덕의 태교의 방향을 누설한다. 용서가 없다면 새로운 생명은 탄생할 수 없다는 것, 그러나 용서는 문자 그대로 살과 뼈를 갈아내며 속죄의 고통을 감내하는 자에게만 주어져야 한다는 것이다.

그러므로 〈피에타〉에서 가장 윤리적인 인물은 강도다. 끊임없이 강도를 비난하며 자기반성을 회피하는 다른 이들과 달리 그는 엄마가, 또는 사회가 자기를 버렸다는 식의 핑계에 기대지 않는다. 자살한 채무자에게 강도가 "죽으면 끝이냐? 무책임한 새끼!"라고 일갈하던 모습을 떠올려보라. 엄마가 짠 스웨터를 입고 엄마 옆에서 평화로운 영면에 들기를 거부하고, 자신에게 던져진 저주 그대로 육신을 도륙하면서 끝장을 보는 강도의 선택은 어쩌면 속죄(를 통한 순결성의 회복)를 통해 애도 받을 자격을 얻겠다는 목적조차도 염두에 두지 않는 행위, 죄에 대한 '무한책임주의'다.

〈피에타〉가 그 이전까지 김기덕이 보여준 영화 세계의 총결산이자 집대성인 또 다른 이유는 이처럼 인물들의 욕망의 구조와 그 욕망을 감싸고 있는 사회적 조건에 대한 반성을 화학적으로 결합시킨 데 있다. 요컨대 〈피에타〉는 〈악어〉의 계급의식과 〈빈집〉의 윤리 의식을 직조하여 나온 영화다. "돈이 뭔가?" 영화는 이제 사랑을 자본주의의 반립으로서 제시하며 우리에게 무엇을 선택할 것인지를 추궁한다. 재개발 직전의 청계천이라는 구체적 공간은 너나 할 것 없이 낭떠러지 앞으로 내몰린 시대의 초상이다. 그 처절한 적자생존의 정글 속에서 과연 누가 가해자이고 누가 피해자인가. 그 모든 비난을 강도 혼자 뒤집어쓰는 것은 과연 정당한가.

"미안해, 널 버려서. 용서해줘, 이제 찾아와서." "제 탓이에요. 제가 이 아이를 버려서 사랑 없이 자랐어요." 미선의 이 대사는 강도에게, 혹은 다치거나 죽은 이들에게 우리 모두가 진심으로 건네야 하는 말이다. 2000년대 이후 한국 영화에 '사적 복수'의 서사가 난무함은 결코 우연이 아니다. 시스템의 정상적 작동이 멈추어버렸기 때문이다. 이 각자도생의 사태가 당신과는 무관하다고 주장하려는가? 〈피에타〉는 다트판 위에 자신의 사진을 붙이고 칼을 꽂는 미선의 심정이 되어보라고 강권한다. 당신이 정녕 자비를 구하고자 한다면.

*

이제 조금은 난감한 이야기를 꺼낼 때가 되었다. 〈피에타〉에 등장하는, 근친상간(으로 간주될 법한) 장면이 촉발하는 불편함에 관한 이야기다. 돌이켜보면 이러한 파격은 〈피에타〉만의 것이 아니다. 특히 성을 다루는 방식에서 김기덕 영화는 늘 논란이 될 만한 파격에 대담했다. 화들짝 놀라 고개를 돌리게 만드는 이런 장면들은 김기덕 영화에 대한 감상이나 비평을 종종 김기덕이라는 작가에 대한 의구심으로 물들인다. 저런 극단적 상상력을 가진 인물이라니, 예술을 빌미로 자신의 가학피학적인 취향을 채우고 있는 건 아닌가, 하는 의구심.

그래서일까. 김기덕에 대한 전기적 관심은 일찍부터 그의 영화에 대한 관심과 자연스럽게(때로는 과도하게) 교차되곤 했다. 가난과 그로 인한 저학력, 사춘기 시절의 노동자 생활, 유럽에서 떠돌이 거리의 화가로 살았다든지, 영화 감상과 교육 어느 쪽으로도 경험이 거의 없던 그가 유럽에서 1991년 〈양들의 침묵〉과 〈퐁네프의 연인들〉을 보고 받은 충격에 영화계에 뛰어들기로 결심했다는 사실 등은 어떤 영화 못지않게 극적이고 이례적이었다. 김기덕 영화는 모두 자작 시나리오로 제작된다. 따라서 김기덕의 인생사는 그의 영화를 지지하는 이들에게는 김기덕 영화의 자양분으로 받아들여졌다. 그의 영화들이 아무리 잔혹하고 비인간적이더라도 그것은 한국 사회의 밑바닥을 직접 겪어본 작가의 리얼리즘적 묘파로 정당화될 수 있었다.

그렇다면 이처럼 언제나 의혹과 지지의 양극단 사이에 있었던 김기덕 영화의 파격을 어떻게 이해할 것인가. 물론 김기덕 영화를 보고 김기덕에 대한 염오厭惡에 빠지든 존경에 빠지든 그것은 관객 고유의 결정이다. 다만 이 책을 마무리해야 하는 지금, 김기덕 영화를 정신분석하는 작업과 김기덕이라는 인물을 정신분석하는 작업의 모호한 경계를 어떻게 변별할 것인지를 짚어볼 필요는 있어 보인다. 가장 간단한 방식은 이런 것이다. 김기덕의 것은 김기덕에게, 김기덕 영화의 것은 김기덕 영화에게. 설령 영화에서처럼 김기덕이라는 인물이 강간을 사랑으로 호도하고 근친상간 행위를 모성결핍의 증상으로 자위한다 하더라도 그것은 별도의 임상분석이 필요한 일이며 상상을 매개로 한 영화는 그 무의식적 진실에 관해 전혀 알려주는 바가 없다는 것이다. '영화는 영화다'라는 테제는 이 경우에 딱 적합하다. 이는 김기덕 영화의 많은 지지자들이 택하는 관점이기도 하다. 하지만 레오나르도 다빈치의 그림을 전기적 근거 아래 분석한 프로이트 식의 관점대로라면 김기덕의 모든 영화는 '김기덕'이라는 원천에서 비롯된 것이다. 김기덕의 것은 김기덕 영화에게, 김기덕 영화의 것은 김기덕에게. 물론 이렇게 되면 김기덕과 김기덕 영화의 상호작용은 김기덕이라는 고유명의 세계 안에 폐쇄된다. 모든 비난과 영광이 개인 김기덕에게 집중된다.

나는 두 관점 모두 각자의 한계를 갖고 있다고 본다. 김기덕 영화가 김기덕과 별개인 것도 아니고, 그렇다고 김기덕이 혈혈단신 김기덕 영화를 책임져야 하는 것도 아니기 때문이다. '김기덕 영화'의 세계 안에서는 김기덕의 역사와 한국의 역사, 나아가 세계의 역사가 켜켜이 함께 작동한다. 김기덕의 것은 김기덕과 김기덕 영화에게, 김기덕 영화의 것은 김기덕 영화와 김기덕에게. 요컨대 김기덕의 것과 김기덕 영화의 것이 어느 지점에서 얼마나, 어떤 방식으로 겹쳐지는지, 그 연쇄의 논리를 찾는 작업을 신중하고 면밀하게 추구하는 것이 그의 영화를 대하는 가장 생산적인 방향일 것이다.

분석을 위해 김기덕 영화의 의미망을 통합하는 과정에서 나는 김기덕 영화의 파격과 관련하여 흥미로운 점들을 발견했다. 가장 눈에 띄는 점은 매춘 여성의 삶에 대한 환상적 접근이다. 아무것도 가진 것 없는, 몸을 팔지 않으면 살아갈 수 없는 최악의 가난함을 구현하는 존재, 그러므로 몸을 파는 그 행위에다가 삶과 생명을 향한 가장 근원적인 에너지를 투여하는 존재. 이것이 이 여인들에 대한 김기덕의 관점이다. 또 다른 흥미로운 의미론적 지점으로는 김기덕 영화가 모자 관계를 철저하게 육체를 공유하는 관계로 상상한다는 것이다(이 얼마나 적확하게 퇴행적인 상상인가). 그러므로 〈수취인불명〉에서 죽은 아들의 시체를 먹는 엄마와 〈피에타〉에서 엄마(라고 주장하는 여자)의 몸속에 살을 묻는 아들은 실은 동일한 행위를 수행하는 셈이다. 이러한 환상들이 형성된 것은 아마도 김기덕 개인의 어떤 경험 탓일 터이다. 그 경험이 구체적으로 어떤 것이었는지는 아직 알려진 바 없다. 그것을 밝히는 작업은 곧 김기덕 개인의 환상을 횡단하는 임상적 작업이어야 한다. 물론 그 작업은 오직 김기덕 자신의 허용 아래서만 가능하다.

김기덕 개인의 특정한 경험을 군이 알아내서 김기덕 영화의 의미의 기원으로 삼는 것이 김기덕 영화 비평의 본령이 될 수는 없다. 다만 관객은, 혹은 비평가는 김기덕 영화를 탄생시킨 모종의 환상이 존재함을 감지하는 네 그칠 수밖에 없다. 오히려 김기덕 영화를 비평하려는 이에게 더 긴요한 과정은 김기덕 자신이 그의 영화를 '반半구상'으로 받아들이라고 주문했음을 상기하는 것이다. 추상과 구상 사이의 경계에 머물겠다는 김기덕의 다짐은 교묘하다. 그것은 '김기덕의 서사는 어째서 매춘과 근친상간을 미화 혹은 숭고화하는가'를 정치적 올바름의 관점에서 비판하는 태도를 앙상하고 메마르고 뾰족한 것으로 만들어버린다. 그러므로 반구상이라는 발상이야말로 김기덕 영화가 그 올바르지 않음을 면피하기 위해 마련한 영리한 한 수에 불과하다고 맞받아칠 누군가도 있을 수 있다. 하지만 이렇게 생각해볼 수도 있다. 당신이라면 당신이 말한 은유를 문자 그대로 받아들이는 자와 대화할 맛이 나겠는가? 어느 입장에 설 것인지의 선택은 역시나 비평가(관객) 자신의 몫이다. 이쯤에서 밝혀두어야겠다. 나는 김기덕의 영화를 하나의 거대한 은유로 이해하고자 했다. 하지만 그러한 시선은 그의 영화를 봐가는 과정에서 절로 이루어진 것이었지, 애초부터 김기덕 영화를 보기 위해 특별히 작심하고 장착한 것은 아니었다. 물론 이러한 관점 또한 김기덕 영화를 대하는 무수한 버전의 접근 중 하나(접근 금지를 포함하여)일 뿐이다. 호소력 있는 새로운 비평이라면 어느 쪽의 의견에든 기꺼이 귀 기울여야 하리라 믿는다. 단, 호소력이 있다면.

*

김기덕 영화에 관한 이야기를 여기서 끝내도 될까. 〈피에타〉 이후 김기덕 감독이 내놓은 〈뫼비우스〉와 〈일대일〉은 적어도 나로서는 그다지 새로운 이야깃거리가 떠오르지 않는 영화였다. 만듦새도 아쉬웠지만 무엇보다도 〈피에타〉로 한 구비를 완전히 정복한 후 새로운 봉우리로 향하지 못한 채 골짜기에서 어정쩡 서성댄다는 느낌이었다. 최근 기사에 따르면 김기덕 감독은 남북문제를 다루는 〈그물〉의 개봉을 앞두고 있으며 현재 중국에서 고예산 영화 제작을 준비 중이라고 한다. 인간의 내면에 초점을 맞추었던 전작들과 달리 앞으로는 좀 더 직접적으로 사회 현실에 관한 발언을 담을 예정이라니, 새로운 등정의 길이 얼마나 보람될지는 지켜보면 알 일이다. 바라건대, 세상 모든 도전자들을 위한 별이 그 길에서도 빛나기를. 물론 이번에는 그 별의 이름이 꼭 라캉이 아니어도 좋으리라.

주

프롤로그

1 김기덕의 영화는 꾸준히 각종 해외 영화제에 초청받았다. 그런 가운데 〈봄 여름 가을
   겨울 그리고 봄〉은 로카르노 영화제 청년 비평가상 등 네 개의 상을, 〈사마리아〉는
   베를린 영화제 감독상을, 〈빈집〉은 베니스 영화제 감독상 및 세 개 부문의 상과
   산 세바스티앙 영화제 작품상을, 〈시간〉은 시카고 영화제 플라크 상을, 〈피에타〉는
   베니스 영화제 황금사자상을 수상했다.

2 〈나쁜 영화〉의 개봉 이후 영화 잡지들은 찬반양론을 기획하여 여러 차례에 걸쳐
   다루었다. 이와 관련한 기사 목록은 정성일 엮음, 『김기덕: 야생 혹은 속죄양』(행복한
   책 읽기, 2003)의 '데이터베이스' 부분에 잘 정리되어 있다. 특히 유운성과 주유신이
   참여한 『씨네 21』 336호, 정성일과 심영섭이 참여한 『씨네 21』 337호, 이상용, 문일평,
   이지훈, 오동진, 김성욱, 김선아가 참여한 『필름 2.0』 57호가 대표적이다.

3 주유신, 「한국 영화의 성적 재현에 대한 연구」, 중앙대 박사 학위 논문, 2003.

4 권명아, 「변경과 제국의 권위와 오리엔탈리즘」, 『당대비평』, 27호, 2003.

5 김기덕의 초기 영화들을 지지했던 토니 레인즈Tony Rayns는 『필름 코멘트Film
   Comment』지에 「관능적인 테러리즘: 김기덕의 이상한 사례」(2004년 11/12월호)라는
   논문을 실으면서 김기덕에 대한 "냉혹한 비난자"로 돌아서셨다. 이에 대해서는
   안드레아 벨라비타, 「약간 모자란 듯한 영화: 김기덕」, 『한국의 영화감독 7인을
   말하다』, 주진숙 외 저, 본북스, 2008, 134쪽을 참조할 것.

6 Marta Merajver-Kurlat, *Kim Ki-duk On movies, The Visual Language*, Jorge Pinto
   Books Inc., 2009; 마르타 쿠를랏, 『나쁜 감독: 김기덕 바이오그래피 1996~2009』,
   조영학 옮김, 가쎄, 2009.

7 일례로 박철웅은 세계에 대한 대응 방식이라는 측면에서 김기덕의 전작이 대결과
   파멸(〈악어〉〈야생동물보호구역〉)로부터 적극적 저항으로(〈섬〉〈수취인불명〉),
   소통의 시도로(〈나쁜 남자〉), 관조와 희생으로(그 이후의 영화들) 발전해왔다고
   보고 관조와 희생의 방향으로 나아가기 전화 후를 대별한다(「김기덕 감독 작품 분석:
   세계관의 변화에 따른 스타일의 차이점과 환상 시퀀스의 발전 경로를 중심으로」,
   『영화연구』, 26호, 2005년, 204쪽).

8 김호영, 「김기덕의 〈나쁜 남자〉와 이미지-텍스트로서의 영화」, 『역사와 사회』, 3권
   29집, 2002, 265쪽.

9 정성일 엮음, 앞의 책, 58쪽.

276

I. 김기덕 영화를 보기 전, 영화 이론의 훈수

1장 작가주의 영화 이론의 새로운 가능성

1 Dana Polan, "Auteur Desire", *Screening the past*, 12, 8쪽(http://www.google.co.uk/url?sa=t&rct=j&q=Dana%20Polan%2C%20%E2%80%98Aute... 2017년 3월 20일 접속).

2 David A. Gerstner, "The Practices of Authorship", *Authorship and Film*, ed. David A. Gerstner·Janet Staiger, Routledge, 2003, 6~17쪽; Virginia Wright Wexman, "Introduction", *Film and Authorship*, ed. Virginia Wright Wexman, Rutgers Univ. Press, 2003, 2~7쪽; Toby Miller and Noel King, "Auteurism in the 1990s", *The Cinema Book*, 2nd edition, ed. Pam Cook and Mieke Bernink, BFI Publishing, 1999, 311~314쪽; 로버트 랩슬리·마이클 웨스틀레이크, 『현대 영화 이론의 이해』, 이영재·김소연 옮김, 시각과 언어, 1995, 145~175쪽 참조.

3 '작가 정책'에 관해서는 François Truffaut, "A Certain Tendency in the French Cinema," *Movies and Methods*, vol. I, ed. Bill Nichols, Univ. of California Press, 1976 참조(프랑스어 원본은 1954년에 출판됨).

4 Alexandre Astruc, "The Birth of a New Avant-Garde: La Caméra-Styló", *The New Wave*, ed. Peter Graham, Secker and Warburg, 1968, 17~23쪽(프랑스어 원본은 1948년에 출판됨).

5 영화감독을 지칭하기 위해 auteur라는 표현을 썼던 것은 장 엡스탱Jean Epstein의 1921년 논문 "Le Cinéma et les lettres modernes(Cinema and modern literature)"가 처음이었다. 그는 이 글에서 D. W. 그리피스와 세르게이 에이젠슈테인의 영화들이 보여준 기술적 속성들을 귀스타브 플로베르나 찰스 디킨스의 문학작품의 속성들과 비교했다. Robert Stam, *Film Theory: An Introduction*, Blackwell, 2000, 85쪽 참조.

6 1950년대 후반 프랑스에서 젊은 영화인을 중심으로 일어난 영화 운동을 말한다. 기존의 영화 작법을 타파하고 즉흥 연출, 장면의 비약적 전개, 대담한 묘사 따위의 수법을 시도했다.

7 Andrew Sarris, *The American Cinema: Directors and Directions, 1929~1968*, E. P. Dutton & Co., 1968, 22쪽, David A. Gerstner, 앞의 글, 8쪽에서 재인용. 새리스의 저서는 찰리 채플린, 로버트 플래허티, 존 포드, D. W. 그리피스, 하워드 혹스, 알프레드 히치콕, 버스터 키튼, 프리츠 랑, 에른스트 루비치, F. W. 무르나우, 막스 오퓔스, 장 르누아르, 요셉 폰 스턴버그, 오슨 웰스 등 주로 할리우드 영화감독을 위주로 하여 이백 명의 감독들의 작품이 보여주는 시각적 테크닉들에 대해 코멘트하면서 영화사 전반에 대한 그의 풍부한 이해를 보여주었고 이후 수많은 미국의 시네필들에게 큰 영향을 끼쳤다.

8 1962년 창간된 잡지.

9 Virginia Wright Wexman, 앞의 글, 5쪽.

10 피터 월른의 존 포드 분석과 제프리 노웰-스미스의 루키노 비스콘티 분석은 작가-

구조주의의 대표적인 사례다. Peter Wollen, *Signs and Meaning in the Cinema*,
Indiana Univ. Press, 1969 Geoffrey Nowell-Smith, *Luchino Visconti*, Doubleday &
Co., 1968(이 책은 2003년에 BFI에서 수정본으로 재출간되었다).

11 Peter Wollen, 같은 책, 77쪽.

12 예컨대 초기작인 〈역마차Stagecoach〉(1939)에서는 인디언이 야만과 짝을 이루지만
〈샤이안 족의 최후Cheyenne Autumn〉(1964)에서는 인디언이 문명의 편에 있다는
것이다.

13 흔히 유럽에서 미국으로 건너간 작가들의 경우에 그들이 유럽에서 만든 영화는
예술영화로서 추앙되는 반면 미국에서 만든 영화들은 무시되거나 폄하되던 당대의
경향을 피터 월른은 비판했다.

14 로버트 랩슬리·마이클 웨스틀레이크, 앞의 책, 155쪽.

15 Roland Barthes, "The Death of the Author"(1968), *Image, Music, Text*, trans.
Stephen Heath, Hill and Wang, 1977, 142~148쪽 참조. 대문자 Author로 표기되는
작가와 달리 스크립터는 '표현'이 아니라 '각인inscription'하는, 덧그리는trace 사람을
의미한다(같은 글, 146쪽).

16 미셸 푸코, 「저자란 무엇인가?」, 『구조주의를 넘어서』, 이정우 엮고 옮김, 인간사,
1990, 39~74쪽; 김성우, 「미셸 푸코: 얼굴 없는 글쓰기의 에토스」, 『시대와 철학』,
10권 2호, 279~295쪽; Adrian Wilson, "Foucault on the 'Question of the Author':
A Critical Exegesis", *Modern Language Review*, 99, 2004, 339~363쪽 참조. 인용구는
미셸 푸코, 같은 글, 71쪽.

17 자크 데리다, 『글쓰기와 차이』, 남수인 옮김, 동문선, 2001 자크 데리다,
『그라마톨로지』, 김성도 옮김, 민음사, 1996 김상환, 「데리다의 텍스트」, 『철학사상』,
27권, 2008, 91~120쪽 참조. 데리다에게 에크리튀르는 의미와 언어를 개방하는
'쓰기'를, 텍스트는 쓰기, 읽기, 지식 등을 동시에 생산하는 체계를 의미한다.

18 Jean-Louis Comolli, Jean Narboni, "Cinema/Ideology/Criticism", *Cahiers du
Cinema 1969~1972: The Politics of Representation*, ed. Nick Browne, Harvard Univ.
Press, 1990, 62쪽(프랑스어 원본은 *Cahiers du Cinema*, 216호[1969년 9월호]).
이들은 당대 영화를 일곱 개의 범주로 나누었다. a. 지배 이데올로기를 상업영화들;
b. 직접적으로 정치적 주제를 다루고 전통적 형식과 단절한 영화들; c. 내용은
정치적이지 않으나 형식적으로 정치적인, '결을 거스르는' 영화들; d. 명시적으로
정치적 내용을 가졌으나 형식적으로는 기존 이데올로기 체계를 비판하지 않는
영화들; e. 출발점에서는 진보적이지 않은 듯 보이지만 최종 산물은 그렇지 않은,
확연한 간극과 전위轉位가 있는 영화들; f. 정치적(사회적) 사건들을 다루지만 '묘사'의
이데올로기적·전통적 방식을 답습하는 '실화 영화living cinema'. 직접 영화cinéma direct;
g. 묘사의 기본적 문제를 공격하는 방식으로 찍는 또 다른 '실화 영화'.

19 로버트 랩슬리·마이클 웨스틀레이크, 앞의 책, 168쪽.

20 텍스트성에 관한 이러한 이분법적 접근은 Adrian Wilson, "What is a text?", *Studies
in History and Philosophy of Science*, 43, 2012, 341~358쪽 참조.

21 예컨대 폴 윌레먼은 더글러스 서크 감독이 진보적 의도를 가지고 자신의 영화

체계를 발전시켰다고 주장하면서 동시에 그가 구사한 연루와 이탈의 변증법은 아이젠하워 대통령이 이끄는 미국에서 나타나는 모순들의 무의식적 극화를 함축한다고 주장했다(Paul Willemen, "Towards an analysis of the Sirkian system", *Screen*, vol. 13. no. 4, Winter 1972/1973. 이 글에 대한 요약은 『현대 영화 이론의 이해』, 162~164쪽 참조). 바르트의 강력한 영향 아래 작가를 표현의 주체가 아니라 텍스트의 효과라고 주장했던 히스의 「오시마라는 질문」(1977) 역시 고전적 봉합의 원리를 벗어나는 〈감각의 제국〉의 텍스트적 생산성을 작가 '오시마 나기사' 고유의 스타일의 문제로 파악하고 있다(스티븐 히스, 『영화에 관한 질문들』, 김소연 옮김, 울력, 2003, 229~260쪽). 한편 레이몽 벨루르는 히치콕의 전작을 분석하면서 히치콕의 카메오 출연과 시점 편집 테크닉이 히치콕의 '언표행위적 현전'을 가능하게 만들었다고 주장한다(Raymond Bellour, "Hitchcock, the Enunciator", *Camera Obscura*, no. 2, Autumn 1977).

22 예컨대 에이젠슈테인, 베르토프 등의 러시아 작가들, 에드윈 포터와 그리피스 이전의 사진가들 같은 할리우드 이전 시기 개척자들, 오즈와 나기사 같은 일본 작가들, 고다르, 슈트라우프와 윌레, 월른과 멀비 같은 '대항영화' 작가들이 선호되었다. 또한 『스크린』은 반복해서 혹스, 월시, 서크와 오퓔스, 히치콕과 웰스의 영화들을 분석했다. James Naremore, "Authorship", *A Companion to Film Theory*, Blackwell Publishing, 1999, 2004, 20쪽 참조.

23 James Naremore, 앞의 글, 23쪽.

24 David A. Gerstner, 앞의 글, 11~17쪽.

25 라캉의 관점에서는 쾌락pleasure이 쾌락 원칙에 따라 '최대한 적게' 즐기는 것이라면(지나친 쾌락은 더 이상 즐겁지 않기 때문에) 향유는 쾌락 원칙을 넘어서서 충동drive을 만족시키는 것, 즉 주체가 자신의 병리적 증상으로부터 끌어내는 역설적 만족으로서의 고통스러운 쾌락을 가리킨다. 주체를 향유 대신 욕망desire의 법에 종속시키는 것이 '거세'다. Dylan Evans, *An Introductory Dictionary of Lacanian Psychoanalysis*, Routledge, 1996, 91~92쪽 참조.

26 홍준기, 「르네 마그리트 회화 분석: 라캉 예술론의 관점에서」, 『철학과 현상학 연구』, 40호, 2009년 봄호, 238쪽.

27 예컨대 숀 버크는 초월적/비개인적 주체를 해체하는 유일한 길은 그것을 언어, 차연, 익명성, 여성적 글쓰기 등으로 대체하는 데 있는 것이 아니라, 문화, 이데올로기, 언어, 차이, 영향, 전기 속에 있는, 하나의 상황 속에 놓인 활동으로서 작가성을 재위치시키는 것에 있으며, 지금까지의 작가 논쟁은 이에 실패했기 때문에 수많은 문제들을 드러냈다고 주장한다(Seán Burke, *Authorship: From Plato to the Postmodern*, Edinburgh Univ. Press, 1995, xxvi쪽).

28 이와 관련한 대표적인 글로는 지그문트 프로이트, 「레오나르도 다빈치의 유년의 기억」, 『예술, 문학, 정신분석』, 정장진 옮김, 열린책들, 1996, 2011(11쇄) 참조.

29 Jacques Lacan, "The Instance of the Letter in the Unconscious", *Ecrits*, trans. Bruce Fink, W. W. Norton & Co., 2002, 517쪽.

30 Jacques Lacan, *The Seminar of Jacques Lacan. Book III: The Psychoses 1955~1956*, ed.

Jacques-Alain Miller, trans. Russell Grigg, W. W. Norton & Co., 1993, 167쪽.

31 Jacques Lacan, "Seminar on 'The Purloined Letter'", *Ecrits*, 10쪽. 언어, 법과 금지, 담화체계, 이데올로기적 구성물 등으로 이루어지는 상징계가 개별 주체의 수준에서 특수하게 작동할 때 이를 타자the Other라고 한다. 국내 번역서에서는 대타자, 큰타자 등으로 번역하기도 한다.

32 자크 라캉, 『세미나 11: 정신분석의 네 가지 근본 개념』, 맹정현·이수련 옮김, 새물결, 2008, 285쪽.

33 '환상의 횡단' 및 '증환과의 동일시'는 주체가 자신의 무의식적 욕망을 '의식적으로' 떠맡는 것, 즉 자신의 욕망의 실재와의 대면을 가리킨다. 진정한 주체가 되기 위해서는 자신의 환상을 구축하고 지탱해주는 욕망이 무엇인지를 알고 그것을 양보 없이 고집해야 한다. 아울러 세계-내-존재로서의 최소한의 일관성을 유지하게 해주는 지지대로서의 단독적 향유인 증환(sinthome: 증상symptôme과 환상phantom을 합성한 라캉의 신조어) 속에서 자기 존재의 일관성을 궁극적으로 보장하는 요소를 인식하고 "자신은 궁극적으로 한 조각 실재적 대상, 한 조각 충동 덩어리에 지나지 않는다는 것을 깨닫"는 동시에 "이러한 '비정체성 속에서의 정체성'을 획득"해야 한다(홍준기, 「역자 해제: 정신분석의 끝─환상의 통과, 주체적 궁핍, 증상과의 동일화」, 조엘 도르, 『프로이트·라캉 정신분석 임상』, 아난케, 2005, 31쪽).

34 Lorenzo Chiesa, *Subjectivity and Otherness: A Philosophical Reading of Lacan*, MIT Press, 2007, 163쪽.

35 홍준기, 앞의 글, 50쪽.

36 이러한 맥락에서 홍준기는 '욕망에서 충동으로'라는 테제와 함께 분석의 끝에 대한 오해로 이끄는 슬로베니아학파를 비판한다. 홍준기, 「욕망과 충동, 안티고네와 시뉴에 관한 라캉의 견해: 슬로베니아학파의 라캉 해석에 대한 비판적 고찰」, 『시대와 철학』, 20권 2호, 2009, 43~89쪽 참조.

37 홍준기, 「후기 라캉과 보로매우스 매듭, 그리고 조이스의 증상」, 『안과 밖(영미문학 연구)』, 28권, 2010, 221쪽.

38 Jacques Lacan, *Le Seminaire. Livre XXII: R.S.I*, 1975년 4월 15일 세미나, in *Ornicar?*, no. 5, 54쪽; 홍준기, 앞의 글, 221쪽, 각주 49에서 재인용.

39 Roberto Harari, *How James Joyce Made His Name: A Reading of the Final Lacan*, trans. Luke Thurston, Other Press, 2002, 127쪽.

40 라캉은 문자를 언어의 물질적 기초로 간주한다. 또한 기표는 의미 없는 문자이기를 고수하기 때문에 주체는 이를 해독해야 한다고 주장한다. 라캉은 letter가 편지와 문자라는 이중적 의미를 가짐에 착안하여 에드가 앨런 포의 〈도둑맞은 편지〉를 분석하면서 귀환하고 반복되는 편지/문자는 그 소유자에게 특정한 위치를 할당하면서 어떻든 의미 효과를 발생시킨다고 설명한다("편지는 항상 그 목적지에 도착한다"). 한편 문자와 글쓰기는 실재의 질서 속에 위치해 있기 때문에 무의미한 특질을 갖고 있다. 분석 상황에서 분석가가 분석주체의 담화를 "문자 그대로" 받아들여야 하는 것도 분석주체가 하는 말의 상징적 의미에 초점을 맞추어서는 안 된다는 뜻이다. 문자에 관한 이러한 설명은 Dylan Evans, 앞의 책, 99~101쪽 참조.

41 라캉주의적 이미지론과 영화론에 관해서는 김소연, 「왜상, 그리고/혹은 실재의 영화적 표상」, 『라캉과 현대정신분석』, 12권 1호, 2010년 여름호; 김소연, 「라캉의 이미지론에서 지젝의 영화론으로: 미혹의 스크린, 혹은 베일과 가면의 은유에 관한 고찰」, 『라캉과 지젝』, 글항아리, 2014 참조.

42 라캉은 『세미나 23』에서, 그리고 거의 같은 시기에 나온 *Television*이라는 텍스트에서 향유를 '의미를 즐기라'는 뜻의 jouis-sense로 해체하는 언어 유희를 시도한다. 하라리는 이것이 잉여 향유, 남근적 향유, 다른Other 향유를 강조했던 라캉이 '의미-향유'라는 네 번째 종류의 향유의 차원을 도입함으로써 의미가 일어날 때 향유가 존재하게 됨을 주장하는 방식이라고 설명한다. Roberto Harari, 앞의 책, 112쪽.

43 이러한 지적은 같은 책, 43~44쪽 참조.

44 표현주의 회화에 관해서는 『세미나 11: 정신분석의 네 가지 근본 개념』, 169쪽; 제임스 조이스의 문학에 관해서는 Jacques Lacan, *Joyce avec Lacan*, ed. Jacques Aubert, Navarin, 1987; Jacques Lacan, *Le Seminaire. Livre XXIII. Le sinthome, 1975~1976*, in *Ornicar?*, nos. 6~11, 1976~1977 참조.

45 Jacques Lacan, *On Feminine Sexuality, The Limits of Love and Knowledge* (*The Seminar of Jacques Lacan. Book XX: Encore 1972~1973*), ed. Jacques-Alain Miller, trans. Bruce Fink, W. W. Norton & Co., 1998, 37쪽.

46 Roberto Harari, 앞의 책, 1장(Joyce and Lacan: A Quadruple Borromean Heresy) 참조.

47 Virginia Wright Wexman, 앞의 글, 9쪽.

48 C. Sellors, *Film Authorship: Auteurs and other Myths*, Sunflower, 2010, 103~104쪽 참조.

49 같은 책, 127쪽.

50 "Seminar on 'The Purloined Letter'", 20쪽. 〈도둑맞은 편지〉에 관한 라캉의 논의를 잘 정리한 논문으로는 양석원, 「편지는 왜 어떻게 목적지에 도착하는가?: 라캉의 〈도난당한 편지〉에 대한 세미나 다시 읽기」, 『비평과 이론』, 15권 2호(2010년 가을/겨울호) 참조.

51 자크 데리다가 루소를 독해하면서 '발견'해낸 '대리보충' 개념은 '추가'와 '대체'의 의미를 동시에 함축한다. 마치 왕자가 왕의 확장이면서 동시에 왕위를 대체하는 존재이듯이, 백과사전의 부록이 백과사전 자체의 완전함을 의미하면서 동시에 그 결여를 가리키고 있듯이, 대리보충은 "추가 지점이며, 어떤 것을 대신하는 하위 심급"이다. 그렇기에 그 무엇인가는 "자신으로는 채울 수 없으며, 기호와 대리로 메울 때만 완수될 수 있다"(『그라마톨로지』, 287쪽).

52 단독적 보편자 혹은 구체적 보편성 개념에 관해서는 슬라보예 지젝, 「끝없이 처음부터 반복하기」, 『우연성 헤게모니 보편성』, 박대진 외 옮김, 도서출판 b, 2009, 321~330쪽 참조.

53 Jacques Lacan, "Presentation on Psychical Causality", *Écrits*, 148쪽.

54 이러한 맥락에서 알튀세르와 라캉의 차이와 유사성을 비교하는 논의로는 홍준기, 「'주체 없는 과정'인가, '과정으로서의 주체'인가」, 『라캉과 현대정신분석』, 5권 1호,

2003 참조.

55 지젝은 〈파이트 클럽〉과 〈미 마이셀프 앤 아이렌〉에서 주인공의 자기 구타 장면에서
등장하는 '구타하는 주먹'을 바로 이러한 부분 대상의 사례로 든다. 슬라보예 지젝,
『신체 없는 기관: 들뢰즈와 결과들』, 김지훈 외 옮김, 도서출판 b, 2006, 326~328쪽.

56 같은 책, 328~330쪽 참조.

57 슬라보예 지젝, 『삐딱하게 보기』, 김소연 외 옮김, 시각과 언어, 1995; 슬라보예 지젝,
『당신의 징후를 즐겨라!: 할리우드의 정신분석』, 주은우 옮김, 한나래, 1997; 슬라보예
지젝 외, 『항상 라캉에 대해 알고 싶었지만 감히 히치콕에게 물어보지 못한 모든 것』,
김소연 옮김, 새물결, 1997; 슬라보예 지젝, 『진짜 눈물의 공포』, 오영숙 외 옮김, 울력,
2004 등 참조.

58 이는 재닛 스테이거의 개념이다. 그는 마이너리티 작가성이 제2자아alter ego의 창조,
침묵, 반복(흉내, 패러디, 캠프 등), 브리콜라주, 전도, 강조accentuation라는 표현
전술들에 주로 의존한다고 요약한다. Janet Staiger, "Authorship Studies and Gus
Van Sant", *Film Criticism*, vol. 29, issue 1, Fall 2004.

59 Mari Ruti, "Winnicott with Lacan: Living Creatively in a Postmodern World",
American Imago, vol. 67, no. 3, Fall 2010, 369쪽.

60 이러한 논리를 1990년대 한국 영화사에 적용한 연구로서 김선아, 「한국 영화의 시간,
공간, 육체의 문화정치학: 코리안 뉴웨이브와 한국형 블록버스터 시대를 중심으로」,
중앙대 박사 학위 논문, 2005, 45~46쪽 참조.

61 이성민, 「정치와 미학」, 『정치와 평론』, 8호, 2011년 5월, 118쪽.

62 숭고와 근현대 예술, 공동체의 관계를 가라타니 고진과 라캉에 힘입어 전개하는
논의로는 이성민, 「예술의 정치적 기능: 숭고의 이념을 중심으로」, 『인문학 연구』,
45권, 2011; 이성민, 「정치와 미학」 참조.

63 Philippe Van Haute, "Death and Sublimation in Lacan's Reading of Antigone",
Levinas and Lacan: The Missed Encounter, ed. Sarah Harasym, State Univ. of New
York Press, 1998, 116쪽; 이성민, 「정치와 미학」, 118쪽에서 재인용.

2장 왜상의 논리와 영화의 존재론

1 Dudley Andrew, "The 'Three Ages'of Cinema Studies and the Age to Come",
PMLA, May 2000, 342쪽. 더들리 앤드루는 버스터 키튼의 영화 〈세 가지 시대The
Three Ages〉의 구조를 따라 영화학의 역사를 석기시대, 68혁명 이후부터의 제국주의
시대, 그리고 현대로 나누고 "아마추어 영화애호가들이 그들의 열정을 합법화하려고
노력했을 때 영화학이 시작되었다"고 주장한다. 그에 따르면 '석기시대'는 68혁명
이후 영화학의 "제국주의 시대"가 오기 전까지를 가리킨다.

2 Jacques Lacan, Seminar VII: The Ethics of Psychoanalysis 1959~1960, ed. Jacques-
Alain Miller, trans. Dennis Porter, W. W. Norton & Co., 1992, 135쪽.

3 루벤스의 그림을 왜상으로 바꾼 사례에 대한 언급은 같은 책, 136쪽 참조.

4 〈대사들〉에 관한 언급은 자크 라캉, 『세미나 11: 정신분석의 네 가지 근본 개념』,

맹정현·이수련 옮김, 새물결, 2008, 135, 145쪽 참조.

5 눈(시선)과 응시의 분리에 관한 주해는 특히 같은 책, 167~170쪽 참조.
6 같은 책, 179쪽.
7 Jacques Lacan, 앞의 책, 140쪽.
8 Marc de Kesel, *Eros and Ethics: Reading Jacques Lacan's Seminar VII*, trans. Sigi Jöttkandt, SUNY Press, 2009, 245쪽.
9 Jacques Lacan, 앞의 책, 137쪽.
10 같은 책, 138쪽.
11 『세미나 11』에서도 여전히 두 개의 시각적 피라미드가 교차하는 것을 이차원적으로 그리는 방식으로 고전 기하학의 흔적을 보여주었던 라캉은 『세미나 13』에 와서 사영 기하학이야말로 "연장extension에 대한 주체의 관계에 내포되어 있는 것들의 (……) 정확한 형식"(Jacques Lacan, *Seminar XIII*, 1966년 5월 4일 세미나, 미출간본)을 제공한다고 분명하게 주장한다.
12 조운 콥젝, 『여자가 없다고 상상해봐: 윤리와 승화』, 김소연 외 옮김, 도서출판 b, 2015, 311쪽.
13 조나단 크래리, 『관찰자의 기술』, 임동근 외 옮김, 문화과학사, 1999.
14 조운 콥젝, 앞의 책, 305쪽.
15 콥젝의 크래리 비판에 대한 구체적인 내용은 같은 책, 300~312쪽 참조.
16 크래리의 논의를 비롯하여, 디지털 테크놀로지에 힘입어 영화의 물질적·감각적 측면이 강화됨에 따라 영화 이미지가 관객의 신체에 미치는 해방적 효과에 주목하는 논의들이 적지 않다. 이러한 체화된 관람성 논의가 갖는 윤리적 한계에 관해서는 박제철, 「영화-감각을 윤리적 행위로 '반복하기'」, 『라캉과 한국 영화』, 김소연 엮음, 도서출판 b, 2008 참조. 그러나 박제철의 글은 응시의 지점과 소실점을 사실상 동일시한다는 약점이 있다. 동일한 오류가 핼 포스터에게서도 나타난다(『실재의 귀환』, 이영욱 외 옮김, 경성대출판부, 2003, 211쪽).
17 카메라의 재현 원리는 사영 기하학에 기초한 것이다. 대상과 이미지는 사진기의 렌즈를 정점으로 마주 보며 평행의 삼각형으로 수렴되며 크기는 다르더라도 비례는 같게 점증적으로 수렴되기 때문이다. 김효선, 「유클리드 기하학에 기초한 원근법의 성립 불가능성과 사영 기하학에 기초한 원근법의 성립 가능성」, 『비교문화 연구』, 9권 2호, 2005, 160쪽.
18 Jacques Lacan, 앞의 책, 141쪽.
19 자크 라캉, 앞의 책, 173쪽.
20 같은 책, 121쪽.
21 같은 책, 179쪽.
22 이것은 니체의 표현이자 알렌카 주판치치의 저서 제목이다(『정오의 그림자: 니체와 라캉』, 조창호 옮김, 도서출판 b, 2005).
23 Jacques Lacan, 앞의 책, 136쪽.
24 자크 라캉, 앞의 책, 169쪽.
25 같은 책, 169쪽.

26 같은 책, 172쪽.

27 같은 책, 182쪽.

28 같은 책, 157쪽.

29 같은 책, 160쪽.

30 같은 책, 166쪽.

31 68혁명 이후 정신분석적 영화 이론은 주로 라캉의 거울 단계 이론을 참조하고
있었다. 이 이론은 거울상의 상상적 성격을 강조하는 경향이 있었고 따라서 일종의
거울상인 영화도 본질적으로 상상적·환영적인 것으로 치부했다. 그러나 최근
거울상이 상상적인 것일 뿐만 아니라 상징적·실재적이기도 하다는 독해가 새로이
제기되었다(Mladen Dolar, "At First Sight", in *Gaze and Voice As Love Object*, Renata
Salecl· Slavoj Žižek, Duke Univ. Press, 1996). 돌라르의 논의에 힘입어 영화 장치
이론에 입각한 정신분석적 영화 이론을 극복함으로써 텍스트와 이데올로기의 관계를
재정위할 가능성을 다룬 글로는 김소연, 「정신분석적 영화 이론의 새로운 가능성에
관하여」, 『라캉과 한국 영화』 참조.

32 자크 라캉, 앞의 책, 173쪽 참조.

33 슬라보예 지젝, 『신체 없는 기관: 들뢰즈와 결과들』, 이성민 옮김, 도서출판 b, 2004,
131쪽.

34 이러한 라캉의 주장에 관해서는 루크 서스톤을 참조했다. 서스톤은 안티고네의
'매혹적 이미지'는 통상의 가독성과는 양립 불가능하다는 점에서 왜상적이라고
설명한다. Luke Thurston, "Meaning on Trial: Sublimation and *The Reader*", *Art,
Sublimation or Symptom*, ed. Parveen Adams, Other Press, 2003, 42쪽.

35 Jacques Lacan, 앞의 책, 130쪽.

36 이러한 왜상-실재의 침입을 라캉의 '응시'이론의 맥락에서 구체적인 영화적 사례들과
함께 설명하는 글로는 김소연, 「라캉의 이미지론에서 지젝의 영화론으로: 미혹의
스크린, 혹은 베일과 가면의 은유에 관한 고찰」, 『라캉과 지젝』, 글항아리, 2014 참조.

37 김기덕 감독의 문하생이었던 장훈 감독의 데뷔작인 〈영화는 영화다〉는 김기덕의
각본을 장훈, 옥진곤, 오세연이 각색하여 '김기덕필름'에서 제작했다. 이 네 사람은
2009년 대종상 영화제에서 시나리오상을 수상했다.

38 플라톤, 『플라톤의 국가·정체』, 박종현 옮김, 서광사, 1997, 6권 598b, 618쪽.

39 같은 책, 602b, 627쪽.

40 같은 책, 619쪽.

41 슬라보예 지젝, 『진짜 눈물의 공포』, 곽현자 외 옮김, 울력, 2004, 70~94쪽.

42 관객의 관람 경험 학습과 관련해서는 Thomas Elsaesser, "Discipline through
Diegesis: The Rube Film between 'Attractions' and 'Narrative Integration'", *The
Cinema of Attractions Reloaded*, ed. Wanda Strauven, Amsterdam Univ. Press, 2006,
205~223쪽 참조.

43 Hugo Münsterberg, *The Photoplay: A Psychological Study*, 9장 세 번째 문단(http://
www.gutenberg.org/files/15383/15383-8.txt, 2017년 7월 5일 접속).

44 지가 베르토프, 『키노 아이: 영화의 혁명가 지가 베르토프』, 김영란 옮김, 이매진,

2006, 74쪽.

45 Sergei Eisenstein, "The Montage of Film Attractions"(1924), *The Eisenstein Reader*, ed. Richard Taylor, BFI Publishing, 1998, 44쪽.

46 루돌프 아른하임, 『예술로서의 영화』, 김방옥 옮김, 기린원, 1990, 34쪽.

47 벨라 발라즈, 『영화의 이론』, 이형식 옮김, 동문선, 2003, 107쪽. 이 책은 분명 전후戰後에 집필되고 출간되었으나 그 안에는 1920년대와 1930년대에 쓰인 글들이 다수 속해 있다. 현재로서는 이 글에서 소개하는 인용문이 정확히 언제 발표된 글인지 확인할 수 없으나 발라슈(Balász의 원 발음은 '발라슈'이지만 국내 번역서에서는 발라즈로 표기되어 있다)는 거의 예외 없이 전전 시기의 고전적 영화 이론가로 분류된다는 점에서 전후의 저작을 인용해도 무리가 없으리라 생각한다.

48 지가 베르토프, 앞의 책, 206쪽.

49 Hugo Münsterberg, 앞의 책, 11장 마지막 문단.

50 벨라 발라즈, 앞의 책, 43쪽.

51 루돌프 아른하임, 앞의 책, 36쪽.

52 지가 베르토프, 앞의 책, 38쪽.

53 Sergei Eigenstein, "The Problem of the Materialist Approach to Form"(1925), *The Eisenstein Reader*, 59쪽.

54 에이젠슈테인 역시 "예술의 본성은 언제나 자연적 실재existence와 창조적 경향 간의 갈등, 유기적 관성과 목적이 있는 주도권initiative 간의 갈등"이라고 주장하면서 독창성의 중요성을 강조한다. Sergei Eisenstein, "A Dialectic Approach to Film Form", *Film Form*, ed. and trans. Jay Leyda, A Harvest Book, 1949, 46쪽.

55 라캉은 장자가 나비의 꿈을 꾸었을 때, 즉 의식이 살아 있고 사유할 수 있는 깨어 있을 때가 아니라 오히려 꿈을 꾸고 있을 때(허구 속에 있을 때) 비로소 "자신의 정체성의 어떤 근원", 즉 "본질적으로 그는 자기만의 색깔로 그려진 나비였고 현재도 그렇다"는 것을 알게 된다고 주장한다.자크 라캉, 앞의 책, 120~121쪽.

56 라캉은 눈(시선)이 기하광학적 관계 속에서 교환되는 것이라면 응시는 그 교환 속에서 욕망의 주체에 의해 삭제되는 암점과 같은 것이라고 주장하면서 대상 a와 유사한 지위를 갖는 응시의 성격 및 눈에 대한 응시의 궁극적 승리에 관해 설명한다. 이러한 내용의 '눈과 응시의 변증법'에 관해서는 같은 책, 107~184쪽 참조.

57 이토우 도시하루, 『사진과 회화: 원근법, 리얼리즘, 기억의 변모』, 김경연 옮김, 시각과 언어, 1993, 57쪽.

58 랄프 슈넬, 『미디어 미학: 시청각 지각형식들의 역사와 이론에 대하여』, 강호진 외 옮김, 이론과 실천, 2005, 84쪽.

3장 퍼즐 맞추기: '김기덕 시스템'의 도상(해석)학적 구성

1 〈나쁜 영화〉의 개봉 이후 영화 잡지들은 찬반양론을 기획하여 여러 차례에 걸쳐 다루었다. 이와 관련한 기사 목록은 정성일 엮음, 『김기덕: 야생 혹은 속죄양』, 행복한 책 읽기, 2003의 '데이터베이스' 부분에 잘 정리되어 있다.

2   유사한 견해를 김호영, 「김기덕의 〈나쁜 남자〉와 이미지-텍스트로서의 영화」,
『역사와 사회』, 3권 29집, 2002, 265쪽에서도 확인할 수 있다. 김호영은
〈해안선〉에서부터 이미 논쟁과 관심이 식어갔다고 진단한다.

3   김경애, 「김기덕 영화 〈빈집〉의 공간, 시선, 그리고 소통」, 『문학과 영상』, 제6권 2호,
2005년 가을/겨울, 32쪽.

4   「자필 수고: 김기덕이 김기덕을 쓰다」, 『김기덕: 야생 혹은 속죄양』, 97쪽.

5   같은 글, 103쪽.

6   같은 글, 100쪽.

7   심수진은 영국의 평론가 토니 레인즈의 다음과 같은 언급을 소개한다. "김기덕은
비주얼적인 부분에 있어서 아주 특별한 재능을 갖고 있다. 그 재능이 비록 영화의
전체에 걸쳐 드러나는 것은 아니더라도 그의 영화 속에는 항상 우리에게 기습하듯
다가오는 놀라운 부분이 있다"(「푸른 고통을 그려내는 미완의 스타일리스트」, 『필름
2.0』, 2001년 6월 5일, 14쪽).

8   김기덕 영화에서 이미지의 역할이나 그 회화적 성격에 관한 비평으로는 김기덕
영화의 기본적 특징으로 "이미지-텍스트"로서의 기능을 부각시키는 김호영,
앞의 글; 박종천, 「영화가 종교를 만났을 때: 김기덕의 〈봄 여름 가을 겨울 그리고
봄〉을 중심으로」, 『종교연구』, 44호, 2006에서의 상징동물 분석; 서지은, 「김기덕
영화에 나타난 모더니즘 연구: 시간과 공간, 인물과 플롯의 서사분석을 중심으로」,
한국교원대 석사 학위 논문, 2006에서의 "알레고리적 이미지들" 분석 등을 참조할 수
있다.

9   Adrien Gombeaud, 「김기덕의 나선들 속에서」, *Positif*, no. 530, 2005년 4월, 29쪽,
안드레아 벨라비타, 「약간 모자란 듯한 영화: 김기덕」, 『한국의 영화감독 7인을
말하다』, 본북스, 2008, 137쪽에서 재인용.

10   안드레아 벨라비타, 같은 글, 149쪽.

11   「김기덕 감독과의 인터뷰」, *Kim Ki-duk, from Crocodile to Address Unknown*, LJ
Film Co., Ltd., 서인숙, 「김기덕 영화, 그 사도마조히즘의 의미」, 『영화연구』, 20호,
226~227쪽에서 재인용.

12   에르빈 파노프스키, 「도상학과 도상해석학」, 『도상학과 도상해석학: 이론-전개-
문제점』, 에케하르트 캐멀링 엮음, 이한순 외 옮김, 사계절, 1997, 139쪽.

13   그레고리 커리, 『이미지와 마음: 영화, 철학 그리고 인지과학』, 김숙 옮김, 한울
아카데미, 2007, 46쪽.

14   같은 책, 277쪽.

15   같은 책, 277쪽.

16   주형일, 『내가 아는 영상 기호 분석』, 도서출판 인영, 2007, 180쪽.

17   피터 버크, 『이미지의 문화사』, 박광식 옮김, 심산, 2005, 69쪽 참조.

18   김애령, 『예술: 세계 이해를 향한 도전』, 이화여대 출판부, 2006, 57쪽 참조.

19   에르빈 파노프스키, 『도상해석학 연구』, 이한순 옮김, 시공사, 2002, 41~42쪽.
해석행위 세 번째 단계에서 '도상학적'을 각종 해설서들 및 파노프스키의 「도상학과
도상해석학」에 실린 도표를 참조하여 '도상해석학적'으로 바꾸었으며 세 번째 단계의

해석 대상의 '본래 의미'도 '근원적 의미'로, 네 번째 항목의 제목인 '수정 원리'도 '교정 원리'로 바꾸었다.

20 수잔 헤이워드, 『영화 사전: 이론과 비평』, 이영기 옮김, 한나래, 1997, 66~67쪽 참조.
21 주형일, 앞의 책, 186쪽.
22 최태만, 『미술과 사회적 상상력』, 국민대 출판부, 2008, 53쪽.
23 W. J. T. 미첼, 『아이코놀로지: 이미지 텍스트 이데올로기』, 시지락, 2005, 25쪽.
24 Giulio Carlo Argan, "Ideology and Iconology," *The Language of Images*, ed. W. J. T. Mitchell, Univ. of Chicago, 1974, 17쪽.
25 신준형, 『파노프스키와 뒤러: 르네상스 미술과 유럽중심주의』, 시공사, 2004, 13쪽.
26 같은 책, 48쪽.
27 같은 책, 34~41쪽 참조.
28 앞의 주석 12 내용을 참조.
29 정성일, 「세상을 살아가는 유령연습」, 『씨네 21』, 417호, 2003년 8월 26일.
30 문일평, 「〈빈집〉에 들어간 것은 광인인가 시인인가」, 『필름 2.0』, 2004년 10월 5일, 197~198쪽.

II. 김기덕 영화를 정신분석하는 즐거움, 혹은 괴로움

1장 〈파란 대문〉: 네 이웃을 네 몸같이 사랑하라

1 http://krdic.daum.net/dickr/contents.do?offset=A010662000&query1=A010662000#A010662000
2 거울 단계에 관한 라캉의 논문은 「거울 단계: 정신분석적 경험과 이론과의 관련 아래에서 고찰된, 현실 구성을 구조 짓는 발생적 계기에 관한 이론」이라는 제목으로 1936년 8월 28일 마리엔바트에서 열린 제14차 국제정신분석학회에서 처음 발표되었으나 출판되지는 않았다. 이 글은 1949년 7월 17일 취리히에서 열린 제16차 국제정신분석학회IPA에서 「정신분석적 경험에서 우리에게 드러난, '나'의 기능의 형성자로서의 거울 단계」라는 제목으로 재발표되었다. 라캉의 유일한 저서인 *Ecrits*, trans. Bruce Fink, W. W. Norton & Co., 2006, 75~81쪽에 실려 있다.
3 조엘 도르, 『라캉 세미나 · 에크리 독해 I』, 홍준기 · 강응섭 옮김, 아난케, 2009, 124쪽.
4 거울 단계를 "상상계에서의 소외"를 중심으로 설명하는 사례로는 같은 책, 126~127쪽 참조.
5 Mladen Dolar, "At First Sight", in *Gaze and Voice As Love Object*, eds. Renata Salecl· Slavoj Žižek, Duke Univ. Press, 1996, 137쪽.
6 이러한 지젝의 주장 및 이 문단에서의 인용문들은 슬라보예 지젝, 『부정적인 것과 함께 머물기』, 이성민 옮김, 도서출판 b, 2007, 341~342쪽 참조.
7 같은 책, 342쪽.
8 오이디푸스 콤플렉스의 세 단계에 관한 이하의 요약은 다음의 문헌들을 주로

참고했다. 조엘 도르, 앞의 책, 127~143쪽; Lorenzo Chiesa, *Subjectivity and Otherness: A Philosophical Reading of Lacan*, The MIT Press, 2007, 65~81쪽; Dylan Evans, *Dictionary of Lacanian Psychoanalysis*, Routledge, 1996, 127~129쪽.

9   아이가 어머니의 욕망 대상인 상상적 남근과 직접적으로 동일시함으로써 이루어지는 근친상간적 관계의 금지를 의미한다.

10 홍준기는 라캉의 frustration이라는 개념이 프로이트의 Versagung에서 왔다는 것을 근거로 '거절'로 번역하지만 여기서는 Versagung에 대한 라캉의 번역어인 frustration의 어감을 살려 '좌절'로 번역한다.

11 슬라보예 지젝, 『이데올로기라는 숭고한 대상』, 이수련 옮김, 인간사랑, 2001, 190쪽.

12 이하, 사랑 관계에서의 동일시 양상에 관해서는 Lorenzo Chiesa, 앞의 책, 23~24쪽 참조.

13 같은 책, 23쪽.

14 Jacques Lacan, *The Seminar of Jacques Lacan Book I: Freud's Papers on Technique 1953~1954*, ed. Jacques-Alain Miller, trans. John Forrester, Norton, 1988, 112쪽.

15 같은 책, 142쪽. 여기서 자아 이상 기능이란 상상계를 진정시키는 기능을 의미한다.

16 증환은 라캉이 증상과 환상을 조합해서 만든 신조어다. 간단히 말해 증상이 "특수한 왜곡"이라면 증환은 "보편화된 증상"을 뜻한다(슬라보예 지젝, 「성적 차이의 실재」, 『성관계는 없다』, 김영찬 외 엮고 옮김, 도서출판 b, 2005, 241쪽 각주 4). 지젝은 증환을 "해석을 넘어서뿐만 아니라 심지어는 환상을 넘어서까지 잔존하는 병리적인 형성물"인 동시에 "향유를 어떤 상징적인 기표 형성물과 하나의 매듭으로 묶어줌으로써 우리 세계-내-존재에 최소한의 일관성을 보장해주는 방법"이라고 설명한다(『이데올로기라는 숭고한 대상』, 135~36쪽). 주체가 향유를 조직하는 독특한 방식인 이 근본적 차원의 증상이 해체되면 상징계는 완전히 붕괴한다. 라캉의 1975~1976년 세미나에 따르면 증환은 상징계, 상상계, 실재의 삼항조를 묶는 네 번째 고리이기 때문이다. 그러므로 주체가 자기 존재의 유일한 지탱물인 증환을 인정하고 그것과 동일시할 때 정신분석 과정이 종결된다.

17 이러한 해석은 알렌카 주판치치의 것이다. 알렌카 주판치치, 『실재의 윤리: 칸트와 라캉』, 이성민 옮김, 도서출판 b, 2004, 267~286쪽 참조.

18 슬라보예 지젝, 「이웃들과 그 밖의 괴물들: 윤리적 폭력을 위한 변명」; 케네스 레이너드 외, 『이웃』, 정혁현 옮김, 도서출판 b, 2010, 294쪽.

19 케네스 레이너드, 「이웃의 정치신학을 위하여」, 『이웃』, 55쪽.

20 슬라보예 지젝, 앞의 글, 291쪽.

21 '네 이웃을 네 몸같이 사랑하라'는 윤리적 판단 안에 이미 이웃의 다름이 거주한다는 비판은 케네스 레이너드의 것이다. 앞의 글, 55쪽.

22 파란색의 의미작용은 이미 데뷔작인 〈악어〉에서부터 분명했다. 〈악어〉의 주인공인 '악어'가 거북이 등과 수갑을 파란색으로 칠하며, 여주인공인 현정이 악어와 함께 지내게 되면서 푸르스름한 의상으로 갈아입는다.

23 Jacques-Alain Miller, "Sur le Gide de Lacan", *La Cause Freudienne* 25(1993), 37쪽, 레나타 살레클, 『사랑과 증오의 도착들』, 이성민 옮김, 도서출판 b, 2003, 25쪽에서

288

재인용. '살레클'의 본래 발음이 살레츨이라는 사실이 알려진 이후에 번역·출판된
책에서 그녀의 이름은 살레츨로 표기되고 있다. 이 글에서도 서지 정보의 전달을 위해
살레클로 써야 하는 경우를 제외하면 모두 살레츨로 통일한다.

24 라캉의 시각 이론의 핵심은 시각의 객관적(이라고 가정된) 장을 포착하는 시선과
그러한 포착을 빠져나가는 응시를 이율배반적 관계로 취급한 데 있다. 이때 시각장과
응시의 관계는 현실과 실재의 관계와 같다. 응시는 언제든 얼룩이나 왜상의 형태로
절대적 시각장 속에 침입하여 어지럽힐 수 있다. 라캉의 시각 이론에 관해서는 김소연,
「라캉의 이미지론에서 지젝의 영화론으로: 미혹의 스크린, 혹은 베일과 가면의 은유에
관한 고찰」, 『라캉과 지젝』, 글항아리, 2014 참조.

25 왜상이란 원통형 거울을 왜상 그림의 가운데에 놓는 것과 같은 "광학적
전위transposition를 수단으로 해서, 처음에는 보이지 않던 어떤 형태가 독해 가능한
이미지로 변형되는 방식으로 만들어지는 모든 종류의 구성"을 가리킨다. Jacques
Lacan, Seminar VII: The Ethics of Psychoanalysis 1959~1960, ed. Jacques-Alain
Miller, trans. Dennis Porter, W. W. Norton & Co., 1992, 135쪽.

26 반면 자아심리학자들은 '그것'을 '자아'라고 해석함으로써 프로이트 정신분석의
목표를 자아의 강화로 호도했다고 라캉은 비판한다.

27 「네티즌과 김기덕이 나눈 10문 10답」, 『씨네 21』, 2001년 6월 8일.

28 Lorenzo Chiesa, 앞의 책, 188쪽.

29 홍준기, 「정신분석의 끝(목표): 환상의 통과, 주체적 궁핍, 증상과의 동일화」(역자
해제), 조엘 도르, 『프로이트·라캉 정신분석임상』, 홍준기 옮김, 아난케, 2005, 50쪽.

30 같은 책, 47쪽.

31 슬라보예 지젝, 『그들은 자기가 하는 일을 알지 못하나이다』, 박정수 옮김, 인간사랑,
2004, 335쪽, 각주 25.

32 슬라보예 지젝, 『이데올로기라는 숭고한 대상』, 135쪽.

33 Lorenzo Chiesa, 앞의 책, 191쪽.

34 도착증자는 엄마에게 남근이 없다는 걸 알면서도 이를 부인한 채, 엄마와의
관계에서 스스로 엄마의 향유를 촉발하는 상상적 남근의 위치를 차지함으로써
향유를 획득한다. 또한 그러한 향유의 희생(분리)을 거부하기 때문에 아버지의 법을
받아들이지 않을 뿐만 아니라 그에 도전하고 위반한다. 하지만 궁극적으로 도착증적
주체 역시 그러한 무조건적 향유로부터 자신을 방어해야만 하기 때문에 스스로
법을 선포함으로써 부권적 기능을 지지하고 보완하고자 하게 된다. 이러한 도착증의
심리적 구조에 관해서는 브루스 핑크, 『라캉과 정신의학』, 맹정현 옮김, 민음사, 2002,
284~347쪽; 조엘 도르, 『라캉과 정신분석임상: 구조와 도착증』, 홍준기 옮김, 아난케,
2005, 13~37쪽과 173~198쪽 참조.

35 레나타 살레클, 앞의 책, 241~242쪽과 251~252쪽 참조.

36 라캉은 보로메우스 매듭의 세 고리를 각각 상징계, 상상계,
실재에 할당하면서, 손쉽게 풀릴 수 있는 이 세 개의 고리가
고정되기 위해서는 네 번째 고리가 필요하다고 주장한다.
그 네 번째 고리가 의미하는 바가 바로 증환이다. 이에 관해서는

『세미나 23』, 1976년 2월 17일 세미나 참조.

2장 〈악어〉와 〈나쁜 남자〉: 욕망의 반복에서 사랑의 기적으로

1   남근은 실제 페니스와는 구분되는 것으로서, 전前오이디푸스기에 엄마가 욕망하는
    것이라고 상상되는 대상이다. 아이는 남근 혹은 남근적 어머니와 동일시하고자
    한다. 그러나 오이디푸스 콤플렉스가 해소되기 위해서는 아버지가 개입하여 남근에
    대한 아이의 상상적 동일시를 불가능하게 만들어야 한다. 즉 아이는 '거세'의 과정을
    거쳐야 한다. 그 결과 남근은 더 이상 아이의 상상적 대상이 아니라 '상징적 남근'이
    되며, 상징적 질서 속에서 욕망을 불러일으키는 결여의 기표, 혹은 욕망 자체의
    현전이 된다. Dylan Evans, *An Introductory Dictionary of Lacanian Psychoanalysis*,
    Routledge, 1996, 140~143쪽 참조.
2   자크 라캉, 『세미나 11: 정신분석의 네 가지 근본 개념』, 맹정현·이수련 옮김, 새물결,
    2008, 397쪽.
3   물론 이러한 환영은 전오이디푸스기에 형성된 '남근을 가진 어머니'와의 무의식적
    동일시의 흔적과 연관된 것이다.
4   Jacques Lacan, *The Seminar of Jacques Lacan, book XX: Encore 1972~1973(On
    Feminine Sexuality: The Limits of Love and Knowledge)*, ed. Jacques-Alain Miller,
    trans. Bruce Fink, W. W. Norton & Co., 1998, 72쪽.
5   Jacques Lacan, *Ecrits*, trans, Bruce Fink, W. W. Norton & Co., 2006, 583쪽 참조.
6   '거세'란 무엇보다도 상상적 남근의 상징적 결핍으로 정의된다. 따라서 거세
    콤플렉스는 오이디푸스 콤플렉스가 둘러싸고 도는 중심축이라고 할 수 있다. 아이는
    어머니가 욕망한다고 가정되는 상상적 남근이 되고자 하지만 아버지가 개입하여
    자신이 그 남근의 소유자임을 드러내게 되면 남근이 되려는 노력을 포기하게 된다.
    이 포기의 순간, 즉 오이디푸스 콤플렉스 해소의 순간이 거세의 계기다. Dylan Evans
    앞의 책, 21~23쪽 참조.
7   Jacques Lacan, *Ecrits*, 583쪽.
8   여기서 '존재하기'의 의미는 '고유한 의미의 여자'가 원하는 '향유하기'와 대비되는
    것이다. 이러한 논리에 관한 설명으로는 C. Soler, *Ce que Lacan disait des femmes*,
    Editions du Champ lacanien, 2002, 63쪽(홍준기, 『오이디푸스 콤플렉스, 남자의 성,
    여자의 성』, 아난케, 2005, 308~309쪽) 참조.
9   슬라보예 지젝, 『이데올로기라는 숭고한 대상』, 이수련 옮김, 인간사랑, 2001, 203쪽.
10 홍준기, 앞의 책, 306쪽.
11 슬라보예 지젝, 『부정적인 것과 함께 머물기: 칸트, 헤겔, 그리고 이데올로기 비판』,
    이성민 옮김, 도서출판 b, 2007, 243쪽.
12 자크 라캉, 앞의 책, 294쪽.
13 같은 책, 407쪽.
14 슬라보예 지젝, 『이라크: 빌려온 항아리』, 박대진 외 옮김, 도서출판 b, 2004, 228쪽.
15 세르쥬 앙드레, 『여자는 무엇을 원하는가?: 히스테리, 여자동성애, 여성성』, 홍준기 외

옮김, 아난케, 2009, 415쪽.

16 조운 콥젝, 『여자가 없다고 상상해봐: 윤리와 승화』, 김소연 외 옮김, 도서출판 b, 2015, 79쪽.

17 Jacques Lacan, *Le seminaire, book VIII: Le transfer*, Édition du Seuil, 1991, 67쪽, 알렌카 주판치치, 「구멍 뚫린 시트의 사례」, 『성관계는 없다』, 김영찬 외 엮고 옮김, 도서출판 b, 2005, 211~212쪽에서 재인용.

18 Slavoj Žižek, *The Metastases of Enjoyment: Six Essays on Woman and Causality*, Verso, 1994, 109쪽.

19 슬라보예 지젝, 『당신의 징후를 즐겨라!: 할리우드의 정신분석』, 주은우 옮김, 한나래, 1997, 122쪽.

20 세르쥬 앙드레, 앞의 책, 415쪽.

21 알렌카 주판치치, 앞의 글, 231쪽.

22 여성의 이중적 향유에 관해 라캉은 이렇게 진술한다. "여성은 S(Ⱥ)와 관계를 가지며, 바로 그러한 측면에서 이미 그녀는 이중화되어 있고, 비-전체인 것인데, 왜냐하면 그녀는 또한 Φ[남근 기능]와도 관계를 가질 수 있기 때문이다." Jacques Lacan, *On Feminine Sexuality: The Limits of Love and Knowledge*, W. W. Norton & Co., 1998, 81쪽.

23 케네스 레이너드, 「이웃의 정치신학을 위하여」, 『이웃』, 정혁현 옮김, 도서출판 b, 2010, 95쪽. 여기서 '부조화'라는 표현은 Jacques Lacan, *Le seminaire, livre 19*, (......) *ou pire*, 미출판 원고(1971년 12월 8일 세미나)에서 레이너드가 차용한 것이다. 전후 문맥의 좀 더 긴 번역은 같은 글, 95쪽의 각주 93을 참조할 것.

24 같은 글, 106쪽.

25 같은 글, 108쪽.

26 레이너드가 스치듯 언급하는 이 '연합'의 가능성을 이성민이 가라타니 고진에 힘입어 좀 더 본격적으로 후기근대적 연대 혹은 정치의 가능한 형태로서 제시하고 있음은 흥미로운 우연의 일치다. 이성민, 「연합의 길」, 『사랑과 연합』, 도서출판 b, 2011, 303~336쪽 참조.

27 사랑에서 나르시시즘적 자기 반영성의 문제에 관해서는 조운 콥젝, 앞의 책, 119~121쪽 참조.

28 이와 관련한 각종 기사 목록은 정성일 엮음, 『김기덕: 야생 혹은 속죄양』, 행복한 책 읽기, 2003의 '데이터베이스' 부분에서 확인할 수 있다.

29 논쟁적인 지점들을 잘 보여주는 학술논문들로는 김호영, 「김기덕의 〈나쁜 남자〉와 이미지-텍스트로서의 영화」, 『역사와 사회』, 3권 29집, 2002, 265~286쪽; 권명아, 「변경과 제국의 권위와 오리엔탈리즘」, 『당대비평』, 27호, 2003 주유신, 「한국 영화의 성적 재현에 대한 연구」, 중앙대 박사 학위 논문, 2003, 68~86쪽; 신지영, 「영화 이미지의 잠재성에 대하여: 들뢰즈와 김기덕을 중심으로」, 『프랑스학 연구』, 35호, 2006년 2월, 375~397쪽 등이 있다.

30 백상빈 · 정과리, "국문학자와 정신과 의사가 〈나쁜 남자〉를 논하다", 『씨네 21』, 338호, 2002년 2월 24일.

31   정성일 엮음, 앞의 책, 358~389쪽.

32   Jacques Lacan, *The Seminar of Jackques Lacan, Book VII: The Ethics of Psychoanalysis 1959~1960*, ed. Jacques-Alain Miller, W. W. Norton & Co., 1992, 12쪽.

33   자크 라캉, 앞의 책, 120쪽.

34   슬라보예 지젝, 『신체 없는 기관: 들뢰즈와 결과들』, 이성민 외 옮김, 도서출판 b, 2006, 304쪽.

35   인질이 범인에게 동조하고 감화되는 비이성적인 심리 현상. 자세한 내용은 '다음' 백과사전(http://enc.daum.net/dic100/contents.do?query1=10XXX43824) 참조.

36   김병선과 한혜미는 〈파란 대문〉〈나쁜 남자〉〈빈집〉〈활〉〈숨〉에서 발견되는 이러한 사례들을 실제 이미지와 함께 제시하고 있다(「김기덕 영화에 나타나는 무속적 상징에 관한 연구」, 『한국언론정보학보』, 50호, 2010년 여름, 111쪽).

37   조운 콥젝, 앞의 책, 84쪽.

38   케네스 레이너드, 앞의 글, 108쪽.

39   지젝은 '결혼'이란 "사랑의 결합을 지명하고" "공공연하게 선언하는" 행위로서, 상업영화의 해피엔드에는 "언제나 최소한의 유토피아적인 해방적 잠재력이 남아 있다"고 주장한다. 슬라보예 지젝·믈라덴 돌라르, 『오페라의 두 번째 죽음』, 이성민 옮김, 민음사, 2010, 221~222쪽 참조.

40   세르쥬 앙드레, 앞의 책, 411쪽. 여기서 '다시'라는 표현은 여성성에 관한 라캉의 『세미나 20』의 제목인 'encore'를 반향하는 것이다.

41   김호영은 마지막 장면을 "유곽의 삶에서 유목민의 삶으로"의 전환이라고 읽는다(김호영, 앞의 글, 280쪽)

3장 〈사마리아〉: 도착증적 세계에서 윤리적 인간으로 살아남기

1   서인숙, 「김기덕 영화, 그 사도마조히즘의 의미」, 『영화연구』, 20호, 2002년 12월, 227쪽.

2   주유신, 「한국 영화의 성적 재현에 대한 연구」, 중앙대 박사 학위 논문, 2003, 68~86쪽.

3   김영진, 「충격으로 빈약한 공력을 덮으려 한다」, 『필름 2.0』, 2004년 4월 20일.

4   최명학, 「김기덕 영화의 폭력의 미학: 밟혀서 밝혀주다」, 『문학과 영상』, 2005년 봄/여름호, 107~108쪽.

5   지그문트 프로이트, 『성욕에 관한 세 편의 에세이』, 김정일 옮김, 열린책들, 1996, 269쪽.

6   같은 책, 282쪽. [정상적]은 문맥의 이해를 돕기 위해 필자가 추가한 부분이다.

7   같은 책, 269쪽.

8   같은 책, 276쪽. 우리말 출판본은 "신경증은 성욕 도착의 부정인 셈이다"로 번역되어 있으나 여기서는 『정신분석사전』(장 라플랑슈 외 지음, 임진수 옮김, 열린책들, 2005, 117쪽)의 번역을 따랐다.

9   Jacques Lacan, *Ecrits*, trans. Bruce Fink, Norton, 2006, 699쪽.

10 이하에서 다루고 있는 도착증의 정신분석적 구조에 대한 설명은 브루스 핑크,
『라캉과 정신의학』, 민음사, 2002, 284~347쪽; 조엘 도르, 『라캉과 정신분석임상:
구조와 도착증』, 홍준기 옮김, 아난케, 2005, 13~38쪽, 125~262쪽; 조엘 도르,
『프로이트 라캉 정신분석임상』, 홍준기 옮김, 아난케, 2005, 179~198쪽; Dylan Evans,
An Introductory Dictionary of Lacanian Psychoanalysis, Routledge, 1996, 138~140쪽
참조.

11 프로이트는 신체 기관으로서의 남근penis과 그 수행적 기능이자 표상으로서의
남근phallus 간의 개념적 구분을 모호하게 처리한 반면, 라캉은 페니스와
팔루스뿐만 아니라 상상적 남근과 상징적 남근도 구분한다. 라캉에게 이러한
구분이 필요한 이유는 첫째, 페니스라는 해부학적 대상에 대한 리비도의 투자 및
(절단 가능성이라는) 환상의 구성이 문제인 한, 남근은 일단 상상적 속성을 갖는
것으로서만 정신분석의 장에 들어온다는 점, 둘째, 바로 그 상상적 성격 때문에
남근은 얼마든지 다른 대상으로 대체 가능하며 또 그렇기 때문에 일련의 다른
대상들로부터 배제된 채 그 대상들의 성적 가치를 가늠할 표준적 대상이 된다는 점을
밝혀야 하기 때문이다.

12 조엘 도르, 앞의 책, 115쪽

13 같은 책, 197쪽.

14 Jacques Lacan, 앞의 책, 697쪽.

15 반면 마조히즘과 대비되는 사디즘에서 도착증자는 타자를 희생자로 만들고 자기
자신이 입법자가 된다.

16 조엘 도르, 앞의 책, 54~56쪽 참조.

17 같은 책, 259쪽.

18 자세한 의미와 사례들을 보려면 이 책에 실린 「퍼즐 맞추기: '김기덕 시스템'의
도상(해석)학적 구성」을 참조.

19 레나타 살레클, 『사랑과 증오의 도착들』, 이성민 옮김, 도서출판 b, 2003, 247~250쪽
참조.

20 같은 책, 250쪽.

21 Jacques Lacan, 앞의 책, 698쪽.

22 레나타 살레클, 앞의 책, 238쪽.

23 같은 책, 239쪽.

24 같은 책, 239쪽.

25 슬라보예 지젝, 『까다로운 주체』, 이성민 옮김, 도서출판 b, 2005, 605~606쪽.

26 레나타 살레클, 앞의 책, 251~252쪽.

27 우연히 발생한 어떤 불행한 사태에 대해 온전히 죄의식을 느끼면서 스스로를 도착적
상황 속으로 몰아넣는 이러한 김기덕의 인물에 관해서는 김정선이 〈해안선〉 비평을
통해 자세히 분석한 바 있다(김정선, 「〈해안선〉, 기괴한 영웅담 혹은 자기-희생의
도착적 기만」, 『라캉과 한국영화』, 김소연 엮음, 도서출판 b, 2008). 그러나 〈해안선〉의
결말은 주인공 강 상병이 법의 무능 앞에서 신경증자로서 도착증적 전략을 채택했기
때문에 괴물이 될 수밖에 없었던 상황에서 멈추는 반면, 〈사마리아〉는 재영이

재상징화의 과제를 부여받게 된 상황을 결말에 배치함으로써 김기덕 영화의 서사적
진화를 잘 보여준다.

28 Slavoj Žižek, *The Metastases of Enjoyment: Six Essays on Woman and Causality*, Verso,
    1994, 109쪽.

29 자크 라캉, 『세미나 11: 정신분석의 네 가지 근본 개념』, 맹정현·이수련 옮김, 새물결,
    2008, 397쪽.

30 슬라보예 지젝, 『당신의 징후를 즐겨라!: 할리우드의 정신분석』, 주은우 옮김, 한나래,
    1997, 122쪽.

31 조운 콥젝, 『여자가 없다고 상상해봐: 윤리와 승화』, 김소연 외 옮김, 도서출판 b,
    2015, 79쪽.

32 사마리아 인들은 혼혈이라는 이유와 종교적 관습의 차이로 인해 유대인들에게
    멸시받았다. 성서에 나오는 사마리아의 우물가 여인은 하물며 과거에 남편이
    다섯이나 되었으며 지금도 남편이 아닌 남자와 동거하는 중이다. 그래서 같은
    사마리아 여인들조차도 어울려주지 않기에 그녀는 남들이 낮잠을 즐기는
    한낮에 우물가에 물을 길러 나와야 하는 천하디 천한 여인이다. 예수는 그런
    그녀에게 스스럼없이 말을 건넴으로써 인종적·종교적·성적 차별의 벽을
    무너뜨렸다(「요한복음」 4장 5~9절 참조). 한편 강도를 당해 쓰러진 사람을 모두가
    모른 척했으나 오직 '선한 사마리아 사람'만이 돌보아주었다는 비유를 통해서도
    예수는 사마리아 인에 대한 유대인의 부당한 천대를 비판했다(「누가복음」 10장
    25~37절). 이처럼 '사마리아'는 성서에서 천함과 귀함에 대한 관습과 통념의 기준을
    전도시키는 역설의 사례로서 거듭 등장하고 있다.

33 '사랑장'으로 널리 알려져 있는 「고린도전서」 13장 참조.

34 사랑이 있다는 것이 결코 대단한 다른 무엇이 된다는 의미가 아니라 주체가 진정한
    '무無'가 되는 것이라는 이 해석은 슬라보예 지젝, 『죽은 신을 위하여: 기독교 비판 및
    유물론과 신학의 문제』, 김정아 옮김, 도서출판 길, 186쪽을 참조한 것이다.

35 브루스 핑크, 앞의 책, 301쪽.

36 『문화일보』, 2004년 2월 27일.

37 김기덕의 다른 영화들에서도 오토바이나 버스, 그네 등 각종 탈것이 동일한 은유를
    수행한다. 움직여야 하는 것이 멈추어 있다는 것은 곧 그것과 연결된 사람들의 삶의
    정체와 고통을 의미한다. 김기덕 영화에서 탈 것의 의미작용에 관해서는 이 책에 실린
    「퍼즐 맞추기: '김기덕 시스템'의 도상(해석)학적 구성」을 참조.

38 슬라보예 지젝, 『까다로운 주체』, 514쪽, 각주 11.

39 알렌카 주판치치, 『실재의 윤리: 칸트와 라캉』, 이성민 옮김, 도서출판 b, 2004, 316쪽.

40 『문화일보』, 2004년 2월 27일.

41 라캉은 '무의식은 외부에 있다'는 테제와 함께 '외밀성extimité, extimacy' 개념을
    제출한다. exterior와 intimacy를 합성한 이 조어는 주체의 정체성의 중핵이 무의식에
    있다는 것, 그러나 무의식은 주체의 내면에 은폐된 것이 아니라 타자라 명명 가능한
    상호주관적 구조가 개입하여 형성된다는 것을 강조하기 위해 만들어졌다. 이
    무의식의 외밀성으로 인해 주체는 탈중심화되며 외부와 내부가 접속하는, '내부도

외부도 아닌' 그곳에서 섬뜩한 실재의 차원이 출몰하게 된다. '외밀성'에 관한 이러한 논의와 관련해서는 Mladen Dolar, "I shall be with you on your wedding-night": Lacan and the uncanny", *Jacques Lacan: Critical Evaluations in Cultural Theory*, vol. III, ed. Slavoj Žižek, Routledge, 2003 참조.

42 슬라보예 지젝·블라디미르 일리치 레닌, 『지젝이 만난 레닌』, 정영목 옮김, 교양인, 2008, 437~438쪽.

43 같은 책, 439~440쪽.

44 '주체적 궁핍subjective destitution'이란 라캉이 '정신분석의 끝'과 관련하여 도입하는 개념이다. 타자와의 관계 속에서 이루어지는 주체의 구성constitution과 반대되는 의미를 함축한다. 즉, 담화의 효과로서 정의되는 주체가 정신분석의 끝에서 자기 안의 환상-지탱물을 포기함으로써 자아를 탈중심화하는 것, "자기 자신을 찾기 위해 담화 속에서의 자기 자신을 상실하는 것을 떠안을 정도로, 그 자신의 포기resignation를 시험대에 올리는 것"이다. Jacques Lacan, *Seminar XV: The Psychoanalytical Act*(1967~1968), 1968년 2월 7일 세미나 참조. 코맥 갤러거Cormac Gallagher가 번역한 이 영역본은 미출간본이기 때문에 쪽수가 없다.

45 세르쥬 앙드레, 『여자는 무엇을 원하는가: 히스테리, 여자동성애, 여성성』, 홍준기 외 옮김, 아난케, 2009, 387쪽.

46 같은 책, 387쪽.

47 Jacques Lacan, *Television: A Challenge to the Psychoanalytic Establishment*, ed. Joan Copjec, trans. Denis Hollier, Rosalind Krauss, Annette Michelson, W. W. Norton & Co., 37~38쪽.

48 1960년대 말에 라캉은 네 가지 담화(주인 담화, 대학 담화, 히스테리 담화, 분석가 담화)에 관한 이론을 제출함으로써 근대 이후의 사회적 결속 혹은 "언어 위에 정초된 사회적 연계"(Jacques Lacan, *On Feminine Sexuality*(*Seminar XX: Encore 1972~1973*), ed. Jacques-Alain Miller, trans. Bruce Fink, Norton, 1998, 17쪽)의 네 가지 가능한 절합을 밝혔다. 주인 담화가 전혁명적 구체제(혹은 독재 체제)의 지배 형식이라면 대학 담화는 후혁명적 새 주인, 즉 과학적 담화로써 지배관계를 합법화하는 지배 형식이다. 히스테리 담화는 (나쁜) 주인에게 저항하여 새로운 (좋은) 주인을 세우려는 담화를 가리키며 분석가 담화는 주인 담화를 뒤집은 것이다. 분석 상황에서 분석가는 자신의 무의식의 진실을 알고자 하는 분석주체의 욕망의 텅 빈 원인으로서만 작용하기 때문에, 분석가 담화에서 비로소 분석주체는 어떠한 주인에게도 의존하지 않을 수 있다. 따라서 라캉은 분석가 담화의 구조를 통해서만 진정한 주체, 즉 주인과의 관계 속에서 규정되지 않는 주체의 차원을 보장받을 수 있다고 주장했다. 네 가지 담화의 도식은 Jacques Lacan, *The Other Side of Psychoanalysis*(*Book XVII*), ed. Jacques-Alain Miller, trans. Russell Grigg, Norton, 2007, 31쪽 참조.

49 슬라보예 지젝, 『부정적인 것과 함께 머물기』, 이성민 옮김, 도서출판 b, 2007, 140쪽.

50 자크 라캉, 앞의 책, 280쪽.

51 세르쥬 앙드레, 앞의 책, 386~387쪽.

52 같은 책, 389쪽.

53   Molly Anne Rothenberg 외, *Perversion and the Social Relation*, Duke Univ. Press, 2003, 2쪽.

54   조운 콥젝, 앞의 책, 370쪽.

55   슬라보예 지젝, 『잃어버린 대의를 옹호하며』, 박정수 옮김, 그린비, 2009, 315쪽.

56   Jacques Lacan, *Ecrits*, 645~668쪽.

57   자크 라캉, 앞의 책, 414~415쪽 참조.

58   알렌카 주판치치, 앞의 책, 99쪽.

59   Jacques Lacan, "Kant with Sade", *Ecrits*, 646쪽.

60   슬라보예 지젝, 『이라크: 빌려온 항아리』, 박대진 외 옮김, 도서출판 b, 2004, 223~224쪽 참조.

61   조운 콥젝, 앞의 책, 371쪽. 번역서에서는 "기괴한 회화화"로 되어 있지만 어감을 전달하기 위해 외래어 그대로 인용한다.

62   Jacques Lacan, *Ecrits*, 667쪽.

63   자크 라캉, 앞의 책, 415쪽.

64   케네스 레이너드, 「이웃의 정치신학을 위하여」, 『이웃』, 정혁현 옮김, 도서출판 b, 2010, 74쪽, 각주 78.

65   이러한 해석은 슬라보예 지젝, 『까다로운 주체』, 249~250쪽 참조.

66   스티븐 밀러, 「법 이론의 한계에 선 라캉: 법, 욕망, 최고 폭력」, 『법은 아무것도 모른다』, 강수영 옮김, 인간사랑, 2008, 174쪽.

67   세르쥬 앙드레, 앞의 책, 411쪽.

68   슬라보예 지젝, 『까다로운 주체』, 250쪽.

69   『문화일보』, 2004년 2월 27일.

70   알렌카 주판치치, 앞의 책, 99쪽.

71   슬라보예 지젝, 『까다로운 주체』, 397쪽.

4장 〈빈집〉: 거울놀이와 유령 연습이 여자를 자유케 하리라

1   Jacques Lacan, *Seminar VII: The Ethics of Psychoanalysis 1959~1960*, ed. Jacques Alain Miller, trans. Dennis Porter, W. W. Norton & Co., 1992, 12쪽.

2   〈파란 대문〉은 한여름에 눈이 오는 현상을 통해, 〈섬〉은 남주인공이 탄 배가 여주인공의 음부로 들어가는 이미지를 통해, 〈나쁜 남자〉는 주인공들이 처한 시간과 인물들의 이중화를 통해 현실과 비현실의 경계를 흐리면서 현실에서는 불가능한 사랑을 실현한다.

3   시선과 응시라는 번역어는 라캉 연구자들 사이에서도 이견이 없지 않으나, 이 글에서는 자크 라캉, 『세미나 11: 정신분석의 네 가지 근본 개념』, 맹정현·이수련 옮김, 새물결, 2008의 번역을 따른다.

4   '정신종합'은 슬라보예 지젝이 알랭 바디우를 비판하면서 사용한 표현이다. 정신분석은 '새로운 조화'를 정립하는 사건이 아니라는 것이다. 슬라보예 지젝, 『까다로운 주체』, 이성민 옮김, 도서출판 b, 2005, 250쪽.

296

5   Slavoj Žižek, "The Spectre of Ideology", *The Žižek Reader*, eds. Elizabeth Wright· Edmond Wright, Blackwell Publishing Ltd., 1999, 74쪽.

6   Bliss Cua Lim, *Translating Time: Cinema, the Fantastic, and Temporal Critique*, Duke Univ. Press, 2009, 149쪽.

7   지젝의 영화론이 어떻게 라캉의 이미지 이론을 영화라는 시공간적 매체에 확대적용하고 있는가에 관한 상세한 논의로는 김소연, 「라캉의 이미지론에서 지젝의 영화론으로: 미혹의 스크린, 혹은 베일과 가면의 은유에 관한 고찰」, 『라캉과 지젝』, 김석 외 지음, 글항아리, 2014 참조.

8   슬라보예 지젝, 『진짜 눈물의 공포』, 오영숙 외 옮김, 울력, 2004, 63쪽.

9   같은 책, 59~98쪽.

10   자크 라캉, 앞의 책, 138쪽.

11   라캉의 〈라스 메니나스〉 분석에 관해서는 Jacques Lacan, *Seminar XIII: The Object of Psychoanalysis 1965~1966*, trans. Cormac Gallagher, 미출간본의 1966년 5월 4일, 5월 11일, 5월 18일, 5월 25일 세미나를 주로 참조했다. 이 판본은 정식 출판물이 아니기 때문에 쪽수를 명확히 밝힐 수 없으므로 인용 시에는 해당 세미나의 날짜만 언급하고자 한다.

12   Jean-Pierre Oudart, "Cinema and Suture"(April-May 1969), *Cahier du Cinema 1969~1972: The Politics of Representation*, ed. Nick Browne, Harvard University Press, 1990.

13   Jean-Pierre Oudart, "The Reality Effect"(March-April 1971), 같은 책; "Notes for a Theory of Representation"(May-June and July 1971), 같은 책 참고.

14   Jacques Lacan, *Seminar XIII: The Object of Psychoanalysis 1965~1966*, 1966년 5월 18일 세미나. 이 세미나에는 푸코도 참석 중이었다. 세미나가 끝나갈 무렵 라캉이 푸코에게 "내가 당신의 이론을 '변형deform'하고 있느냐?"고 묻자 푸코는 "당신은 '재형성reform'하고 있다"고 응수한다.

15   같은 책, 1966년 5월 11일 세미나.

16   같은 책, 1966년 5월 11일 세미나.

17   그 불가능성을 구체적으로 이해하는 데에는 임진수의 보충설명이 도움이 된다. 임진수, 『정신분석에서 자아의 문제』, 파워북, 2010, 103쪽.

18   심연화 현상의 부재에 관한 지적은 같은 책, 97쪽 참조.

19   〈라스 메니나스〉를 인쇄물이 아니라 미술관에서 실물로 보게 되면 국왕 부처가 나타나는 프레임이 거울상이라는 특징이 더욱 명확히 드러난다고 임진수는 주장한다. 같은 책, 109쪽.

20   Jacques Lacan, *Seminar XIII: The Object of Psychoanalysis 1965~1966*, 1966년 5월 11일 세미나.

21   같은 책, 1966년 5월 18일 세미나.

22   같은 책, 1966년 5월 25일 세미나. 이하 인용문에서 [ ]의 내용은 이해를 돕기 위해 필자가 추가한 것이다.

23   같은 책, 1966년 5월 18일 세미나.

24 Steven Levine, *Lacan Reframed: A Guide for the Arts Students*, I. B. Tauris, 2011, 102쪽.

25 라캉은 이 트럼프의 비유를 1966년 5월 11일 세미나와 5월 18일 세미나에서 거듭 활용한다.

26 Jacques Lacan, *Seminar XIII: The Object of Psychoanalysis 1965~1966*, 1966년 5월 11일 세미나.

27 같은 책, 1966년 5월 18일 세미나.

28 같은 책, 1966년 5월 11일 세미나.

29 같은 책, 1966년 5월 11일 세미나.

30 같은 책, 1966년 5월 25일 세미나.

31 같은 책, 1966년 5월 18일 세미나.

32 같은 책, 1966년 6월 1일 세미나.

33 같은 책, 1966년 5월 25일 세미나.

34 같은 책, 1966년 5월 18일 세미나.

35 같은 책, 1966년 5월 11일 세미나.

36 같은 책, 1966년 5월 25일 세미나.

37 같은 책, 1966년 5월 25일 세미나.

38 같은 책, 1966년 5월 11일 세미나.

39 같은 책, 1966년 5월 25일 세미나.

40 같은 책, 1966년 5월 25일 세미나.

41 같은 책, 1966년 5월 25일 세미나.

42 같은 책, 1966년 5월 11일 세미나.

43 같은 책, 1966년 5월 25일 세미나.

44 같은 책, 1966년 5월 18일 세미나.

45 같은 책, 1966년 5월 18일 세미나.

46 같은 책, 1966년 5월 11일 세미나.

47 같은 책, 1966년 5월 11일 세미나.

48 같은 책, 1966년 5월 18일 세미나.

49 장 라플랑슈·장 베르트랑 퐁탈리스, 『정신분석사전』, 임진수 옮김, 열린책들, 2005, 112쪽.

50 최원, 「세미나 11에 대하여: 아파니시스라는 질문」, 『라캉과 현대정신분석』, 15권 1호, 2013년 여름호, 184쪽.

51 Jacques Lacan, *Seminar XIII: The Object of Psychoanalysis 1965~1966*, 1966년 5월 25일 세미나.

52 같은 책, 1966년 5월 25일 세미나.

53 같은 책, 1966년 5월 25일 세미나.

54 원초적 장면 혹은 원장면이란 프로이트가 원환상이라 부르는 것의 일부로서 "어린아이가 실제로 관찰하거나 몇 가지 단서로 추측하고 상상하는 부모의 성관계 장면"을 가리킨다. 그 장면은 외상을 일으키는 기원적 사건으로서의 의미를 띠게 된다. 장 라플랑슈·장 베르트랑 퐁탈리스, 앞의 책, 291~294쪽 참조.

55   Jacques Lacan, *Seminar XIII: The Object of Psychoanalysis 1965~1966*, 1966년 5월 11일 세미나.

56   같은 책, 1966년 5월 25일 세미나.

57   같은 책, 1966년 5월 25일 세미나.

58   같은 책, 1966년 6월 1일 세미나.

59   같은 책, 1966년 6월 1일 세미나.

60   같은 책, 1966년 5월 25일 세미나.

61   Dylan Evans, *An Introductory Dictionary of Lacanian Psychoanalysis*, Routledge, 1996, 133쪽.

62   같은 책, 143쪽.

63   Jacques Lacan, *Seminar XIII: The Object of Psychoanalysis 1965~1966*, 1966년 5월 25일 세미나.

64   같은 책, 1966년 5월 25일 세미나.

65   같은 책, 1966년 5월 25일 세미나.

66   J.-D. 나지오, 『정신분석학의 7가지 개념』, 표원경 옮김, 백의, 1999, 50쪽.

67   Jacques Lacan, *Seminar XIII: The Object of Psychoanalysis 1965~1966*, 1966년 5월 25일 세미나.

68   같은 책, 1966년 5월 11일 세미나.

69   김소연, 앞의 글, 7~36쪽 참조.

70   색채, 탈것, 물, 조각상, 공기 등, 김기덕 영화들에 나타나는 도상들의 의미를 계열화한 연구로는 이 책의 3장을 참조할 것.

71   자크 라캉, 앞의 책, 127쪽.

72   라캉의 이 광학 모델은 *Seminar I: Freud's Papers on Technique 1953~1954*(ed. Jacques-Alain Miller, Seuil, 1975)에서 최초로 등장했으며 이후 *Ecrits*(Seuil, 1966)에 수록된 「다니엘 라가쉬의 발표문 "정신분석학과 인성의 구조"에 대한 논평」(1960) 및 *Le Seminaire. Livre VIII: Le transfert 1960~1961*(ed. Jacques-Alain Miller, Seuil, 1991)에서 거듭 언급되었다.

73   전자가 현실에 이미지의 원본이 존재하는 경우라면 후자는 이미지의 이미지를 가리킨다. 임진수는 이를 각각 '실상real image'과 '허상virtual image'으로 번역한다(임진수, 앞의 책, 119쪽).

74   Jacques Lacan, *Seminar XIII: The Object of Psychoanalysis 1965~1966*, 1966년 5월 25일 세미나.

75   Jacques Lacan, *Ecrits*, trans. Bruce Fink, Norton, 2006, 571쪽.

76   같은 책, 571~572쪽.

77   같은 책, 572쪽.

78   자크 라캉, 앞의 책, 150쪽.

79   김기덕 감독과의 인터뷰에서 참조. http://www.cine21.com/news/view/mag_id/26409

80   이는 인터뷰어인 평론가 정성일의 해석이다. http://www.cine21.com/news/view/

mag_id/26410

81 같은 인터뷰.

82 Jacques Lacan, *On Feminine Sexuality: The Limits of Love and Knowledge(Book XX: Encore 1972~1973)*, ed. Jacques-Alain Miller, trans. Bruce Fink, W. W. Norton & Co. Inc., 1998, 8쪽.

83 조운 콥젝, 「성과 이성의 안락사」, 『성관계는 없다』, 김영찬 외 엮고 옮김, 도서출판 b, 2005, 137쪽.

84 알렌카 주판치치, 『정오의 그림자』, 조창호 옮김, 도서출판 b, 2005, 220쪽. 진하게 처리한 강조는 주판치치의 것이다.

85 조운 콥젝, 『여자가 없다고 상상해봐: 승화와 윤리』, 김소연 외 옮김, 도서출판 b, 2015, 344쪽. 콥젝은 특정 시점으로 귀속시킬 수 없는 응시의 차원은 나뭇가지가 바스락거리는 소리 같은 감성적 형식들로 나타난다고 주장한다.

86 Hae-Seung Chung, *Kim, Ki-duk*, University of Illinois Press, 2012, 55~61쪽.

87 김정선, 「2000년대 전반기 한국 영화의 사적 복수 재현양상에서 드러나는 윤리적 교착: 후근대의 나르시시즘적 윤리 의식과 그 파국적 가능성」, 중앙대 박사 학위 논문, 2010, 1쪽. 김정선은 〈쉬리〉〈실미도〉〈태극기 휘날리며〉 등의 한국형 블록버스터 영화들과 〈친구〉〈두사부일체〉〈달마야 놀자〉 등의 조폭 장르 영화들, 〈말죽거리 잔혹사〉〈영화는 영화다〉 등 남성적 액션을 과시하는 영화들을 남성 장르 영화들로 언급한다.

88 〈플란다스의 개〉(2000), 〈살인의 추억〉(2003), 〈복수는 나의 것〉(2002), 〈올드 보이〉(2003), 〈친절한 금자씨〉(2005), 〈반칙왕〉(2000), 〈장화, 홍련〉(2003), 〈달콤한 인생〉(2005).

89 2005년 〈왕의 남자〉, 2006년 〈괴물〉, 2007년 〈디워〉, 2008년 〈좋은 놈 나쁜 놈 이상한 놈〉, 2009년 〈해운대〉, 2010년 〈아저씨〉, 2011년 〈최종병기 활〉, 2012년 〈범죄와의 전쟁〉. www.kmdb.or.kr 참조.

5장 〈시간〉: 가면 대신 공백을 사랑하기

1 쉬클로프스키는 비선형적 서사 구조를 범주화하기 위해 '버클 구조'와 '계단 구조'라는 용어를 도입한다. Christine Thompson, *Breaking the Glass Armor: Neoformalist Film Analysis*, Princeton Univ. Press, 1988, 40쪽에서 재인용.

2 Jacques Lacan, *Ecrits*. trans. Bruce Fink, W. W. Norton & Co. Inc., 2006, 685쪽.

3 프로이트는 신체 기관으로서의 남근penis과 그 수행적 기능이자 표상으로서의 남근phallus 간의 개념적 구분을 모호하게 처리한 반면, 라캉은 페니스와 팔루스뿐만 아니라 상상적 남근과 상징적 남근도 구분한다. 라캉에게 이러한 구분이 필요한 이유는 첫째, 페니스라는 해부학적 대상에 대한 리비도의 투자와 (절단 가능성이라는) 환상의 구성이 문제인 한, 남근은 일단 상상적 속성을 갖는 것으로서만 정신분석의 장에 들어온다는 점, 둘째, 바로 그 상상적 성격 때문에 남근은 얼마든지 다른 대상으로 대체 가능하며 또 그렇기 때문에 일련의 다른

대상들로부터 배제된 채 그 대상들의 성적 가치를 가늠할 표준적 대상이 된다는 점을 밝혀야 하기 때문이다.

4   J.-D. 나지오, 『정신분석학의 7가지 개념』, 표원경 옮김, 백의, 1999, 43~50쪽.

5   거세의 과정, 즉 오이디푸스 콤플렉스 해소의 3단계에 관한 상세한 주해로는 Lorenzo Chiesa, *Subjectivity and Otherness: A Philosophical Reading of Lacan*, MIT Press, 2007, 61~100쪽 참조.

6   J.-D. 나지오, 『자크 라캉의 이론에 대한 다섯 편의 강의』, 임진수 옮김, 교문사, 2000, 273쪽.

7   Jacques Lacan, 앞의 책, 713쪽. 흔히 "A signifier represents the subject for another signifier"라고 영역되는 이 문장을 브루스 핑크는 "A signifier represents the subject to another signifier"라고 번역한다.

8   자크 라캉, 『세미나 11: 정신분석의 네 가지 근본 개념』, 맹정현·이수련 옮김, 새물결, 2008, 120~121쪽.

9   현실에서는 무력하고 수줍은 편이지만 사이버공간의 인터랙티브 게임에서는 사디즘적 살인마이자 매혹적인 난봉꾼의 캐릭터를 채택하는 인물에게 사이버공간은 현실로부터의 도피처가 아니라 그 자신에 관한 더 많은 진리를 드러내는 무대라고 지젝은 역설한다. 슬라보예 지젝, 『이라크: 빌려온 항아리』, 박대진 외 옮김, 도서출판 b, 2004, 190쪽.

10 왕을 대하는 백성의 편에서 작동하는 것은 물신주의적 부인의 논리다. '나는 그가 별 것 아닌 사람임을 알고 있지만 그런데도 나는 그를 절대권력을 체현하는 왕으로서 대한다'는 논리가 그것이다.

11 슬라보예 지젝, 『신체없는 기관』, 이성민 외 옮김, 도서출판 b, 2006, 173쪽.

12 예를 들면 김경애, 「김기덕의 〈시간〉과 시뮬라크르」, 『문학과 영상』, 2007년 여름호.

13 욕망 대상을 존재 그 자체로 받아들임, 혹은 그 머리핀을 꽂은 이의 특별한 존재 가치를 함축하는 이러한 머리핀의 은유는 〈파란 대문〉과 〈숨〉 등에서도 볼 수 있다.

14 칸트는 『최후유고』 중 초월적 이념들을 다루는 부분에서 "인격person은 또한 가면을 의미한다"고 서술했고 이를 라캉은 「다니엘 라가슈의 보고서 "정신분석과 인격성의 구조"에 대한 논평」에서 지적한 바 있다. 이러한 연결성에 관해서는 알렌카 주판치치, 『실재의 윤리』, 이성민 옮김, 도서출판 b, 2006, 111~112쪽 참조.

15 흔히 masquerade는 가장무도회 혹은 가면무도회로 번역된다. 물론 masquerade에 그런 의미가 있는 것 또한 사실이지만 '가장무도회'라는 번역은 '누군가를 속이기 위해 가장하기'라는 이 단어의 기본적인 의미를 잘 전달하지 못한다.

16 Jacques Lacan, 앞의 책, 583쪽.

17 Joan Riviere, "Womanliness as Masquerade", *International Journal of Psychoanalysis*, vol. 10, 1929, 303~333쪽.

18 뤼스 이리가라이, 『하나이지 않은 성』, 이은민 옮김, 동문선, 2000, 176쪽.

19 Judith Butler, *Gender Trouble: Feminism and the Subversion of Identity*, Routledge, 1990, 44쪽. 페미니즘 이론의 고전이 된 이 책은 번역본(『젠더 트러블: 페미니즘과 정체성의 전복』, 조현준 옮김, 문학동네, 2008)이 출간되어 있으나 오역이 적지 않다.

본문의 인용문은 필자가 번역한 것이다.

20 같은 책, 43~57쪽 참조.

21 라캉이 여자를 Other와 연관시킬 때 그 Other는 권력을 휘두르는 타자가 아니라 그 권력의 온전한 작동에 실패하는 타자, 즉 타자의 결여의 차원[S(Å)]을 가리킨다. "여성은 그 타자에 대한 관계를 갖는 그 무엇이다. (……) 여성은 S(Å)와 관계를 가지며"(Jacques Lacan, *On Feminine Sexuality: The Limits of Love and Knowledge*, W. W. Norton & Co., 1998, 81쪽).

22 본래 페르소나는 고대 그리스 연극에서 사용하던 가면을 가리키는 말이었다.

23 Jacques Lacan, Seminar VIII: Transference 1960~1961, "1961년 4월 19일 세미나", trans. Cormac Gallagher, 미출간. 이 번역본은 편집되지 않은 프랑스어판 원고를 코맥 갤러거가 영역한 것으로서 정식 출판본이 아니며 쪽수가 명기되어 있지 않다.

24 자크 오몽, 『영화 속의 얼굴』, 김호영 옮김, 마음산책, 2006, 5장 참조. 오몽은 1970~1980년대 영화의 경향 중 하나를 '얼굴의 해체'라고 정의하면서 '탈-얼굴'이라는 개념을 제출한다. 예컨대 유리창 표면에 붙어 으깨지는 얼굴이라든가 지나치게 확대되거나 단편화되는 얼굴들이 그러하다.

25 질 들뢰즈, 『시네마 I: 운동-이미지』, 유진상 옮김, 시각과 언어, 2002, 7장 참조. 이 번역본에서 감화는 affection의 번역어로서 여기서는 번역본의 번역을 따르겠다. 그러나 필자에 따라 affection은 정동, 감응, 정감 등으로 다양하게 번역되고 있으며 여전히 우리말 용어가 정착되어 있지 않다. 들뢰즈에게 감화 이미지란 특히 클로즈업 이미지와 연관되는 개념이다. 클로즈업은 행위의 조건을 삭제하며 주위 배경을 비가시화하면서 감화를 위해 사용되기 때문이다. 감화 이미지는 삼차원적 공간감의 감소로 인해 좌표 설정이 불가능한, 무규정적이고 탈중심화되어 있는 이미지다. 미세한 분할과 무한의 진행에 대한 사유를 가능하게 한다는 특징을 갖는다.

에필로그

1 물론 2011년에 그는 〈아멘〉과 〈아리랑〉을 발표했다. 그러나 〈아멘〉이 배우 한 명만을 데리고 유럽을 돌면서 혼자 찍은 영화인 점, 〈아리랑〉 역시 자신의 내면을 기록하기 위해 혼자 찍은 다큐멘터리인 점을 감안할 때 그가 제작현장으로 돌아와 찍은 첫 작품은 〈피에타〉라고 볼 수 있다.

참고문헌

국내 문헌

권명아, 「변경과 제국의 권위와 오리엔탈리즘」, 『당대비평』, 27호, 2003.
그레고리 커리, 『이미지와 마음: 영화, 철학 그리고 인지과학』, 김숙 옮김, 한울 아카데미, 2007.
김경애, 「김기덕 영화 〈빈집〉의 공간, 시선, 그리고 소통」, 『문학과 영상』, 제6권 2호, 2005년 가을/겨울호.
──────, 「김기덕의 〈시간〉과 시뮬라크르」, 『문학과 영상』, 2007년 여름호.
김미현 책임편집, 『한국 영화사: 개화기에서 개화기까지』, 커뮤니케이션북스, 2007.
김병선·한혜미, 「김기덕 영화에 나타나는 무속적 상징에 관한 연구」, 『한국언론정보학보』, 50호, 2010년 여름.
김상환, 「데리다의 텍스트」, 『철학사상』, 27권, 2008.
김서영, 『영화로 읽는 정신분석』, 은행나무, 2007.
김선아, 「한국 영화의 시간, 공간, 육체의 문화정치학: 코리안 뉴웨이브와 한국형 블록버스터 시대를 중심으로」, 중앙대 박사 학위 논문, 2005.
김성우, 「미셸 푸코: 얼굴 없는 글쓰기의 에토스」, 『시대와 철학』, 10권 2호.
김소연 외, 『라캉과 한국 영화』, 김소연 엮음, 도서출판 b, 2008.
김소연, 「라캉의 이미지론에서 지젝의 영화론으로: 매혹의 스크린 혹은 베일과 가면의 은유에 관한 고찰」, 『라캉과 현대정신분석』, 15권 1호, 2013.
──────, 『실재의 죽음: 코리안 뉴웨이브 영화의 이행기적 성찰성에 관하여』, 도서출판 b, 2008.
김애령, 『예술: 세계 이해를 향한 도전』, 이화여대 출판부, 2006.
김정선, 「2000년대 전반기 한국 영화의 사적 복수 재현양상에서 드러나는 윤리적 교착: 후근대의 나르시시즘적 윤리 의식과 그 파국적 가능성」, 중앙대 박사 학위 논문, 2010.
김호영, 「김기덕의 〈나쁜 남자〉와 이미지-텍스트로서의 영화」, 『역사와 사회』, 3권 29집, 2002.
김효선, 「유클리드 기하학에 기초한 원근법의 성립 불가능성과 사영 기하학에 기초한 원근법의 성립 가능성」, 『비교문화 연구』, 9권 2호, 2005.
랄프 슈넬, 『미디어 미학: 시청각 지각형식들의 역사와 이론에 대하여』, 강호진 외 옮김, 이론과 실천, 2005.
레나타 살레클, 『사랑과 증오의 도착들』, 이성민 옮김, 도서출판 b, 2003.

로버트 랩슬리, 마이클 웨스틀레이크,『현대 영화 이론의 이해』, 이영재, 김소연 옮김, 시각과
　　　언어, 1995.
뤼스 이리가라이,『하나이지 않은 성』, 이은민 옮김, 동문선, 2000.
맹정현,『리비돌로지: 라캉 정신분석의 쟁점들』, 문학과 지성사, 2010.
미셸 푸코,「저자란 무엇인가?」,『구조주의를 넘어서』, 이정우 엮고 옮김, 인간사, 1990.
박종천,「영화가 종교를 만났을 때: 김기덕의 〈봄 여름 가을 겨울 그리고 봄〉을 중심으로」,
　　　『종교연구』, 44호, 2006.
박철웅,「김기덕 감독 작품 분석 : 세계관의 변화에 따른 스타일의 차이점과 환상 시퀀스의
　　　발전 경로를 중심으로」,『영화연구』, 26호, 2005년.
브루스 핑크 외,『성관계는 없다』, 김영찬 외 엮고 옮김, 도서출판 b, 2005.
브루스 핑크,『라캉과 정신의학』, 맹정현 옮김, 민음사, 2002.
서인숙,「김기덕 영화, 그 사도마조히즘의 의미」,『영화연구』, 20호, 2002.
서지은,「김기덕 영화에 나타난 모더니즘 연구: 시간과 공간, 인물과 플롯의 서사분석을
　　　중심으로」, 한국교원대 석사 학위 논문, 2006.
세르쥬 앙드레,『여자는 무엇을 원하는가?: 히스테리, 여자동성애, 여성성』, 홍준기 외 옮김,
　　　아난케, 2009.
수잔 헤이워드,『영화 사전: 이론과 비평』, 이영기 옮김, 한나래, 1997.
스티븐 히스,『영화에 관한 질문들』, 김소연 옮김, 울력, 2003.
슬라보예 지젝 외,『우연성 헤게모니 보편성』, 박대진 외 옮김, 도서출판 b, 2009.
───────,『항상 라캉에 대해 알고 싶었지만 감히 히치콕에게 물어보지 못한 모든
　　　것』, 김소연 옮김, 새물결, 2001.
슬라보예 지젝, 블라디미르 일리치 레닌,『지젝이 만난 레닌』, 정영목 옮김, 교양인, 2008.
───────,『당신의 징후를 즐겨라! : 할리우드의 정신분석』, 주은우 옮김, 한나래, 1997.
───────,『그들은 자기가 하는 일을 알지 못하나이다』, 박정수 옮김, 인간사랑, 2004.
───────,『까다로운 주체』, 이성민 옮김, 도서출판 b, 2005.
───────,『부정적인 것과 함께 머물기: 칸트, 헤겔, 그리고 이데올로기 비판』, 이성민
　　　옮김, 도서출판 b, 2007.
───────,『삐딱하게 보기: 대중문화를 통한 라캉의 이해』, 김소연 옮김, 시각과 언어,
　　　1995.
───────,『신체 없는 기관: 들뢰즈와 결과들』, 이성민 외 옮김, 도서출판 b, 2006.
───────,『이데올로기라는 숭고한 대상』, 이수련 옮김, 인간사랑, 2001
───────,『이라크: 빌려온 항아리』, 박대진 외 옮김, 도서출판 b, 2004.
───────,『잃어버린 대의를 옹호하며』, 박정수 옮김, 그린비, 2009.
───────,『죽은 신을 위하여: 기독교 비판 및 유물론과 신학의 문제』, 김정아 옮김,
　　　도서출판 길, 2007.
───────,『진짜 눈물의 공포』, 오영숙 외 옮김, 도서출판 울력, 2004.
신준형,『파노프스키와 뒤러: 르네상스 미술과 유럽중심주의』, 시공사, 2004.
신지영,「영화 이미지의 잠재성에 대하여: 들뢰즈와 김기덕을 중심으로」,『프랑스학 연구』,
　　　35호, 2006년 2월.

안드레아 벨라비타, 「약간 모자란 듯한 영화: 김기덕」, 『한국의 영화감독 7인을 말하다』, 주진숙 외 저, 본북스, 2008.

알랭 바디우 외, 『법은 아무 것도 모른다』, 강수영 옮김, 인간사랑, 2008.

알렌카 주판치치, 『실재의 윤리: 칸트와 라캉』, 이성민 옮김, 도서출판 b, 2004.

──────, 『정오의 그림자: 니체와 라캉』, 조창호 옮김, 도서출판 b, 2005.

양석원, 「편지는 왜 어떻게 목적지에 도착하는가?: 라캉의 〈도난당한 편지〉에 대한 세미나 다시 읽기」, 『비평과 이론』, 15권 2호(2010년 가을/겨울호).

에르빈 파노프스키, 『도상해석학 연구』, 이한순 옮김, 시공사, 2002.

──────, 「도상학과 도상해석학」, 『도상학과 도상해석학: 이론-전개-문제점』, 에케하르트 캐멀링 편, 이한순 외 옮김, 사계절, 1997.

윌리엄 J. T. 미첼, 『아이코놀로지: 이미지 텍스트 이데올로기』, 시지락, 2005.

이성민, 「예술의 정치적 기능: 숭고의 이념을 중심으로」, 『인문학 연구』, 45권, 2011.

──────, 「정치와 미학」, 『정치와 평론』, 8호, 2011년 5월.

이토우 도시하루, 『사진과 회화: 원근법, 리얼리즘, 기억의 변모』, 김경연 옮김, 시각과 언어, 1993.

임진수, 『정신분석에서 자아의 문제』, 파워북, 2010.

자크 데리다, 『그라마톨로지』, 김성도 옮김, 민음사, 1996.

──────, 『글쓰기와 차이』, 남수인 옮김, 동문선, 2001.

자크 라캉, 『세미나 11: 정신분석의 네 가지 근본 개념』, 맹정현·이수련 옮김, 새물결, 2008.

자크 오몽, 『영화 속의 얼굴』, 김호영 옮김, 마음산책, 2006.

장 라플랑슈 외, 『정신분석사전』, 임진수 옮김, 열린책들, 2005.

정성일 엮음, 『김기덕: 야생 혹은 속죄양』, 행복한 책 읽기, 2003.

조엘 도르, 『라캉 세미나·에크리 독해 I』, 홍준기·강응섭 옮김, 아난케, 2009.

──────, 『라캉과 정신분석임상: 구조와 도착증』, 홍준기 옮김, 아난케, 2005.

──────, 『프로이트·라캉 정신분석임상』, 홍준기 옮김, 아난케, 2005.

조운 콥젝, 『여자가 없다고 상상해봐: 윤리와 승화』, 김소연 외 옮김, 도서출판 b, 2015.

주유신, 「한국 영화의 성적 재현에 대한 연구: 세기 전환기의 텍스트들을 중심으로」, 중앙대 박사 학위 논문, 2003.

주형일, 『내가 아는 영상 기호 분석』, 도서출판 인영, 2007.

지그문트 프로이트, 『성욕에 관한 세 편의 에세이』, 김정일 옮김, 열린책들, 1996.

──────, 『예술, 문학, 정신분석』, 정장진 옮김, 열린책들, 1996, 2011(11쇄).

질 들뢰즈, 『시네마 I: 운동-이미지』, 유진상 옮김, 시각과 언어, 2002.

최명학, 「김기덕 영화의 폭력의 미학: 밟혀서 밝혀주다」, 『문학과 영상』, 봄여름호, 2005.

최원, 「세미나 11에 대하여: 아파니시스라는 질문」, 『라캉과 현대정신분석』, 15권 1호, 2013년 여름호.

최태만, 『미술과 사회적 상상력』, 국민대 출판부, 2008.

케네스 레이너드, 『이웃』, 정혁현 옮김, 도시출판 b, 2010.

피터 버크, 『이미지의 문화사』, 박광식 옮김, 심산, 2005.

핼 포스터, 『실재의 귀환』, 이영욱 외 옮김, 경성대 출판부, 2003.

홍준기, 「'주체 없는 과정'인가, '과정으로서의 주체'인가」, 『라캉과 현대정신분석』, 5권 1호, 2003년 여름호.

———, 「르네 마그리트 회화 분석: 라캉 예술론의 관점에서」, 『철학과 현상학 연구』, 40호, 2009년 봄호.

———, 「욕망과 충동, 안티고네와 시뉴에 관한 라캉의 견해: 슬로베니아학파의 라캉 해석」, 『시대와 철학』, 20권 2호, 2009.

———, 「후기 라캉과 보로매우스 매듭, 그리고 조이스의 증상」, 『안과 밖(영미문학 연구)』, 28권, 2010.

———, 『오이디푸스 콤플렉스, 남자의 성, 여자의 성』, 아난케, 2005.

후안-다비드 나지오, 『정신분석학의 7가지 개념』, 표원경 옮김, 백의, 1999.

—————, 『자크 라캉의 이론에 대한 다섯 편의 강의』, 임진수 옮김, 교문사, 2000.

—————, 『정신분석학의 7가지 개념』, 표원경 옮김, 백의, 1999.

해외 문헌

Adrian Wilson, "Foucault on the 'Question of the Author': A Critical Exegesis", *Modern Language Review*, 99, 2004.

—————, "What is a text?", *Studies in History and Philosophy of Science*, 43, 2012.

Alenka Zupancic, "The Case of the Perforated Sheet", *Jacques Lacan: Critical Evaluations in Cultural Theory*, vol. IV, London: Routledge, 2003.

Alexandre Astruc, "The Birth of a New Avant-Garde: La Caméra-Styló", *The New Wave*, ed. by Peter Graham, Secker and Warburg, 1968.

Barry Salt, "Film Style and Technology in the Forties", *Film Quarterly*, Fall 1977.

—————, "The Last of the Suture?", *Film Quarterly*, Summer 1978.

C. Paul Sellors, *Film Authorship: Auteurs and other Myths*, Sunflower, 2010.

Christine Thompson, *Breaking the Glass Armor: Neoformalist Film Analysis*, Princeton Univ. Press, 1988.

Dana Polan, "Auteur Desire", *Screening the Past*, 12(2001년 3월 1일 업로드, http://www.latrobe.edu.au/screeningthepast/firstrelease/fr0301/dpfr12a.htm).

Daniel Dayan, "The Tutor Code of Classical Cinema", *Movies and Methods*, ed. by Bill Nichols, Berkeley, CA: Univ. of California Press, 1976.

David A. Gerstner, "The Practices of Authorship", *Authorship and Film*, ed. by David A. Gerstner, Janet Staiger, Routledge, 2003.

David Bordwell, *Narration in the Fiction Film*, Madison: Univ. of Wisconsin Press, 1985.

Dudley Andrew, "The 'Three Ages' of Cinema Studies and the Age to Come", *PMLA*, May 2000.

Dylan Evans, *An Introductory Dictionary of Lacanian Psychoanalysis*, Routledge, 1996.

Francesco Casetti, *Theories of Cinema 1945~1995*, Univ. of Texas Press, 1999.

François Truffaut, "A Certain Tendency in the French Cinema", *Movies and Methods*, vol. I, ed. by Bill Nichols, Univ. of California Press, 1976.

Giuli Carlo Argan, "Ideology and Iconology", *The Language of Images*, ed. by W. J. T. Mitchell, Univ. of Chicago, 1974.

Hae-Seung Chung, *Kim, Ki-duk*, University of Illinois Press, 2012.

Hyo-in Yi et. al., *Korean New Wave: Retrospectives from 1980 to 1995*, The Busan International Film Festival, 1996.

Jacques Lacan, *Écrits*, trans. by Bruce Fink, W. W. Norton & Co., 2006.

—————, *Joyce avec Lacan*, ed. by Jacques Aubert, Navarin, 1987.

—————, *Le Séminaire. Livre XXII: R.S.I*, "1975년 4월 15일 세미나", in *Ornicar?*, no. 5.

—————, *Le Séminaire. Livre XXIII. Le sinthome, 1975~1976*, in *Ornicar?*, nos. 6~11, 1976~1977.

—————, *On Feminine Sexuality: The Limits of Love and Knowledge(Book XX: Encore 1972~1973)*, ed. by Jacques-Alain Miller, trans. by Bruce Fink, W. W. Norton & Co. Inc., 1998.

—————, *Seminar I: Freud's Papers on Technique 1953~1954*, ed. by Jacques-Alain Miller, trans. by John Forrester, Cambridge: Cambridge Univ. Press, 1987.

—————, *Seminar III: The Psychoses 1955~1956*, ed. by Jacques-Alain Miller, trans. by Russell Grigg, W. W. Norton & Co., 1993

—————, *Seminar VII: The Ethics of Psychoanalysis 1959~1960*, ed. by Jacques-Alain Miller, trans. by Dennis Porter, W. W. Norton & Co., 1992.

—————, *Seminar VIII: Transference 1960~1961*, trans. by Cormac Gallagher, unpublished.

—————, *Seminar XIII: The Object of Psychoanalysis 1965~1966*, trans. by Cormac Gallagher, unpublished.

—————, *Seminar XVII: The Other Side of Psychoanalysis*, ed. by Jacques-Alain Miller, trans. by Russell Grigg, Norton, 2007.

—————, *Télévision*, Seuil, 1974.

Jacques-Alain Miller, "Suture", *Screen*, vol. 18, 1977~1978 Winter.

James Naremore, "Authorship", *A Companion to Film Theory*, Blackwell Publishing, 1999, 2004.

Janet Staiger, "Authorship Studies and Gus Van Sant", *Film Criticism*, vol. 29, issue 1, Fall 2004.

Jean-Louis Comolli, Jean Narboni, "Cinema/Ideology/Criticism", *Cahiers du Cinéma 1969~1972: The Politics of Representation*, ed. by Nick Browne, Harvard Univ. Press, 1990.

Jean-Pierre Oudart, "The Reality Effect"(March-April 1971), *Cahiers du Cinema 1969~1972: The Politics of Representation*, ed. by Nick Browne, Cambridge, MA: Harvard Univ. Press, 1990.

───────────, "Cinema and Suture"(April-May 1969), *Cahiers du Cinema 1969~1972: The Politics of Representation*, ed. by Nick Browne, Cambridge, MA: Harvard Univ. Press, 1990.

───────────, "Notes for a Theory of Representation"(May-June and July 1971), *Cahiers du Cinema 1969~1972: The Politics of Representation*, ed. by Nick Browne, Cambridge, MA: Harvard Univ. Press, 1990.

Joan Copjec, "Sex and the Euthanasia of Reason", *Jacques Lacan: Critical Evaluations in Cultural Theory*, vol. II, ed. by Slavoj Žižek, London: Routledge, 2003.

Joan Riviere, "Womanliness as Masquerade", *International Journal of Psychoanalysis*, vol. 10, 1929.

Judith Butler, *Gender Trouble: Feminism and the Subversion of Identity*, London: Routledge, 1990.

Kyung-hyun Kim, *The Remasculinization of Korean Cinema*, Durham: Duke Univ. Press, 2004.

Lorenzo Chiesa, *Subjectivity and Otherness: A Philosophical Reading of Lacan*, The MIT Press, 2007.

Luke Thurston, "Meaning on Trial: Sublimation and The Reader", *Art, Sublimation or Symptom*, Parveen Adams 편, Other Press, 2003.

Marc de Kesel, *Eros and Ethics: Reading Jacques Lacan's Seminar VII*, trans. by Sigi Jöttkandt, SUNY Press, 2009.

Mari Ruti, "Winnicott with Lacan: Living Creatively in a Postmodern World", *American Imago*, vol. 67, no. 3, fall 2010.

Mladen Dolar, "At First Sight", *Gaze and Voice As Love Object*, ed. by Renata Salecl, Slavoj Žižek, Duke Univ. Press, 1996.

Molly Anne Rothenberg et. al., *Perversion and the Social Relation*, Duke Univ. Press, 2003.

Noel Carroll, *Mystifying Movies: Fads and Fallacies in Contemporary Film Theory*, New York: Columbia Univ. Press, 1988.

Pam Cook· Mieke Bernink, *The Cinema Book*, BFI Publishing, 1985, 1999.

Peter Wollen, *Signs and Meaning in the Cinema*, Indiana Univ. Press, 1969.

Raymond Bellour, "Hitchcock, the Enunciator", *Camera Obscura*, no. 2, Autumn 1977.

Richard Allen, *Projecting Illusion: Film Spectatorship and the Impression of Reality*, New York: Cambridge Univ. Press, 1995.

Robert Stam, *Film Theory: An Introduction*, Blackwell, 2000.

Roberto Harari, *How James Joyce Made His Name: A Reading of the Final Lacan*, trans. by Luke Thurston, Other Press, 2002.

Roland Barthes, "The Death of the Author"(1968), *Image, Music, Text*, trans. by Stephen Heath, Hill and Wang, 1977.

Seán Burke, *Authorship: From Plato to the Postmodern*, Edinburgh Univ. Press, 1995.

Slavoj Žižek, "The Spectre of Ideology", *The Žižek Reader*, eds. by Elizabeth Wright,

308

Edmond Wright, Oxford: Blackwell Publishers Ltd, 1999.
——————, *The Metastases of Enjoyment: Six Essays on Woman and Causality*, Verso, 1994.
Steven Levine, *Lacan Reframed: A Guide for the Arts Students*, London: I.B.Tauris, 2011.
Thomas Elsaesser, "World Cinema: Realism, Evidence, Presence", *Realism and the Audiovisual Media*, eds. by Lucia Nagib, Cecilia Mello, Basingstoke, Hampshire: Palgrave Macmillan, 2009.
Virginia Wright Wexman, "Introduction", *Film and Authorship*, ed. by Virginia Wright Wexman, Rutgers Univ. Press, 2003.
William Rothman, "Against 'the system of suture'", *Movies and Methods*, ed. by Bill Nichols, Berkeley, CA: Univ. of California Press, 1976.

잡지 및 온라인 정보

김영진, 「충격으로 빈약한 공력을 덮으려 한다」, 『필름 2.0』, 2005년 4월 20일.
문일평, 「〈빈집〉에 들어간 것은 광인인가 시인인가」, 『필름 2.0』, 2004년 10월 5일.
백상빈 · 정과리, 「국문학자와 정신과 의사가 〈나쁜 남자〉를 논하다」, 『씨네 21』, 338호, 2002년 2월 24일.
심수진, 「푸른 고통을 그려내는 미완의 스타일리스트」, 『필름 2.0』, 2001년 6월 5일.
정성일, 「세상을 살아가는 유령연습」, 『씨네 21』, 417호.
「네티즌과 김기덕이 나눈 10문 10답」, 『씨네 21』, 2001년 6월 8일.
『문화일보』, 2004년 2월 27일(http://news.naver.com/main/ read.nhn?mode=LSD&mid=sec&sid1=001&oid=021&aid=0000061405)

http://enc.daum.net/dic100/contents.do?query1=10XXX43824
http://krdic.daum.net/dickr/contents.do?offset=A010662000&query1=A010662000A010662000
http://www.cine21.com/news/view/mag_id=26409
http://www.cine21.com/news/view/mag_id=26410
www.kmdb.or.kr

영화

〈악어〉, 김기덕 감독, 조영필름, 1996년
〈야생동물보호구역〉, 김기덕 감독, ㈜드림시네마, 1997년
〈파란 대문〉, 김기덕 감독, 부귀영화, 1998년
〈섬〉, 김기덕 감독, 명필름, 2000년
〈실제상황〉, 김기덕 외 감독, ㈜새롬 엔터테인먼트 · ㈜신승수 프로덕션, 2000년

〈수취인불명〉, 김기덕 감독, LJ FILM㈜ · 김기덕필름, 2000년
〈나쁜 남자〉, 김기덕 감독, LJ FILM㈜, 2001년
〈해안선〉, 김기덕 감독, LJ FILM㈜, 2002년
〈봄 여름 가을 겨울 그리고 봄〉, 김기덕 감독, LJ FILM㈜, 2003년
〈사마리아〉, 김기덕 감독, 김기덕필름, 2004년
〈빈집〉, 김기덕 감독, 김기덕필름, 2004년
〈활〉, 김기덕 감독, 김기덕필름, 2005년
〈시간〉, 김기덕 감독, 김기덕필름, 2006년
〈숨〉, 김기덕 감독, 김기덕필름 · 씨네클릭아시아 · 스폰지, 2007년
〈비몽〉, 김기덕 감독, 김기덕필름, 2008년
〈영화는 영화다〉, 장훈 감독, 김기덕 각본, 김기덕필름 · 염화미소, 2008년

〈La Double Vie De Veronique〉, Krzysztof Kieślowski 감독, Sidéral Productions, 1991년
〈Possessed〉, Curtis Bernhardt 감독, Jerry Wald, 1947년
〈Trois couleurs: Bleu〉, Krzysztof Kieślowski 감독, Eurimages, 1993년

저자의 말

드디어 끝났다. 이 순간을 오래 기다려왔다. 그만큼 오래 미루어두었다는
뜻이다. 시간이 가면 갈수록 더 보완해야 한다는 압박이 커지고, 그래서 시
간은 또 하염없이 흘러가고⋯⋯. 그렇게 비생산적인 악순환을 바라보며
자기처벌의 감정만 키워가던 끝에 여물지 못한 글을 갈무리한다. 더 깊고
더 넓지 못한 것은 시간 탓만이 아니겠기에. 어쩌면 부끄러움마저 뭉툭해
질 정도로 시간이 가버렸기에.

　　김기덕 연구 논문을 쓰고 발표할 때면 사람들은 문곤 했다. "네가 정
녕 김기덕을 좋아한다는 말이냐?" 글쎄. 좋아한다고 말할 수는 없겠다. 내
영화 취향은 단연코 〈나쁜 남자〉가 아니라 〈러브 액추얼리〉 쪽이니까. 당
연히 나는 김기덕 영화의 개봉을 챙기는 관객도 아니었다. 늘 김기덕과 그
의 영화들은 어떤 소리소문 속에 있었지만 그다지 귀를 기울인 적도 없었
다. 김기덕 영화에 진지하게 접근하게 해준 계기는 조금 늦게 찾아왔다.
2008년 방문연구자로 미국에 갔을 때 토마스 엘세서Thomas Elsaesser 선생님
의 수업을 위한 영화 목록에 〈빈집〉이 있었다. 그제야 그 영화를 보았다.
마음이 알싸하고 찌르르해졌다. 나에게는 고향 같은 북촌의 골목길이 반
가웠고 여배우 이승연의 처연한 모습이 새로웠다. 비밀 쪽지를 찾아내는
게임 같은 종결이 흥미로웠고, 숏과 숏을 파고들수록 점점 더 세심한 독해
로 이끄는 영화라는 발견에 글을 쓰고 싶다는 생각에 이르렀다. 이후 김기
덕의 모든 영화를 찾아서 보았다. 아니 이런, '사랑'이라니. 김기덕 영화를
관통하는 골자가 사랑이라는 깨달음은 놀랍고도 소중했다.

　　그리하여 떠오르는 생각들을 간단한 평론의 형태로 써보았다. 성이
차지 않았다. 다시 논문을 한 편 쓰고 나니 거기가 끝이 아니었다. 그 부족

함을 메울 다음 논문을 썼고 또 썼고 또 썼다……. 그렇게 처음에는 전혀 의도하지 않았던 작가론의 꼴을 갖추어나가게 되었다. 미국에서 돌아오면서 계획했던 연구 방향으로부터 잠시 일탈했다가 급기야 주객전도의 상황에 빠진 셈이었다. 돌이켜보면, 정신분석적 윤리에 관해 고민했던 박사 논문 이후 사랑의 정신분석에 붙들린 것은 어쩌면 자연스러운 흐름이었는지도 모르겠다. 의식의 수준에서가 아니라 무의식의 수준에서의 자연스러움.

사랑은 삶의 명령이다. 인간을 인간답게 하는 고갱이다. 하지만 모든 사랑은 실패한다. 모든 인간은 허약하고도 미약하기에. 다만 실패를 딛고 일어나 또다시 실패할 때까지, 더 이상 실패하지 않으려는 분투만이 있을 뿐이다. 사람은 실패하더라도 사랑은 실패하지 않게 하려는 분투. 그래서 애초에 이 책의 가제는 '라캉과 김기덕, 그리고 (불)가능한 사랑'이었다. 사랑이 어떻게 불가능한 동시에 가능한지, 남자와 여자가 어떻게 그 불가능성과 가능성에 (무의식적으로) 참여하는지, 그 차이가 어떻게 개인의 사적 경험을 넘어 사회구조적 경험의 차원에서도 작동하는지를 살피는, 요컨대 이 책은 그런 책이었으면 싶었다.

계급, 인종, 성별, 세대, 지역 사이의 적대가 날이면 날마다 선량한 인간들을 괴롭히는 시대에 사랑을 이야기하는 것은 쉽고도 어렵다. 뻔한 소리로 들릴 수도 있고 뻔뻔한 소리로 들릴 수도 있다. 그러나 사랑이야말로 교조주의자의 상투어이거나 투쟁하지 않는 자의 자기변명이기를 넘어 적대를 극복할 가장 고통스러운 전략일 수 있고 또 그래야 하지 않을까. 결여와 결여의 만남으로서의 사랑은 자기 자신의 가장 깊숙한 밑바닥을 헤집어야만 가능해지기 때문이다. 그래서 적대와 배제보다는 사랑과 치유가 더 근원적이고 더 무한하며 더 성찰적일 수 있다. 나아가 더 윤리적일 수 있다. 냉엄한 관찰자의 위치에서 이러쿵저러쿵 판단만 내리는 자는 결코 사랑 속으로 들어갈 수 없다.

감사할 이들이 많다. 가장 먼저 김기덕 감독에게 감사드린다. 그의 영화가 있어 이 책이 있었다. 게다가 일면식도 없는 이의 요청에 모든 영화 이미지

312

의 사용을 시원하게 허락해주셨다. 덕분에 이 책은 지금처럼 알록달록해
질 수 있었다. 예일대의 더들리 앤드루Dudley Andrew 선생님께도 감사드린다.
선생님 덕분에 가능했던 미국 구경 일 년은 여러모로 유익한 경험이었다.
무엇보다도, 좋은 선생님은 어떠해야 하는가를 보고 배울 수 있어 좋았다.
연세대의 조주관 선생님께도 감사드린다. 매년 연세대 강단으로 불러주신
선생님 덕분에 훌륭한 연세대 도서관을 끼고 공부하는 행운을 누릴 수 있
었다. 이십여 년 그럭저럭 나와 어울려 살아준 김태철과 김유하에게도 감
사한다. 사랑에 대한 내 생각의 대부분은 그들과의 삶 속에서 자라난 것
이다. 김은경, 이정하, 이순진을 비롯하여 오랫동안 내 곁에 머물러준 많은
벗들과의 인연에도 감사한다. 삶과 공부를 대하는 그들의 모습은 내게 늘
채찍이고 당근이었다.

몇 년간 꾸무럭대는 사이에 몇 명의 편집자들이 이 책을 거쳐 갔다. 맨 처
음 만났던 김유정 씨가 내어준 아이디어들과 맨 마지막에 만난 임채혁 씨
의 찬찬한 도움이 이 책을 지금처럼 만들었다. 진심으로 감사드린다. 책의
표지와 본문을 각각 디자인해준 워크룸 김형진 씨와 자음과모음 디자인팀
에게도 감사드린다.

마지막으로, 나의 실패한 사랑들에게도 한마디.
여전히 기억하고 있습니다. 모두모두 행복하게 사시기를.

2017년 6월
김소연